"博学而笃志,切问而近思。"
　　　　　　　　(《论语》)

博晓古今,可立一家之说;
学贯中西,或成经国之才。

复旦博学·复旦博学·复旦博学·复旦博学·复旦博学·复旦博学

作者简介

黄鹂：女，1973年生；传播学博士。曾任教于华中科技大学新闻与传播学院，现任职于中央电视台外语频道。美国康奈尔大学传播系博士后，加拿大卡尔加里大学文化与传播系访问学者。主要研究方向有国际传播、传播学理论与研究方法、整合营销传播等。曾在国内外核心期刊上发表学术论文多篇，有《美国新闻教育研究》等专著，是《全球整合营销传播》和《整合营销传播——创造企业价值的五大关键步骤》的主译者之一。

何西军，男，1972年生；武汉大学商学院管理学博士；处长，高级经济师，现任职于中国建设银行，是《全球整合营销传播》和《整合营销传播——创造企业价值的五大关键步骤》的主译者之一。

博学·广告学系列

黄 鹂 何西军 著
Huang Li　He Xijun

整合营销传播：
原理与实务

Zhenghe Yingxiao Chuanbo: Yuanli Yu Shiwu

复旦大学出版社
www.fudanpress.com.cn

内容提要

本书系统梳理了营销传播理论的发展演变以及整合营销传播兴起的必然性。在此基础上对整合营销传播的工作流程、目标战略、战术运作进行了全面论述。整合营销传播通过构建并强化顾客与品牌之间的关系，实现品牌的提升，把以往对受众的简单诉求转变为与顾客的互动交流。与此同时，也改变了以广告为代表的、主要依赖大众媒体的单向传播方式。接触概念和接触点管理的引入，使营销传播在新的价值基础上形成全面整合。而数据库营销、直接营销、广告传播、环境展示、公共关系、销售促进、网络以及电子商务等，都成为整合营销传播的基本操作方式。本书融理论演绎、操作规范与案例剖析于一体，侧重于整合营销传播理论的完整性与可操作性，叙述生动，逻辑严谨，文笔洗练流畅，展示出清晰的思维和充满实践性的视角，适合高校广告学、营销学专业做教材使用。

序

黄鹂博士和她的丈夫何西军博士对我的书《全球整合营销传播》和《IMC——创造企业价值的五大关键步骤》翻译得如此地好,我甚至都不明白他们对我的思想的理解为何会如此到位。

在过去的几年中,黄鹂博士在整合营销传播领域的学习非常刻苦。我们在中国和美国都曾一起探讨过学术问题,她也经常参加我在中国的讲座。她非常聪明、好学,给我留下了深刻的印象。她做了一些课题并出了一些成果。我从她的学术成果中看到了她对于 IMC 的理解是非常正确的,她的观点能够代表 IMC 研究中的一些核心思想。我印象最为深刻的是她在 2008 年通过中国广告主协会所做的一项调查,非常有意义。同样,她和何西军博士所撰写的《整合营销传播:原理与实务》也是一本系统、完整地阐述整合营销传播理论的书,对中国的 IMC 理论的传播和发展会有很大帮助。

唐·伊·舒尔茨

自　　序

2002年7月,我们接受中国财经出版社的邀请,开始翻译唐·伊·舒尔茨博士的《全球整合营销传播》(Communicating Globally),这就正式开始了整合营销传播在中国的传播之旅。2005年1月,再译唐·伊·舒尔茨博士的《IMC——创造企业价值的五大关键步骤》,它整合营销传播的理念与实践结合起来。随着这两本书的市场积聚效应,整合营销传播的理念开始真正深入人心,它不仅仅在西方学术界开创了理论创新和学科交叉之先河,也成为中国大陆市场营销和传播学的最热、最经典的概念、术语和理论。

从理论的角度来看,整合营销传播理论既是对传统营销理论的补充,也是对它的挑战。相比起传统营销理论,整合营销传播理论在以下方面进行了突破。

(1) 整合营销传播理论更为注重"一对一"的传播。传统营销传播理论运用广告等营销方式,借助广播、电视、报纸等营销渠道,所传播的对象是广大受众。在这个层面上,它无法关注不同受众的具体要求,也无法针对不同受众满足他们个性化的服务。

(2) 整合营销传播理论更加注重对信息技术的采用。这首先体现在整合营销传播对于消费者数据库的建立上。数据库的建立是通向人性化的基础,而数据库的建立则需要高端的信息科技知识。其次体现在整合营销传播注重多种媒体的整合,而不仅仅是过去的大众传播媒介。如分众传媒、舆论领袖、触动传媒等都有可能成为新的营销渠道,这与时代发展的要求是相一致的。

(3) 整合营销传播理论更为关注顾客,它是面向顾客的销售而不是面向市场的销售。在这个层面上,它反映了以顾客需求为根本的人性化理念。

在美国,实践证明整合营销传播理论确实为广告主和广告代理商带来了一些价值。在1991年舒尔茨博士就已经率领西北大学的课题组在4A协会的资助下针对全美的广告代理进行了调查。在这项全球首个针对整合营销传播是否能应用于企业的调查当中,美国的广告代理商们普遍认为"整合营销传播能够便于将客户集中管理,提高了代理商的效率";当问到"整合营销传播是否增加了广告代理的投资费用",对这道题目的回答大多数是否定的。从另外一些学者相继在其他国家所做的调查来看,整合营销传播确实更好地促进了广告代理的发展,减少了公司在广告投入方面的费用,增加了广告代理公司的收入,提高了用户的主动权,建立了更为有效和庞大的数据库,为企业提高了收益等。

然而在中国,人们对该理论及其应用都存在着很大的质疑。毫无疑问,中国在实施整合营销传播理论的过程中面临着很多具体问题。首先,中国的市场处在转型发展期,市场发展不规范、不成熟、缺少相应监督管理机制和法制法规,这给整合营销传播的应用带来了很大困难。其次,中国企业主对全新的整合营销传播理论的认识不够,很多企业主对于营销传播手段尚且不能完全把握,更无法进行整合营销传播的应用。最后,技术条件的限制等因素导致数据库以及多种媒介手段融合的不成熟,整合营销传播在应用中缺乏相应的硬件和渠道支持。这些问题导致整合营销传播在中国的实施困难重重。

为了了解整合营销传播在中国的实施状况,我们先后针对一些企业做了问卷调查和深度访谈。2007年,我们在中国首届广告主国际会议上访谈了一些企业高管。从访谈结果来看,一些大型国企对整合营销传播的概念尚不清楚;一些企业对整合营销传播概念理解有偏差;一些企业认识到整合营销传播理论的重要性,但认为在实施中困难重重,而企业自身也不具备实施整合营销传播的条件;也有一些企业主对于整合营销传播的理论持反对意见,认为这个理论本身存在着一定的缺陷;还有一些企业主认为它并不适合于中国目前的国情。由此看来,在中国企业中大力推行整合营销传播必然会碰到许多棘手的问题。2008年,我们通过中国广告主协会进行了一项有关"整合营销传播在中国企业中被认识和被应用的调查",调查结果不令人满意。除了少数几个大型企业以外,大部分国有企业和民营企业并不了解整合营销传播,即便听说过这个术语,也并不了解它的真正含义,也就更谈不上运用了。虽然有一些企业正在运行着"混媒"战术,但是传统的营销传播渠道——广告仍然在各种营销传播中占主流。种种现象表明,中国企业对于整合营销传播观念的了解和应用并不普遍。

随后而来的,是整个教育界对于整合营销传播理论推广和人才培养的需求。在美国,一些学校陆续开始了对整合营销传播理论与实践的探讨。美国西北大学麦迪尔新闻学院是全球最早创办整合营销传播本科和硕士点的学校,该硕士点由舒尔茨教授亲自授课指导,已经开设了十几门相关课程并培养了16届毕业生。美国其他一些高校也创办了整合营销传播硕士点。西北大学已经与澳大利亚昆士兰理工大学建立了合作及互换交流项目。唐·伊·舒尔茨博士也多次来到中国、印度等发展中国家讲学,并试图在这些国家创办整合营销传播的硕士点与博士点。2006年舒尔茨博士在与上海交通大学进行学术交流的过程中,该校营销系负责人提出创办整合营销传播学位点的设想,但因各种条件没有成熟而暂时搁置。在《与营销大师的对话》(Communicating with Marketing Masters)一书中舒尔茨博士提到:"目前我们已经有意向在印度创办 IMC 学位点,我们也正在和中国的一些学校探讨这个问题。"[①]2007年,我们在美国西北大学拜访唐·伊·舒尔茨博士的时候,曾经和他一起探讨在中国的大学创办整合营销传播研究所的想法。舒尔茨博士非常支持这一想法,当然,他也对在中国的大学是否能够成功创办这样的研究所有一些怀疑。回国之后,我们曾经联系过北京的几所高校,但遗憾的是,都因为种种原因而使这个想法不能付诸实现。

事实上,对整合营销传播学位点和硕士点的需求已经远远大于市场供给。在我们翻译的两本书成功普及以后,读者的邮件像雪片般地飞来。一些读者表示了他们对于整合营销传播领域的热爱,一些已经在广告学、公关方向就读的学生诉说了他们想要攻读整合营销传播硕士学位的愿望。他们询问哪里有整合营销传播的硕士点,并强烈地表达了想要报考整合营销传播硕士的愿望。在国内,整合营销传播尚未形成专业,只是在北京大学、上海交通大学、浙江大学等一些重点大学已经开设了相关课程。虽然说整合营销传播的方向仍然是个空白,设立相关专业更是一个遥远的心愿,但无论如何,一些学校已经开辟了整合营销传播课程便已经是一个良好的势头,这为将来的整合营销传播发展奠定了良好的基础。

种种背景下,我们萌发了想要写这本书的念头。希望这本书至少能够解决两个问题。第一,解答"整合营销传播在中国市场是否能够被运用和被实施"的问题;第二,为众多对整合营销传播领域热爱的学子们提供一本系统的、全面的教材。具体来说,本书写作的目的是:

(1) 结合中国案例,为整合营销传播在中国的应用进行进一步诠释。整合营销传播与中国市场结合状况如何应是一个大家都普遍关心的问题。虽然在 2008 年的调查中结果很不令人满意,但是事实上,也有一些企业在很好地实施整合营销传播。例如奥美、宝洁、中国国际航空公司等。这些公司实施整合营销传播为我们提供了典范。如何借鉴这些大公司的成功经验,将整合营销传播推广到更多的中国企业中去,是我们认为应该撰写此书的重要目的。

---

① Mazur and Miles', *Communicating with Marketing Masters*, pp. 164.

（2）为高校开设整合营销传播课程提供一本教科书。目前一些高校陆续开设了整合营销传播课程，但是并没有一本涵盖整合营销传播完整理论体系的教科书。

我们希望这本书能够真正对读者有所帮助。希望你能够读懂什么是整合营销传播，并了解整合营销传播在企业中应该怎么运用。

黄鹂　何西军

2012 年 2 月于北京

目　录

序 .... 唐·伊·舒尔茨　1
自序 1

第一部分　整合营销传播理论体系构建

第一章　整合营销传播理论体系构建 3
第一节　整合营销传播的定义 3
第二节　整合营销传播的基本原则 10
第三节　对整合营销传播的认识误区 15

第二章　整合营销传播的历史演变 19
第一节　产品驱动的营销体系阶段 19
第二节　分销商驱动的营销体系阶段 21
第三节　客户驱动的营销体系阶段 23

第三章　整合营销传播的学科背景 28
第一节　营销学的研究视野 28
第二节　传播学的研究视野 34
第三节　公共关系的研究视野 38
第四节　广告学的研究视野 42
第五节　整合营销传播的研究方法 46

第四章　整合营销传播的研究现状 50
第一节　美国和其他国家的研究现状 50
第二节　整合营销传播在中国的发展 55

第三节　对整合营销传播研究成果的综合评价 …………………… 57

第二部分　整合营销传播流程

第五章　识别客户与潜在客户 ……………………………………… 66
　　第一节　市场细分与集中法 …………………………………… 66
　　第二节　态度研究方法与行为研究方法 ……………………… 70
　　第三节　建立客户信息数据库 ………………………………… 73
　　第四节　案例分析 ……………………………………………… 79

第六章　判断客户与潜在客户的价值 ……………………………… 82
　　第一节　判断客户和潜在客户的财务价值 …………………… 82
　　第二节　计算消费者品牌价值案例分析 ……………………… 84
　　第三节　对等互惠的互动关系 ………………………………… 86
　　第四节　整合营销传播的 5R's 理论 ………………………… 89

第七章　信息渠道与内容 …………………………………………… 92
　　第一节　建立信息渠道 ………………………………………… 92
　　第二节　规划营销传播的内容 ………………………………… 103

第八章　评估客户投资回报率 ……………………………………… 110
　　第一节　传统营销传播效果评估 ……………………………… 110
　　第二节　整合营销传播效果评估的原理与方法 ……………… 112
　　第三节　评估短期客户投资回报率 …………………………… 115
　　第四节　评估长期客户投资回报率 …………………………… 128

第九章　项目执行后的分析与未来规划 …………………………… 136
　　第一节　总结与重新规划 ……………………………………… 136
　　第二节　五大闭环的干扰因素和环境分析 …………………… 137

第三部分 整合营销传播实践

第十章 营销传播媒体的选择 …… 146
- 第一节 媒体的类型与特征 …… 146
- 第二节 印刷媒体 …… 148
- 第三节 电波媒体 …… 151
- 第四节 户外媒体 …… 156
- 第五节 新媒体 …… 158

第十一章 整合营销传播媒体策划 …… 167
- 第一节 媒体针对的群体——寻找目标消费者 …… 167
- 第二节 设定媒体目标 …… 168
- 第三节 制定媒体策略 …… 172
- 第四节 确定媒体的投放计划 …… 176

第十二章 品牌与消费者 …… 179
- 第一节 品牌——整合营销传播的终极追求 …… 179
- 第二节 品牌与"受众" …… 182
- 第三节 品牌研究的误区 …… 185
- 第四节 品牌研究方法 …… 196

第十三章 公共关系 …… 199
- 第一节 公共关系基本含义诠释 …… 199
- 第二节 营销与公共关系 …… 200
- 第三节 公共关系的策划过程 …… 204
- 第四节 案例分析：墨西哥湾石油泄漏危机公关评析 …… 211

第十四章 人员销售 …… 214
- 第一节 人员销售与人际传播 …… 214

第二节　人员销售的优势和劣势 …………………………………… 215
　　第三节　人员销售过程 ……………………………………………… 221
　　第四节　人员销售管理 ……………………………………………… 224
　　第五节　案例分析：创造顾客需求，让顾客找上门来 …………… 227

第十五章　销售促进 …………………………………………………… 231
　　第一节　销售促进含义探讨 ………………………………………… 231
　　第二节　销售促进的种类 …………………………………………… 232
　　第三节　销售促进的策划与忠诚顾客方案 ………………………… 237
　　第四节　销售促进的优缺点 ………………………………………… 239
　　第五节　案例分析：中国移动利用促销实现定位 ………………… 241

第十六章　直接营销 …………………………………………………… 244
　　第一节　直接营销的概念 …………………………………………… 244
　　第二节　直接营销渠道 ……………………………………………… 246
　　第三节　直接营销的效果评估 ……………………………………… 250
　　第四节　案例分析：雅芳的中国式直接营销 ……………………… 251

第十七章　事件营销 …………………………………………………… 254
　　第一节　事件营销的方式 …………………………………………… 254
　　第二节　事件营销效果评估 ………………………………………… 260
　　第三节　案例分析：华帝事件营销创造品牌价值 ………………… 262

第十八章　整合营销传播在中国 ……………………………………… 265
　　第一节　整合营销传播在中国企业和代理公司中被认知和应用的
　　　　　　现状分析 …………………………………………………… 265
　　第二节　整合营销传播在实施过程中所遇到的障碍及其原因 …… 269
　　第三节　整合营销传播在中国的发展前景以及具体措施 ………… 270

第一部分

整合营销传播理论体系构建

第一章　整合营销传播理论体系构建

第一节　整合营销传播的定义

"整合营销传播"一词,来自英文的"Integrated Marketing Communications"。这一术语兴起于20世纪80年代的美国。我们将它翻译成为"整合营销传播"。

"Integrated Marketing Communications"在国内有不同的译法。有的译成"整合营销沟通"①。取"沟通"之意者认为:"Communications"是买家和卖家之间的平等的交流与对话,是平等关系的信息分享,是基于发送者和受众之间的平等对话;"沟通"的过程更强调双方之间的互动,沟通的信息更重视受众本身的接受能力和需求。而"传播"一词则更侧重于以传播者为主体向受众发布信息,更加强调传播者的主体地位。对于这一阐释笔者表示赞同。

另外,与英文"Marketing"对应的词语,我国港台等地通常用"行销",而大陆则用"营销"。在此我们以"营销"为通用说法。

由于国内约定俗成的译法是"整合营销传播",因此在全书中我们仍以"整合营销传播"(即 IMC)来作为全书的核心词语。

IMC 的定义经过了学者们近20年的研究。自1989年以来,学者们对它的定义、原则以及应用都有各种各样的说法,在对概念的辨析上很少达成一致。被誉为整合营销传播之父的美国西北大学的唐·伊·舒尔茨教授在评价整合营销传播的理论构建时曾经说过:20年来,对于整合营销传播的大部分研究都是在实务和应用的领域,对于 IMC 的理论建设尤其是它的定义发展仍然存在着很大的空间②。

---

① 这一译法见孙斌艺和张丽君所译的《整合营销沟通》,上海人民出版社2006年版。
② Schultz, D. & Kitchen, P. (1997) "Integrated marketing communications in US advertising agencies: an exploratory study," *Journal of Advertising Research*, 37(5), pp. 7–17.

我们审视各种各样的学者定义,发现学者们大致从以下几个方面进行研究[①]:

对 IMC 定义和研究视角的不同看法的研究。

对"IMC 既是一种观念又是一个过程"的看法的理解研究(从一些文献来看,学者们对这一说法的理解仍有一些困难)。

对"IMC 仅仅是一种时尚追求还是一种管理新潮流"的争议研究。

对评估 IMC 项目上所应用的测量方法的争论。

对"企业界谁来引领这种整合过程"的争议。

关于对广告代理变化的争议;对客户的关系、企业内部组织结构的变化和有关赔偿金的问题等的研究。

另外,目前大量关于 IMC 的文献资料更多地集中在整合营销传播过程中的各个要素、技巧手段、使用工具、过程以及应用等方面的研究。这些研究都能从各个方面给企业带来各种各样的指导。

在这里,我们展示了五种对于 IMC 的定义的研究,对这五种定义的选取参考了众多的学术文献以及实践者们在实际运用中的体验。其中三个定义来自西北大学研究 IMC 的三个先驱即唐·伊·舒尔茨、汤姆·邓肯(Tom Duncan)、诺瓦克(Nowak)和菲尔普斯(Phelps)。

一、美国 4A 协会 1989 年的定义

这是第一个关于 IMC 的正式定义。来自美国西北大学发起的、由 4A 协会赞助的在 1989 年对于全美广告代理公司所进行的"关于 IMC 的定义被理解程度和被应用程度"调查。目前文献显示这项调查中对 IMC 所下的定义已经被研究者们广泛采用。这个定义是:

"IMC 是一个营销传播计划概念,它认可企业通过完整的营销传播计划所带来的增加值,即通过评估和使用广告、直接邮寄、人员推销和公共关系等传播手段的战略规则,来提供明确的、一致的和最大的传播效果。"(Integrated Marketing Communications is a concept of marketing communications planning that recognizes the added value of a comprehensive plan that evaluates the strategic roles of a variety of communications disciplines, e. g. , general advertising, direct response, sales promotion and public relations and

---

[①] Jerry Kliatchko, "Towards a new definition of integrated marketing communications," *International Journal of Advertising*, 24(1), pp. 7 - 34.

combines these disciplines to provide clarity, consistency, and maximum communications impact.)

这个定义可借鉴的地方在于：

(1) 它强调了在营销传播计划中综合协调使用各种营销传播工具能最大限度地达到有效的传播效果。传统的营销传播往往只使用广告等一两种营销传播工具，而这个定义认为有效地协调使用多种传播工具比单一地使用一种营销传播工具效果要好得多。

(2) 这个定义揭示了由综合使用多种传播工具所带来的"一种精神、一种声音、一种形象(One Spirit, One Voice, One image)"的结果；更进一步的是，它暗示在使用各种传播工具的过程中祛除了对不同传播手法的偏见：各种传播手段应该被平等地使用，任其各自发挥不同的作用。这个观点使不同的传播手段有了既不丧失自己的规则，又能协同作战的机会。

不过，西北大学的舒尔茨教授和肯奇(Kichen)教授也指出这个定义有一些不足之处，主要是它缺乏一些重要元素，例如测量方案、量化分析、顾客导向、成本效率等。邓肯和凯伍德教授也认为这个定义有些缺陷，例如缺乏顾客导向的因素与测评营销有效性的因素等。

笔者认为，具体说来，这个定义存在以下几个重要缺陷：

(1) 这个定义仅仅定位在多种营销工具的综合运用，忽视了营销传播中那些传播者所起到的作用；

(2) 这个定义缺乏对消费者以及其他相关公众的注意，而这却是 IMC 区别于传统营销传播的一个重要因素；

(3) 随着 IMC 的广泛应用，对于 IMC 效果测量的问题应该被重视，学者们需要去探讨最终的财务模型、测量工具及数据库的使用等问题，才能够对 IMC 的最终应用起到作用。

二、西北大学唐·伊·舒尔茨教授的定义

1991 年，美国西北大学的唐·伊·舒尔茨教授和他的同事们为 IMC 下了一个定义：

IMC 是一个管理营销传播中所有产品和服务的信息资源，使消费者或潜在消费者的地位突出并能保持消费者忠诚度的过程。(IMC is the process of managing all sources of information about a product/service to which a customer or prospect is exposed which behaviorally moves the consumer toward a sale and maintains customer loyalty.)

这个定义增加了前一个定义没有的因素:"顾客导向"揭示了IMC主题的核心;同时也暗示了品牌与顾客之间的关系。另外它也关注了"品牌的各种信息来源",认为品牌与顾客关系不再仅仅局限于使用广告和公关等手段来维护,而是存在着各种各样的接触点。但这个定义的不足之处在于它漏掉了"IMC不仅仅是一个过程,同时也是一种观念"的事实;它同样也漏掉了IMC在实施过程中具有战略性的思考与可测量性意义的因素。

三、汤姆·邓肯和凯伍德1996年的定义

IMC是一个为了创建和培养有效益的品牌与客户间的关系以及品牌与其他股东之间的关系而进行的控制和影响各种信息以及促进有目的沟通的战略性的操纵过程。(IMC is the process of strategically controlling or influencing all messages and encouraging purposeful dialogue to create and nourish profitable relationships with customers and other stakeholders.)

这个定义的成功之处在于更加注重构建一种厂家与客户之间的长期关系,而不仅仅是局限于短期的盈利性的关系。它同时也扩展了另一个观点,就是目标市场除了客户之外,所有的雇员、行为规范者以及利益群体都与IMC的行为息息相关。

不过,这个定义中的"控制和影响"容易引起歧义。虽然一定的"控制和影响"是需要的,但容易让人误解成与传统营销传播中意义相同的"由市场营销人员来决定和控制所有的传播信息",因为"控制"一词暗示了一种单向的过程。正如舒尔茨在1996年提到的,IMC是一个由外到内的过程,信息传递的过程很可能是被控制的,也有可能是不被控制的。因此必须管理各种各样的信息来源以及它们的流通渠道。

在这个定义中出现的另一个缺陷就是它没有指出要达到"促进有目的沟通"的渠道和办法。当然在"沟通"一词中也可能已经暗示了"渠道"这一因素,但清晰地表述出来会更好一些。另外,关于怎样测量和评估IMC成果的问题在这个定义中也没有被显示出来,这与4A协会在早些年所做的定义有些相似之处。

四、诺瓦克和菲尔普斯1994年的定义

诺瓦克和菲尔普斯并没有为IMC下一个简单直接的定义。他们把IMC的定义总结为三个要点,分别为"一种声音"的营销传播(One Voice Marketing Communications)、"整合"的营销传播(Integrated Marketing Communications)和

"协同作战"的营销传播(Coordinated Marketing Communications)①。

"一种声音"的营销传播指的是整合所有的营销传播工具以营造一种"清晰和持续的形象、立场、信息和主题";"整合的传播"指的是综合运用广告等营销手段所塑造出来的品牌形象与顾客的行为反应;"协同作战的营销传播"用"协同的"这个词取代了"整合"一词,指的是对各种营销传播工具例如广告、公关、直销等的协调共同使用,以达到一种共同创造品牌形象并激起目标受众行为反应的全盘的活动。

虽然诺瓦克和费尔普斯的定义从基本的层面上指出了 IMC 的三种含义,但该定义的局限在于它仅仅停留在这些基本含义上,而未能进行更深刻更细致的研究。

五、唐·伊·舒尔茨和海蒂·舒尔茨夫妇 1998 年的定义

整合营销传播是一个品牌与消费者、客户、潜在客户、其他目标客户以及相关的外部和内部受众来共同完成的一个过程,这个过程可用来计划、发展、执行和评估那些可协调的、可测量的、可劝服的品牌传播。(IMC is a strategic business process used to plan, develop, execute, and evaluate coordinated, measurable, persuasive brand communication programs over time with consumers, customers, prospects, and other targeted, relevant external and internal audiences.)

这个定义似乎比较完整地提到了所有与 IMC 相关的要点。舒尔茨夫妇指出:这个定义与别的定义不同之处就在于它对"商业过程"的强调,并提到了"战略"的重要性。它同时也对传统的营销传播渠道进行了改正,认为顾客与品牌的所有接触点都应该算作是营销传播手段,而不仅仅是广告或者公关等。最后,这个定义提到"相关的内部与外部受众"便是把所有的与营销传播项目相关的公众都看作研究对象,而不仅仅是消费者。

根据马尼拉学者 Kliatchko 2002 年在马尼拉针对广告代理公司和企业高管及资深管理人员所做的一项定性研究表明:大部分人比较认可舒尔茨夫妇的这个定义,认为它比较全面、正确和与时俱进②。不过,虽然这个定义看起来

---

① Nowak, G. & Phelps, J. (1994) "Conceptualizing the integrated marketing communications's phenomenon: an examination of its impact on advertising practices and its implications for advertising research," *Journal of Current Issues and Research in Advertising*, pp. 49–66.

② Jerry Kliatchko, "Towards a new definition of integrated marketing communications," *International Journal of Advertising*, 24(1), pp. 7–34.

比其他定义更为全面,笔者认为它仍然有一个缺陷:IMC 所带来的价值、利益、独特性以及 IMC 与传统营销传播的不同之处并没有被明确地表示出来。另外,Kliatchko 提到:这项定义采用了较为通用的措词,这使得 IMC 这个词语一旦从句中拿出,便看不出整个定义与 IMC 有多大的联系。

综合上述学者的观点,我们可总结出在 IMC 的定义中含有这么一些要素。我们将舒尔茨在 1996 年所下的定义归纳为"唐·伊·舒尔茨",而将舒尔茨夫妇在 1998 年所下的定义归纳为"海蒂·舒尔茨",来看看各个学者所提出定义中要素的相同点与不同点。

(1) 各种信息和渠道的合作与协同一致。(4A 协会、唐·伊·舒尔茨、邓肯、诺瓦克)

(2) 营销计划的战略方法。(4A 协会、唐·伊·舒尔茨、邓肯、诺瓦克)

(3) 顾客的行为反应。(唐·伊·舒尔茨、邓肯、诺瓦克、海蒂·舒尔茨)

(4) 培养客户关系和客户忠诚度。(唐·伊·舒尔茨、邓肯、海蒂·舒尔茨)

(5) IMC 是一个过程。(唐·伊·舒尔茨、邓肯、海蒂·舒尔茨)

(6) IMC 的研究目标包括顾客、潜在顾客以及其他利害相关者。(唐·伊·舒尔茨、邓肯、海蒂·舒尔茨)

(7) 使用多种传播手段。(4A 协会、唐·伊·舒尔茨、诺瓦克)

(8) 可测量性。(4A 协会、唐·伊·舒尔茨、诺瓦克)

(9) 延伸到品牌传播。(4A 协会、唐·伊·舒尔茨、诺瓦克)

(10) IMC 是一种商业过程。(海蒂·舒尔茨)

泰国学者 Cathy 和 Schumann 在一篇文章中认为:这些定义中的要素可以被总结为三个方面:第一,有关受众(即消费者)方面的定义;第二,有关信息和媒介整合方面的定义;第三,有关 IMC 的评价和效果方面的定义[1]。

六、笔者为 IMC 所下的定义

综合这些定义中的各个要素,笔者在此提出自己为 IMC 所下的定义:

整合营销传播是以受众为导向,战略性地整合各种营销渠道,注重对绩效的测量,以达到与顾客建立长期品牌联系的观念和管理过程。

---

[1] Anantachart, S. (2001) "To integrate or not to integrate: exploring how Thai marketers perceive integrated marketing communications," in Roberts, M. & King, R., *The Proceedings of the 2001 Special Asia-Pacific Conference of the American Academy of Advertising*, University of Florida, Gainesville, Florida, pp. 66-73.

这个定义包含了五个要素：第一，IMC 既是一种观念又是一个过程；第二，IMC 是以受众为导向的，这里的"受众"主要指的是消费者；第三，IMC 是对多种营销渠道的综合运用；第四，IMC 注重与顾客建立长期的互动的品牌关系；第五，IMC 注重对于传播效果的测量。以下我们分别来剖析这五个要素。

(1) IMC 既是一种观念又是一个过程。作为观念来说，IMC 是一种新的思路和方法，一种全盘性和战略性的朝着品牌传播方向的途径努力的态度。而作为一个过程来说，它包含了一系列的动态的过程和相对独立的步骤，例如数据库的建立、消费者信息的管理、采用不同的营销渠道来营造各种信息，以及对增效的品牌传播的评价与测量等。

(2) IMC 是以受众为导向的。这里采用"受众"一词而不是"消费者"，是因为笔者认为消费者仅仅是受众的一部分。具体来说，IMC 的受众包括消费者、潜在消费者、各利益关系群体、内部员工等，这些受众对于 IMC 来说都应该得到同等程度的重视。"受众导向"这一因素是 IMC 与传统营销传播的本质区别，也是企业要与顾客建立长期品牌联系的根本。因为只有将受众置于主导地位，企业才能建立与受众间良性的沟通，从而为建立长期的品牌关系奠定基础。

(3) IMC 是对多种营销渠道的综合运用。例如将广告、公关、直销、人员促销和其他各种营销手段综合起来，另外，产品与顾客的任何接触点也可作为营销方式。首先，对于不同的客户群体需要采用不同的营销手段，例如在推销婴儿奶粉的时候，广告可能对母亲有更大的说服力，而对于儿科医生来说，直销可能更为有效。其次，要将传统的媒介（如印刷品、广播、电视等）与新媒体如因特网等结合起来，以达到最好的品牌传播效果。再次，所有的传播渠道在 IMC 过程中都是平等的，它们各自发挥着不同的效用，而它们之所以能发挥出不同的效用是由客户和相关的利益群体的需求决定的，并不是由营销传播者的主观意愿决定的。

(4) IMC 的目的是品牌与顾客建立长期的互动的关系。我们可以说，整合营销传播是一个"品牌传播"的过程。"品牌"的建立是 IMC 的最终目的，IMC 并不是通过一两次营销事件仅仅与顾客建立短暂的关系，而是要通过长期积累与顾客建立稳固的、双向的互动关系。品牌不仅仅是一种形象的诞生，还是顾客与产品间建立感情的一种表征。

(5) IMC 注重对传播效果的测量。IMC 的营销传播效果应该是可以测量并且可以量化表现的。这种量化测量的方法被称作"客户投资回报率"（ROCI），它是一种从财务上测量效果的手段。在过去一段时间，人们对于营销传播效果的测量不知所措，因为研究者们一直没有找到正确的有效的测量方法。拉维奇(Lavidge)、斯泰纳(Steiner)曾采用态度研究的手段,创造了"效应层次模型",罗素·科里也开发了"叠码模型",都是从顾客的态度改变的角度来推测购买行为的改变①。然而这一方法却是不科学的,因为态度的改变往往并不伴随着行为的改变。唐·伊·舒尔茨认为:我们应该用各种各样的行为学理论来衡量顾客的实际购买行为,以及这些购买为企业带来的利润;一切都要以品牌投资的回报率为出发点,以财务的回报率来计算营销传播的盈利,而不要去谈论花多少钱购买广告版面和时间。

新的 IMC 定义示意如图 1-1。

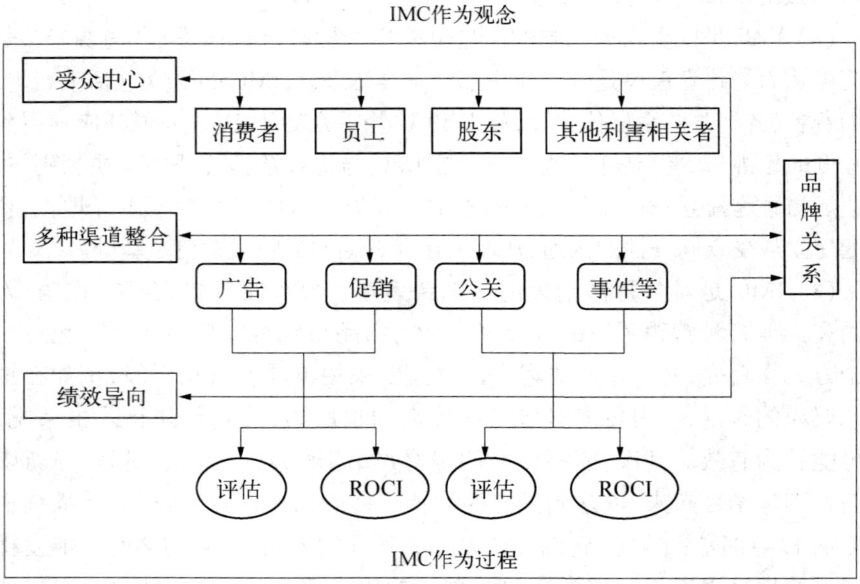

图 1-1 IMC 定义示意图

第二节 整合营销传播的基本原则

在了解了整合营销传播的概念之后,我们可以进一步概括出整合营销传播在实施过程中的基本原则。这些原则不仅是对整合营销传播概念的深化,同时也是区别整合营销传播与传统营销传播的根本不同所在。笔者将整合营销传播的基本原则概括为以下几点。

---

① 〔美〕唐·伊·舒尔茨、海蒂·舒尔茨:《论品牌》,人民邮电出版社 2006 年版,第 53—54 页。

一、由外而内的观念

"由外而内"这一主张最早由韩国学者申光龙提出。1999年,申光龙曾经在发表于《国际经贸研究》的《论整合营销传播》一文中为整合营销传播下定义:IMC是指企业在经营活动中,以由外而内(Outside-in)战略观点为基础,为了与利害关系者(Stakeholders & Interest Groups)进行有效的沟通,以营销传播管理者为主体所展开的传播战略[1]。这里,他提到的"由外而内"指的是:营销传播不是以信息发出者(企业)到信息接收者(利害关系者)的方式,而是以信息发送者和信息接收者之间双向流通的方式来构造传播战略。也就是说,信息首先是由企业外部的消费者等所传递出来,再通过一系列的途径到达企业内部管理者(即营销传播者)的过程。

舒尔茨曾经在《全球整合营销传播》中提到:传统的营销传播是"营销管理者"热衷于在会议室里讨论提出营销策划方案然后布置给下属强制执行的过程。诸如以多少预算、从哪里得到、通过什么渠道进行传播以及传播什么等,这就是"由内而外"的方法。营销管理者不去做市场调查,也不顾及消费者的利益,而是在头脑中想当然地勾画出营销传播的途径和手段,并主观地认为它是适合消费者需要和符合时代需求的。

在市场经济并不繁荣、大众消费供不应求的时代,"由内而外"的方式是可行的。这种方法有好的一面,比如可以在企业内部达成统一的意见,对于管理层制定的决策会行之有效;营销管理者也可以大体上了解到消费者与企业传播活动接触的经验是什么;产品可以在短时期内实现品牌效应等。由内而外的传播过程如图1-2所示。

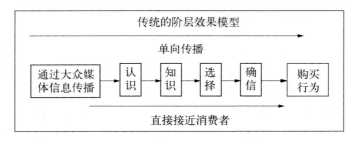

图1-2 由内而外的传播过程[2]

---

[1] 申光龙:《整合营销传播战略管理》,中国物资出版社2001年版,第14页。
[2] 转引自申光龙:《整合营销传播战略管理》,中国物资出版社2001年版,第14页。

申光龙在此基础上提出了与上图相反的模型——双方面的 IMC 阶层效果模型。如图 1-3 所示,营销传播者首先要充分了解利害关系者的信息,他们对何时、以何种媒体传播的何种信息更容易接受,然后建立利害关系者资料库,以此制定 IMC 战略。这里谈到的不是"消费者",而是"利害关系者",是因为利害关系者的概念包含了除"消费者"之外所有与营销传播接触的受众,例如消费者、股东、广告代理商、企业内部员工、营销传播人员等。

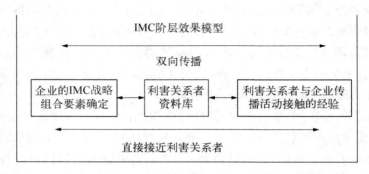

图 1-3　由外而内的传播过程①

由外而内的观念体现了营销过程从传统营销传播到整合营销传播转变的实质。以 4P's 为核心的传统营销传播是一种"由内而外"的体现,营销管理者自己生产产品,制定价格、渠道、促销手段,不去了解外部的信息,一副"酒香不怕巷子深"的势头。但这种传统营销占据主导地位的时代已经一去不复返,取而代之的现代营销传播必须对消费者和其他利益相关者的信息实时了解跟进,根据市场的需求来制定自己的产品和价格等。因此,整合营销传播倡导的 4C's 理论非常能够体现"由外而内"的原则。

二、由纵向计划到横向计划的转变

在传统的营销传播活动中,信息的传递是纵向的,由信息管理的最高层部门向下层机构层层传递,在传递过程中对信息会进行很多筛选和加工。这样,并不是公司的所有人都能够得到相同的、公开的信息。这种信息的不透明会妨碍营销传播的有效进行。而横向计划就是在除去最高管理层之外,公司的每一个部门都能够得到同等重要的信息,这样才能有助于各管理部门齐心协力地管理信息,对不同的营销渠道进行分工和整合,也有利于公司向外部的其他利益相关者传送一致的信息。横向计划具体如图 1-4 所示。

---

①　转引自申光龙:《整合营销传播战略管理》,中国物资出版社 2001 年版,第 14 页。

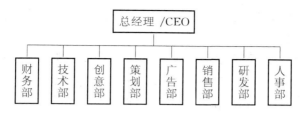

图 1-4 整合营销传播的横向计划

三、营销即传播,传播即营销,两者密不可分

在整合营销传播的理念 4C's 理论中,最后一个 C 表示为"Communication",即"忘掉促销,90 年代的词语是沟通",可见传播在营销中的重要意义。我们将营销与传播的关系表述为以下方面。

第一,"营销是一种关系"。"营销即传播"首先体现为整合营销是在营销过程中各种各样关系的建立,这些关系的建立来源于多种传播方式和手段。其关系的形式为共享与互动,而共享、互动关系的出现也体现了传播的信息流通的特征。舒尔茨在其著作中明确提到:"由营销过程来看,我们认为从产品或服务的发展开始,产品设计、包装到选定销售渠道等,都是在跟消费者进行沟通。整个营销过程中的每一个环节都是在与消费者进行沟通,让消费者了解这项产品的价值,以及它是为什么人而设计。众所周知,广告、公关、促销、直销、行销等,都是不同形式的沟通、传播,但是不要忘记了,店内商品陈列、店头促销及为产品所做的零售店头广告等也算是传播,都属于整个流程中的一环。甚至当产品出售以后,售后服务也是一种传播。"① 其次,这种沟通也是双向的,即营销者不是简单地与消费者进行灌输,而是要给予消费者充分的反馈,听取他们的意见,必须在经营活动中最大限度地反映利害关系者的意向和希望。为达到这个目的,营销人员也要采取各种各样的方式和手段。整合营销传播的最终目的是与受众建立一种品牌关系。对于青睐某种品牌的顾客来说,这种品牌的更重要意义在于它构建了一种"情感"。邓肯认为:"品牌即指所有可以区分本公司和竞争对手的产品的信息和经验的综合并为人所感知的内容。"② 因此,这种情感的积累并非一日之功,而是需要品牌与顾客关系的长期积累。

---

① 舒尔茨等:《整合营销传播》,内蒙古人民出版社 1999 年版,第 69 页。
② 汤姆·邓肯:《整合营销传播:利用广告和促销建树品牌》,中国财政经济出版社 2004 年版,第 13 页。

第二,营销活动本身就是一个传播的过程。传播学的发展过程中经历了线性模式、控制模式再到系统模式的发展过程,这充分体现了研究视角从单一走向综合的转换,而这种转换也体现在整合营销传播中。早期的营销传播大多数是一种单向的传播,它所假定的前提就是只要增加信息频次或者提高信息分贝,就有可能把信息送达目标对象。而整合营销传播则认为:为了达到更好的营销传播效果,在营销过程中不仅应该注重营销传播者与顾客的双向沟通,还应该利用传播将各种方式进行整合使各部门能够协调统一地运作,整合多种要素是这一过程中的关键环节。

第三,营销即传播体现了"营销以人为本"的思想。整合营销传播的核心观点是营销由"产品导向"转为"市场导向"而又最终成为"消费者导向"。这与传播学中以媒介为中心转向以受众为中心的思想一脉相承。营销传播从 4P's 走到 4C's,消费者从被动消费到主动选择的这一过程生动而显著地体现出来。现代营销观念信奉需求至上,认为企业生产什么、销售什么的决定权并不在公司手中,而在消费者手中。提出需求第一是市场观念中的一次革命,它不仅解决了市场认识和营销传播的起点问题,而且回答了在战略规划中各个环节的落脚点问题。在营销价值体系中,有关营销沟通的要素依然存在,但是它却由"促销"转化成"沟通"[①]。以上这些由"促销"转化为"沟通"的理论被统称为定位观念,它的核心就是从过去以产品出发的思考模式彻底转变为从消费者出发开始思考。

四、IMC 既是战略,也是一种战术

这一观念由另一位整合营销传播专家汤姆·邓肯提出。一项整合营销项目的成功依赖于创造性过程的两个性质迥异的部分:表现在战略上,是"消费者想听到什么",是企业对于其品牌形象的整体塑造,如何对外体现"一个形象、一个声音";表现在战术上,即"怎么告诉消费者想听的东西",即如何采用各种各样的营销传播手段来有效地传递品牌形象以及有效地到达消费者。

也有学者将它描述为"IMC 既是一种观念也是一个过程"。所谓观念,指的是 IMC 本着以消费者为核心的理念,始终力图整合多种营销渠道以使得传播达到最好的效果。这种观念的全新性可以体现为以下几点:第一,营销传播目的发生了改变。以往的广告和营销传播不论出于怎样考虑,其基本目的

[①] 转引自卫军英:《整合营销传播:理论与实务》,首都经济贸易大学出版社 2006 年版,第 8 页。

是为了营销,而整合营销传播中,营销的目的已经不完全是销售,而是一种保持和消费者接触并达成关系的传播手段。"广告作为一种接触,必须要有利于促成品牌与消费者之间的和谐关系。"①第二,实施传播的方向发生了变化。几乎所有的经典广告以及营销传播理论,无一例外地都是首先强调信息本身的价值,基本出发点是向消费者"推"出信息。而 IMC 采用的是由外到里的传播发生方向。第三,接触的概念大大超越了传统媒体的时空限制。IMC 认为,企业的任何作为(或者不作为)都会传递信息。因此,IMC 中的接触管理,很大意义上不仅仅是要设计和管理计划内信息,更重要的是必须对那些可能形成的计划外信息进行可控性处理。

所谓过程,指的是在观念的引导下,在实施 IMC 的进程中要有效地掌握各种资源,尽可能有效地实施它们的整合。目前对于过程的实施不少学者还抱有疑问,尤其是当 IMC 的理念应用于中国市场时。但我们应该了解,IMC 的提出作为一种全新的思想,它是包含了观念和过程的,不能简单地说"IMC 仅仅是一种观念而不是过程"②,应该看到 IMC 目前的过程实行中是受到了市场的局限,而并非其本身没有过程。

第三节 对整合营销传播的认识误区

在对 IMC 理论的研究过程中,许多学者从不同的侧面去理解 IMC,造成了对不同侧面的不同理解。在笔者对多项文献进行整理以及与一些学者进行探讨的过程中,发现对 IMC 的理解容易造成以下偏差。

一、传统大众传播丧失作用

一些学者认为 IMC 便是采用新型的媒体手段来进行整合营销,而摒弃传统的大众传播的方式。这个观点是错误的。营销手段只是一种形式,它最终要与企业的营销目的相结合。传统的大众传播形式对于一些营销目的来说仍然具有其他营销手段不可替代的意义。例如,家喻户晓的宝洁公司仍然擅长大范围地使用广告来宣传自己的新产品;乔治·贝尔奇和迈克尔·贝尔奇以 Vanderbilt 香水公司的营销战略为成功的 IMC 事例举例时,也只介绍了一般广告,根本没有涉及推销、直复营销或事件营销等;美国的许多企业仍然愿意

---

① 转引自卫军英:《整合营销传播:理论与实务》,首都经济贸易大学出版社 2006 年版,第 336 页。

② 转引自卫军英:《整合营销传播:观念与方法》,浙江大学出版社 2006 年版,第 25 页。

花费数千万美元在最昂贵的广告时间 Super Bowl 的 Half Time 上做广告,其理由很明显:根据企业所提供的商品或服务的不同,传统的大众营销还是强有力的传播手段。虽然在美国营销传播的总趋势是强调多种多样的推销活动,并且推销的总投资额远远超过广告的总投资额,但就目前情形来说,广告仍然是企业最重要的传播手段。新型的营销传播方式不是对传统营销的代替,而是对它的补充。

二、IMC 是采用所有媒体进行的营销活动

从"IMC 是整合各种媒体"的理念中人们很容易误解为 IMC 是通过所有的媒体进行传播活动。但是,IMC 并不是利用所有媒体,而是通过多种媒体来分析它们的战略价值,有效整合资源以取得最大的传播效果。在整合中,不同的媒体有不同的战略价值,例如广告适合于大规模的受众和利润低的产品;人员推销适用于产品的使用有一定技术含量的商品,例如电脑等;促销适用于短期积压的商品等。因此在营销策略中,要选取合适的媒体进行合适的传播(Right Channels for Right Purposes)[1],所以 IMC 的核心是,即使利用一种媒体也可以与其他所有营销活动共同向顾客传达连贯的形象。

三、IMC 的目的是打造产品品牌

在和一些学者交流的过程中,他们告诉笔者:IMC 就是强调产品品牌的一种传播。IMC 的最终目的是创造属于自己的品牌,所谓在营销传播过程中的一切整合活动,都是为了建造品牌的最终目的。

这一说法初听起来不无道理。"建立品牌"确实是整合营销传播的终极目标之一。IMC 之所以不同于传统营销传播,就是因为它所要追求的不仅仅是短期的销售利润,而是要形成长期的品牌定位。然而,这种"品牌定位"并不仅仅是一味追求产品的特质所带来的,它更强调的,是品牌与消费者之间的一种长期联系。换言之,"品牌"是产品在顾客以及潜在顾客心目中的一种定位,而决定这种定位的,并不是产品本身,而是产品与消费者之间的关系。因此对于 IMC 的终极目标,我们可以解释为"为了创建品牌而与消费者之间形成的一种长期、持久、稳定的品牌关系"。

---

[1] Regina Connell, 2002, "Creating the multichannel experience: loyalty panacea or herculean task?" *Journal of Integrated Marketing Communications*, pp. 11–15.

四、整合营销传播与传统营销传播在实践上并无本质区别

这是许多实践者的困惑。整合营销传播的理论虽好,但在实际操作过程中似乎与传统的营销传播并无本质区别,尤其是在那些 IMC 的实施并不太完善的企业中。可以确切地说,整合营销传播本身所采用的沟通工具与传统营销传播工具并无二致;而其在营销促动和信息传达层面上,又与传统营销传播所追求的诸如一致性、统一性等信息目标极为相似。正是这种严格的继承性引发了两者之间表层意义上的相似性。但我们认为其间的核心差异不容忽视。

《凯洛格论整合营销传播》一书将这一问题阐述得比较清楚。该书认为:整合营销传播与传统营销传播的实质区别并不在手段上,而是在观念上。笔者从以下三个方面来阐述这个问题。

(1) 整合营销传播更为关注顾客。传统营销传播以 4P's 为核心理念,是以产品为导向的营销传播理念。而整合营销传播以 4C's 为核心理念,是以顾客为导向的营销传播理念。关于 4P's 和 4C's 大家已经不再陌生,这里不再赘述。但需要看到的是,这种转变是一种根本性的观念变革,它不仅体现在营销学体系中,也体现在众多学科发展中。现代科学的发展逐渐从技术本位转移到人本位上,以关注人类内在的需求为最终发展目标,而"受众"就是最终的关注点。在这种观念的引导下进行的营销传播活动,即使在营销手段上与传统营销并无大异,但是其指导思想却大为迥异。

(2) 比起传统的营销传播来,整合营销传播更为注重对新技术的开发与使用。可以说,从传统营销过渡到整合营销的关键是技术带来了变革因素。这首先体现在整合营销传播对于消费者数据库的建立上。数据库的建立是通向人性化的基础,而数据库的建立则需要高端的信息科技知识。其次体现在整合营销传播注重多种媒体的整合,而不仅仅是过去的大众传播媒介,如分众传媒、舆论领袖、触动传媒等都有可能成为新的营销渠道。这与时代发展的要求是相一致的。

(3) 整合营销传播理论更为注重"一对一"的传播。传统营销传播理论运用广告等营销方式,借助广播、电视、报纸等营销渠道,所倾诉的对象是广大受众。在这个层面上,它无法关注不同受众的具体要求,也无法针对不同受众满足他们个性化的服务。而整合营销传播试图从传统营销传播的"定位"方式入手,通过对顾客需求的分析和多种媒介手段的运用来满足顾客的个性化需求。

在更深的层面上,整合营销传播体现为既是对传统营销传播观念的延伸,又对其有所扬弃,甚至是颠覆了传统营销传播的许多基本追求。传统的营销传播也会采用多种营销手段相结合,但整合营销传播采取的是摆脱以往机械式的思维方式,使各种营销传播工具能得到有效结合,用"合适的媒介达到合适的目的"。因为同样是一种营销传播手段,出于促销和维护消费者与品牌关系的目的,两者的关注点和判断标准很可能截然不同,甚至会形成根本相反的发展方向。例如广告界盛行的 USP 理论认为,只要有了独特的销售说辞,那么在营销传播过程中只需要不断宣传产品便可以达到效果。而定位理论本质上排斥了产品本身的传播属性,单纯认为"定位并不是要对产品做什么事情",而是要在潜在顾客的心智中形成一种定位[1]。又如,传统营销传播认为促销的特点在于短期刺激,因此它并不利于品牌形象的建设,而整合营销传播则恰恰注重达成消费者与品牌的直接关系。这些都表明,整合营销传播观念的确立是对传统营销传播观念的一种延展和综合,既有对传统营销传播模式的继承,同时也表现出了自己前所未有的创新价值。目前,大多数企业对于整合营销传播的理解仅仅在"一种形象、一种声音"上,这种浅层次的理解操作起来,可以说是与传统营销传播非常相似。许多有远见的公司已经在实施的方法仍然只是体现为适用公司的可控性因素,将各种媒体或非媒体传播形式进行简单协调以获得协同效果。只有当整合营销传播进入更深入、更本质的阶段时,具有革命意义的观念变革才会开始展现它的魅力。

思 考 题

1. 整合营销传播的定义在不断发展变化中,请提出你自己所认为的合理的 IMC 定义。

2. 整合营销传播的原则有哪些?你最赞同的是哪一些?请说出自己的理由。

3. 第三节中我们提出了整合营销传播所存在的认识误区,你认为还有哪些可以补充?

---

[1] 〔美〕艾尔·里斯、杰克·特劳特:《定位》,中国财经出版社 2002 年版,第 2 页。

第二章 整合营销传播的历史演变

整合营销传播作为营销传播的一个自然演变过程,经历了从 20 世纪 50 年代和 60 年代所盛行的产品重心论到 21 世纪初的顾客重心论的过程。这个重心的转变的主要原因是新技术革新的推动。它带来了三个领域的重大变化:营销领域、媒介与传播领域、消费者领域。

探讨整合营销传播的发展与历史演变这个问题,我们可以从许多学者和实务界人士所提出的问题入手:为什么叫做整合营销传播?营销和营销传播一直没有得到整合吗?营销学的概念不是总在强调客户和提供产品、服务满足客户需求吗?比起传统营销传播来,整合营销或者"整合营销传播"的新颖和特殊之处是什么?

探讨这些问题实际上也就是在探讨整合营销传播的形成和发展演变过程。唐·伊·舒尔茨说过:的确,营销的概念本质上就是整合性的,不过在从前它往往是整合了市场微观主体[①]的观点而不是客户的观点。营销主要关注产品、分销、价格和促销——这是营销学中的传统 4P's。在产品短缺、人口急剧增长、不同国家谋求建立共同的文化、供应重于需求的年代,这个理论取得了巨大的成功。在营销传播经历了几个发展阶段以后,市场已经发生变化了。今天我们生活在一个互动的、全球联系的、客户驱动的服务经济当中,传统的以市场微观主体为基础的营销传播理论正让位于大量的客户定制理论。为了理解这一变革,我们必须从研究市场力量的转变着手。在此,我们把营销市场的发展分为三个阶段,它们分别是:产品驱动的营销体系阶段、分销商驱动的营销体系阶段和客户驱动的营销体系阶段。

第一节 产品驱动的营销体系阶段

这一阶段是 20 世纪 50 年代至 70 年代。营销学最初的出现不是为了买

---

① "市场微观主体"这个概念来源于唐·伊·舒尔茨《将营销学和营销传播学带进 21 世纪》一文中的 Marketer 一词,其含义与企业、营销组织一致。转引自《凯洛格论整合营销传播》,海南出版社、三环出版社 2007 年版,第 1—2 页。

方——客户和潜在客户的利益,而是为了卖方利益。在第二次世界大战后的物资不足地区,生产什么都能卖掉,商品流通采用的是战争时期军需品供给体制的上令下达方式,以制造业为中心,零售商和消费者处于被动的状态。一开始,营销的重点是销售。但是,销售常常是缓慢的,而且差异性显著。随着大众市场的出现,卖方接受了营销的概念,即通过创造需求来实现产品和服务的大规模移动。随着媒体系统的发展,特别是第二次世界大战后,销售型组织发现他们可以通过多种广告和促销的方式,很容易、很有效地接触到数以百万计的客户和潜在客户。因此,所谓的"现代大众营销"和"现代大众传播"的实践就这样诞生了。

这一时期产生了传统的营销传播理论。美国密歇根州立大学以菲利普·科特勒(Philip Kotler)为代表的研究组提出了 4P's 理论,其大概内容是:营销就是生产能够生产的产品(Product);制订以生产成本为基础的能够获得利润的价格(Price);用自己掌握的流通渠道分销商品(Place);按计划费用进行促销(Promotion)。被市场研究者和企业家视为经典的 4P's 理论"既是以商品为主的销售者本位理论,又是把消费者作为一个整体大众的大众市场营销手段"。它以广告等大众传播手段作为其营销渠道,试图用单一、单向的方式来影响消费者。

这种理论下的广告营销的特点在于轻视消费者,原始地把信息传达给大众。在大规模生产、大规模分销、大规模传播的系统里,卖方掌握所有的主动权和所有的市场力量。他们能够决定生产什么产品、使用什么分销体系、制定什么价格、提供关于产品或服务的什么信息、提供多少信息、将信息提供给谁、什么时候给他们提供信息等。所有的权力都掌握在生产者或市场微观主体的手中,客户常常被认为不过是个"客户",或者是在制造商或生产商一次又一次劝说下购买和使用产品(或服务)的人。传播呈现一种线性结构,没有反馈回路。

这一时期厂商或产品驱动的营销体系如图 2-1 所示。在产品驱动的市场中,销售者、生产者或市场微观主体控制了所有要素,诸如原材料、工厂、劳动力等,他们掌握了市场的巨大力量。市场主体的最大工具是信息技术。技术使得市场微观主体能够理解客户需求、确定价格点、管理后勤以及控制库存。

市场微观主体驱动的原因是因为所有的信息技术都掌握在生产者或市场主体的手中。其他的市场参与者掌握的信息技术很少。有了这些工具和技巧,制造商就可以主宰渠道(诸如批发商和零售商),可以控制媒体或传播系

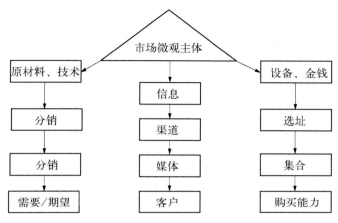

图 2-1　产品驱动的市场①

统,最终控制消费者、客户或最终客户。

在此背景下,生产商总是利用媒体告知客户相关信息,其对大众媒体具有极大的依赖性。原因体现为两点:第一,媒体本身使用成本不高,可以大量使用;第二,卖方并不了解潜在客户,而媒体却影响深广。

在这里的市场中,"整合"只是对市场微观主体而言。所有的市场微观主体必须做的就是想办法生产产品,找到分销渠道,发布广告进行促销,注意客户的购买行为。渠道或分销系统购买生产商提供的东西。市场微观主体通过媒体实施沟通和传播。对于营销组织而言这一体系是完美的,但对于客户来说却非常不完善,因为客户和分销渠道所能够进行的选择是很少的。今天这种营销方式仍然占据着相当的市场地位。形形色色的制造商和服务商在自己所控制的领域中自主决定商品生产的数量以及商品生产的种类和服务类型。他们把产品推向市场并决定在这个过程中赚取多少利润。

第二节　分销商驱动的营销体系阶段

20 世纪 70 年代后期和 80 年代早期,美国开始发展计算机和店内 POP、POS 系统。营销系统中的权力开始向零售商和批发商转移,这种分销商和分销渠道驱动的市场之所以会出现,并不是说分销商这时候才开始产生。分销

---

① 资料来源:唐·伊·舒尔茨:《将营销学和营销传播学带进 21 世纪》,转引自《凯洛格论整合营销》,海南出版社、三环出版社 2007 年版,第 5 页。

商和分销渠道是商业社会早已形成的市场模式,但是在早期市场结构中,分销商的地位并不显著,这是因为它们自身对市场的影响力并不明显,只有市场规模越来越大,营销系统更为复杂、更多层次,这时候中间商也随之壮大起来。因为相对于制造商来说,中间商与消费者更加接近并且具有更加稳定的关系,这使得中间商更加了解消费者状况,他们可以根据顾客的情况制定有效的库存和分销计划,并清晰地形成自己的分销流向,以此向上影响制造商、向下影响顾客。80年代后期,计算机技术、数据库和信息手段的应用进一步强化了这种能力,使得渠道可以收集越来越多的有关市场中客户实际行为的信息,渠道上开始处在市场的支配地位,居于市场中央,具有承上启下的核心作用。这时,销售渠道控制市场,市场情况开始发生变化,如图2-2。

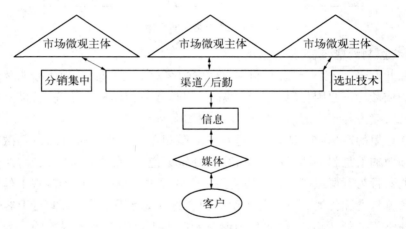

图2-2 分销商驱动的市场①

在这种分销驱动的市场里,"整合"是由生产企业和渠道共同实施的。而这时还没有把客户"整合"进来,因为顾客不具备营销的权力。如图2-2所示,由于渠道可以收集到多种多样的客户信息,因此渠道开始抓住原来由生产商掌握的权力以召集到客户。零售商和其他渠道成员能够通过许多捕捉数据的形式(如数据扫描)识别出每个客户。他们开始了解到客户是如何对多种营销和营销传播方式做出反应的。有了这些知识,渠道开始规定供应商应该采取什么营销和营销传播的形式。因此,今天的大规模营销体系中,在决定向客户提供什么产品或服务时,零售商或渠道商比制造商更有决定权。

---

① 资料来源:唐·伊·舒尔茨:《将营销学和营销传播学带进21世纪》,转引自《凯洛格论整合营销》,海南出版社、三环出版社2007年版,第5页。

在这种背景下渠道商不仅仅承担制造商的代理任务,而且原来由制造商所扮演的角色很大一部分转由渠道商所扮演,在整个市场中渠道商与其说是中转角色,不如说是真正的卖方更加合适。因为它在直接向消费者兜售的同时,又把自己所拥有的对消费者的兜售能力转卖给制造商。在这种双向转卖中,渠道商最终确定了自己的主导地位。例如,享誉全球的沃尔玛公司就是一个成功的渠道商,它将制造商所生产的产品整合到自己名下,再把自己以制造商的面目展示于消费者面前。这种营销方式使它取得了巨大的成功,在短短几年内便跃升为全球500强之首。在此过程中,虽然制造商也一如既往地保持与消费者的交流,但长期以来它们惯用的大众传播方式使它们与客户的交流越来越困难,而本来就缺少反馈的线性传播又因为渠道商的介入而效果进一步衰减。

应该指出的是,在这里由制造商传输给分销商的信息和由分销商传输给消费者的信息都应该是有反馈回路的,但是,渠道分销商与消费者之间的信息反馈相对于它与制造商之间的信息反馈而言,既不稳定也不全面。实际上渠道商在很大程度上仍然只是向消费者终端进行单向传播,它们对来自终端的信息收集缺乏系统性的整合,更谈不上互动式的交流。不过有一个明显的变化就是,以往通过制造商的信息传播在传播管理上主要依赖大众传媒,这种传播方式所存在的弊端在渠道商驱动的市场传播中有所改变。一些有效的更加有利于渠道商的传播手段开始受到注意并且得到了快速发展,例如直邮、服务电话、会员制等。渠道商为此做了大量投入,在信息技术支持下一些相应的数据库和目标传播管理模式开始建立。于是随着市场格局的演变,新的市场传播体系也逐渐形成,这就是第三种营销体系的诞生。

第三节 客户驱动的营销体系阶段

这一阶段始于20世纪90年代初期。此时的市场已发生巨大变化,国际互联网以及其他形式的电子沟通和数据交换技术的出现促使权力又一次发生转移。权力从分销商那里转移到客户手中。由于客户得到了越来越多的信息技术(如网络、电子邮件、传真、手机短信)等,他们能有效地从分销商那里获得信息,创造出我们今天所知道的互动和网络化的市场。

原有的那种线性模式不复存在,取而代之的是一种全方位的交换流向。消费者不仅和渠道商联系也和生产商联系,而且这些联系全部都是双向反馈的,形成一种交互式的格局。舒尔茨在《全球整合营销传播》一书中提到:"所谓交互式就是指：产品和服务的信息流在整个系统中无所不至，而不只是输出系统，就像制造商驱动的市场和分销商驱动的市场那样仅仅向一个方向输出。信息是基于各种成员的需求流动、组合、分析。"①这种控制权的变化导致了营销传播的革命：即以往的营销沟通从单向的线性传播转为了双向的、互动的交流。

制造商已经不再是单纯承担商品生产者角色，它也负有向消费者进行直接沟通交流的任务；渠道商也不能简单地控制上下游的沟通联接，它也只是为了满足消费者多重需求和可以实现这种需求的多重选择中的一个角色。而现在消费者的信息才是最重要的信息。客户或最终客户通过获得信息技术，能获得更有效率和更有效益的市场信息。例如，客户能调查到整个市场的行情，而不是只限于他们所居住的物理地域范围之内的信息；这些新的信息技术使客户可以全球购物，为他们所需要的产品或服务比较价格，进行谈判。客户获得的信息越多，他们在市场上所获得的权力就越大。客户手中掌握了正确的市场信息，使得传统的生产商和分销商陷入被动的境地。营销和营销传播也由生产商、分销商驱动的向外辐射的系统发展为由客户接受、接触和获得产品或服务信息的互动市场，如图2-3所示。

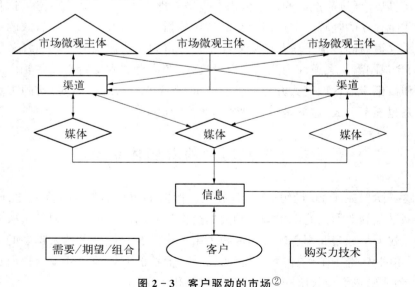

图2-3　客户驱动的市场②

---

① 唐·伊·舒尔茨：《全球整合营销传播》，中国财政经济出版社2004年版，第16页。
② 资料来源：同上。

20世纪90年代以来,营销领域越来越多的人转向北卡大学的教授劳朋特(Robert F. Lauterborn)提出的4C's理论。4C's理论从对企业经营者的研究全面转向对消费者的关注,实现了从"由内而外"到"由外而内"的转变。4C's理论是对传统的4P's理论的扬弃。4C's理论所主张的新观点是"把产品先搁到一边,赶紧研究消费者的需要(Customer wants and needs),不再卖你所能制造的产品,而是要卖顾客想要买到的产品;暂时忘掉定价策略,着重了解消费者要满足其需求所必须付出的成本(Cost);忘掉渠道策略,研究如何给消费者方便(Convenience),最后请忘掉促销,取而代之的是与消费者的沟通(Communication)"。4C's理论提供了一种全新的理论视角,这种视角改变了营销思考的重心。

4C's理论带来了"一对一"的营销观念。营销不再受到市场微观主体的左右,而可以充分了解消费者的个人需求,这种"一对一"的市场得到广泛宣传,而"一对一"的营销对提高品牌忠诚度也无疑会有无可比拟的优势。21世纪的营销组织所面临的挑战是要将传统营销和电子系统提供的新营销方法结合起来。许多情况下,看电视广告的客户也会在网上冲浪,进行电子商务的人也会在网下进行实体商店消费。客户、生产商、分销商和挑战今日营销组织的技术共同构成了一个集合的、收敛的、相互关联的网络系统。

美国西北大学整合营销传播系的教授提出了一套整合营销管理系统。这一理论的起点是客户。整合营销传播指导管理者聚焦下列关键因素:获得新客户;与现有客户沟通;管理现有客户;将客户服务整合到营销组合中去;奖励客户忠诚度;挖掘客户信息数据库;寻找客户交叉销售和转移的可能性等。简而言之,这种新型营销方式以客户为重心,将传统的大众营销和一对一营销结合为一个整体,如图2-4所示。

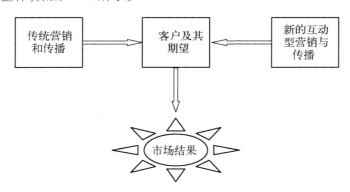

图2-4 以客户为重心的营销方式

以上我们所看到的三种市场及其转变情况是很容易理解的。"整合"在其中的转变也有所不同。在产品或分销驱动的市场里,营销和营销传播的整合非常简单。因为一旦生产企业或渠道控制了系统,整合就是组织做些什么,而不是组织如何影响客户和潜在客户。当市场转变为互动和网络化的时候,整合就带有强制意味。企业必须从客户和潜在客户入手,全面考虑他们的需求、他们的潜力和机会,整合所有的营销传播活动。如果不能和客户联系起来,简单的产品或分销系统是不能形成什么差异的。因此,营销传播的整合要从客户开始,要回到组织的根本。这对于全球的组织而言都具有挑战性。

21世纪以来,许多企业进入跨国公司的阶段,21世纪的商品市场将是全球流通的市场。那么,在这一全球流通市场中的营销传播将会是一种什么样的模式?舒尔茨在《全球整合营销传播》一书中提到,21世纪的全球市场从本质上来说是一个客户、消费者和最终使用者控制的市场。一个市场营销机构必将要了解并熟知自己的客户要求,并按照客户的要求提供服务。换言之,市场营销机构在全球市场上的作用将会不同,它是一个能识别客户和预期的供应商,而不是一个提供产品和服务的生产商[①]。在21世纪的全球市场上,大多数市场营销系统的数字化、信息技术、知识产权和传播系统将由客户控制。这种转换把客户置于市场营销系统的中心位置。进一步说,客户能够根据自己的喜好和要求,通过前面讲过的三种市场系统中的任何一个进入市场。这样,传统的市场营销机构就必定会承受巨大的压力。因为这些机构不得不保留三种系统服务整个市场,但实际上,没有几个机构能够应付这么复杂的市场。

在上述三种市场状态中,不同的消费者会根据自己的实际情况选择不同的市场。在不太发达的国家中,制造商驱动的市场普遍存在,因为这些国家的分销渠道系统还没有得到充分的发展。在较为发达的资本主义国家,分销渠道系统则非常发达,很多消费者们愿意通过分销商驱动的系统购买产品和服务,这样他们可以自己检验产品和服务,给产品和服务估价。例如在美国消费者们非常熟悉的沃尔玛就是典型的分销渠道系统,它通过自己的渠道整合了一些零售产品,对于消费者来说既提供了方便,又降低了成本。第三种情况是一些消费者也会采用交互式的渠道直接与产品打交道,例如在网上购物等。这种情况的优势是简单易行、不需要通过中间商的环节,也比较节省成本。但它的劣势在于:如果客户控制了市场,就会给市场营销机构带来转型难题,而一些中间商也就没有存在的必要了,而且大部分交互系统目前的发展并不完

---

① 唐·伊·舒尔茨:《全球整合营销传播》,中国财政经济出版社2004年版,第31页。

善,在与消费者进行直接交易时存在许多漏洞。因此,以分销渠道为导向的营销传播模式也有益处——它善于把一些零散的资源整合起来,统一提供给消费者便捷、简单的服务。

无论选择何种方式的营销传播模式,了解客户群体的需要以及市场的需求是最重要的。美国很多零售机构已经实现了从分销商驱动市场向交互市场的转型,如Best Buy,Land's End,Bean,Sharper Image等公司。还有一些机构选择直接采用交互市场模式,例如Amazon.com, Charles Schwab, CDNow等机构。美国全民良好的素质和信誉为网络交互式服务提供了便捷与可能性。在我国,淘宝网、慧聪网、当当网、卓越亚马逊等首先进入了交互营销的模式。它们能为消费者提供个性化的产品和服务。但同时,网络监控的不健全以及国民信誉的欠缺为网上交易提供了一定的难度。交互式营销传播在我国还有待完善和发展的空间。

在未来的全球市场上,营销传播的重点必然是发展各种各样的营销传播方式。可以预测的是,在将来的市场里,消费者将把握充分的主动权。他们将会开发自己的知识产权,为市场开发销售系统和方式方法,从而能够使投资于各种市场的回报最大化;在全球市场中,消费者自身能够推动销售经理去开发某种新产品或经营某种新的销售渠道。随着时间的推移,营销传播将会成为把买方和卖方联系到一起的纽带,成为关系市场的基础。在全球市场上,买方与卖方的关系都是友好的,只是持续的"给与拿"的关系。这样的市场是一个价值共享的市场。

思 考 题

请解释"整合"在产品驱动的营销体系、分销商驱动的营销体系以及客户驱动的营销体系中各自不同的含义。

第三章 整合营销传播的学科背景

整合营销传播是一个全新的研究领域,它诞生于20世纪80年代后期。虽然整合营销传播已经形成了自己的理论构架,但是并没有形成一门"学科"。因为一门学科的形成必须要有自己的理论体系、研究方法、研究模式。目前,整合营销传播只是停留在理论体系的初步构建状态,我们把它看作一个研究领域或研究方向可能更为合适。

研究整合营销传播的学科背景必须从与它相关的学科入手。正是众多相关学科的积累和铺垫导致了整合营销传播呼之欲出。在营销学、传播学、公共关系学和广告学等学科中我们都可以看到它们对于整合营销传播所做出的贡献。整合营销传播的诞生是与上述学科发展结合的必然。在下文中,我们从这几门学科领域的理论发展入手,来探讨它们与整合营销传播的关系,从而探讨出整合营销传播的学科规律。

第一节 营销学的研究视野

营销学诞生于20世纪50年代。有人把经济学称作营销学的祖母,因为它从经济学那里得到了基础学科理论与方法的支撑,加上营销实践源源不断输入养分,营销学逐渐发展成为一门完整、独特的学科。

早期的营销理论与方法集中体现于促进销售活动的策略和技巧。如今,营销学已经成为管理科学中的一种核心思维方式,不仅以赢利为目的的厂商已普遍运用营销理论与方法,非营利组织甚至政府机构也接受了营销思想。在学科发展中,营销学的核心概念衍生出一系列常识性概念,同时也形成了理论性概念和营销思想。新的概念和新的思想丰富了营销学科的内容,改善了学科的组合结构。纵观营销学的发展历史,我们发现:自20世纪50年代以来,每隔10年左右营销学理论就增加不少新的概念和思想,促进了营销学理论体系的完善与发展。我们将营销学的发展分为几个阶段并分别论述。

一、第一阶段：20 世纪 50 年代的产品营销

20 世纪 50 年代的营销观点是依据第二次世界大战后模仿军需物资供应系统模型上的下达式或下向式定购方式形成的,相应地在营销方式上是制造商通过中间商销售产品的产品营销方式。不过,这一阶段的营销学已形成了较完整的体系,10 年中一共形成了六个里程碑式的概念。我们认为与整合营销传播有密切关系的理论有以下几种。

市场营销组合理论。20 世纪 50 年代初营销学界开始采用"市场营销组合"这个概念,意为企业为进入目标市场,对各种可以控制的销售因素策略的统一规划和综合运用。美国营销学家麦卡锡(E. J. McCarth)把企业可控制的销售因素分为产品(product)、地点(place)、促销(promotion)和价格(price)4 类,因其英文字头都是 P,简称为 4P's,因此市场营销组合也就是 4P's 的组合。企业经理是各种营销要素的组合者和控制者。可以看到,这种营销思想和概念是 20 世纪 60 年代营销手段组合 4P's 的基础,也为营销管理组织提供了要素资源。

品牌形象理论。品牌及品牌形象是广告学中的重要定义,在 1955 年就被提出来,但直到 20 世纪 90 年代才为我国工商企业采用。品牌形象的基础是产品、服务的内在质量、功能,但形成与提升品牌形象需要广告促销和公关活动。在这里可以看出品牌形象概念倾向于产品的特制和促销服务。

市场细分理论。1956 年,市场细分理论出现在营销学著作之中。这是一个具有重大意义的理论概念。它不是从产品差异出发,而是从消费者的差异出发来划分市场。市场细分的概念帮助企业在市场中寻找目标群众体、避免过分的竞争对抗,为竞争力不强的中小型企业的营销活动提供了有效的途径。随后而来的市场营销哲学理论更进一步推进了这种思想。1957 年,美国通用电器公司的约翰·麦克金特立克阐述的"市场营销概念"被称作是企业效率和长期利润的关键。该理论认为一个组织只要脚踏实地地发现顾客需要,给予各种服务使之得到满足,便是以最佳方式满足了组织自身的需求。这种营销思想奠定了现代营销观念的基础,促使企业由"以产定销"迅速转为"以销定产"的经营轨迹。从"产品中心论"转向了"消费者中心论",为后来的 4C's 理论出现奠定了基础。

二、第二阶段：20 世纪 60 年代的产业营销

这一时期因为战乱的原因产品不能充分满足个体消费者的需求,因此营销

的目的是为了国家经济发展大量生产,这一时期产品的特点是不重视包装、设计、品质,只重视互换性和单一性。这一时期重要的营销思想主要有以下内容。

1960年杰罗姆·麦卡锡在市场销售组合理论的基础上提出了**4P's组合**。这一营销组合便于记忆,为企业运用营销原理提供了方便。在4P's组合的基础上,许多专家学者又作了进一步的补充和完善,形成诸如7P's和10P's等新的营销组合思想。

1961年,美国哈佛大学管理学院的教授西奥多·李维特(Theodore Leuitt)发表了"营销近视症"(Marketing Myopia)一文,批评了大量生产的同一化和忽视消费者需求的产业营销①。"营销近视症"就是不适当地把主要精力放在产品上或技术上,而不是放在市场需要(消费需要)上,其结果导致企业丧失市场,失去竞争力。李维特断言:市场的饱和并不会导致企业的萎缩;造成企业萎缩的真正原因是营销者目光短浅,不能根据消费者的需求变化而改变营销策略。"营销近视症"的具体表现是:自认为只要生产出最好的产品,不怕顾客不上门;只注重技术的开发,而忽略消费需求的变化;只注重内部经营管理水平,不注重外部市场环境和竞争等。对"营销近视症"的批判唱起了4P's理论的反调,认为过去一味只重视产品而不注重顾客的感受是不对的。

在此基础上,1967年,约翰·霍华德和杰迪什·谢斯合作提出了"**买方行为理论**"(Buyer Action Theory),并在1969年形成了专著,这是运用行为学理论研究消费购买行为的学术成果。这一理论尝试着解释人们如何作出购买决策,力图从消费者的心理来解释购买需求。从此,将需求理论与购买行为作为理论基础的营销方法和策略研究具有更明确的针对性。

1969年,西德尼·莱维和菲利浦·科特勒提出了"扩大的营销"的概念,即"**大营销**"理论。他们认为营销学不仅适用于产品、服务的商业性经营,同样适应所有非营利组织和个人,这些组织和个人都在从事能力、形象、观念的营销活动。换言之,所有与营销相关的个人和组织都在为营销活动起到各种各样的作用。

三、第三阶段:20世纪70年代的非营利及社会营销

进入20世纪70年代,企业生产产品的能力大大增强,企业不仅销售可满足消费者需求的可销售商品,并且致力于销售安全的、能够资源再利用,以及

---

① Levitt, Theodore, "Marketing Myopia," *Haverd Business Review*, Vol. 38, Jul-Aug. 1960, pp. 24 – 47.

节约能源等能为社会利益做贡献的商品。这一时期的重要理论有 1971 年杰拉尔德·查特曼和菲利浦·科特勒提出的"**社会营销**"的理论。这一理论认为:人们应关注营销学在传播社会目标方面的意义,企业应当承担起社会责任并讲究社会效果。"社会营销"作为新的营销思想很快被列入营销观念的范畴,并体现于营销策略及应用过程,成为营销学的又一里程碑。

20 世纪 70 年代后期,美国及欧洲的服务经济迅速发展,林恩·肖斯塔克在 1977 年《营销杂志》上发表了关于"**服务营销**"的独特见解。肖斯塔克根据产品中所包含的有形商品和无形服务的比重的不同,提出了"从可感知到不可感知的连续谱系理论",将服务业与产品制造业联系起来。服务业与普通行业并没有本质的不同,其区别仅仅在于服务业用于为用户提供服务的媒介是无形的、或虽有形但与他人共用,因此任何一个以赢利为目标的企业都可归属为服务企业,而任何产品(不论是有形或无形)都可视为企业向用户提供服务的媒介。这就是"服务营销"观念的基本原理。该观念认为,服务营销具有许多特点且有相对独立性,应当从传统的产品营销中解脱出来。1981 年布姆斯和比特纳(Booms and Bitner)建议在传统市场营销理论 4P's 的基础上增加三个"服务性的 P",即:人(People)、过程(Process)、物质环境(Physical Evidence)。

另外这一时期著名的理论还有通用电器(General Electric)提出的聚焦(FOCUS)理论,赖斯和特劳特的定位理论等。1972 年,艾尔·列斯和杰克·特罗阐述了"定位"概念,其核心内容是不论产品广告是否有定位意识,产品在顾客头脑中应有某种位置。我们将在下文中详细阐述这些理论,因为它们被看作是广告学领域中的重要理论。

四、第四阶段:20 世纪 80 年代的服务营销

20 世纪 70 年代后社会结构加速了分裂。从经营部门的重要性程度来看,以往不受重视的服务部门开始备受重视。美国西北大学的菲利普·科特勒(Philip Kotler)教授主张把营销领域扩向服务营销及非营利营销(Service Marketing and Non-Profit Marketing)。对应于社会结构分化和消费者生活形态扩大应运而生的旅游业、餐饮业、金融业等各服务行业开始发展,医院、学校等非营利组织的效率性运营使社会福利水平提高。这一时期的营销学的理论研究形成了以下几个重要的营销概念和思想。

1981 年,瑞典经济学家克里斯丁·格罗路斯发表了论述"**内部营销**"的论文。他认为,在培养经理和员工接受顾客导向的观念时,企业内部面临更重要的问题,即强有力的营销部门并非意味着顾客导向。企业内部各部门都要按顾客导向形成营销导向,这是企业适应顾客、适应市场的根本需求。企业的管理组织要营销化,也就是说,企业内部营销管理组织要具有顾客导向的观念。

1983年,西奥多·莱维特发表了堪称里程碑的论文,明确提出了"**全球营销**"的概念。他认为不同国家的营销要素和手段有很大差别,而目前的企业在国际营销中过于注重当地的环境约束,从而降低了国际营销中的规模效益。因此,跨国公司应当向全世界提供相对统一的产品,采用统一的沟通手段。这一观点引起了极大的争论,一些学者反驳他的观点,力争"当地营销"的现实意义。而这些争论则为企业从事国际营销提供了两种并存不悖的思路,丰富了国际营销的内容。

20世纪80年代"**直接营销**"的概念开始流行并引起广泛的关注。由于商品流通费用的上升,不通过零售商店出售产品,而是利用人员上门推销产品,或是供应商利用电话、电视直接销售产品的方式逐渐增多。这种以数据、信息为基础的营销方式取决于信息技术和传播技术的发展水平。这一时期渠道商利用信息技术开始整合产品资源,形成了"渠道商驱动的市场"。

1985年,巴巴拉·本德·杰克逊强调了"**关系营销**"的概念。关系营销较之于交易营销更好地抓住了营销的本质。公司不是创造购买,而是在建立各种关系,如与顾客的关系、与中间商的关系、与传媒的关系、与政府机构的关系等。关系营销比起其他的营销方式具有更高的效率。

在同一时期,菲利浦·科特勒又提出"**大营销**"的概念,强调政治权力与公共舆论的障碍及其克服的方法与技巧。此外,军事方面的理论与方法也应用于营销著作中。由于20世纪80年代全球经济尤其是美国经济滞缓,营销理论与方法的创新十分活跃。

五、第五阶段:20世纪90年代以后的营销新潮

20世纪进入90年代,传统的顾客导向(Customer-Oriented)营销概念被表现更积极的"**顾客满意**"(Customer Satisfaction)营销概念所取代。1991年克里斯托弗(Martine Christopher)等的研究成果"关系营销"受到人们重视。它通过使产品质量和消费者、服务及营销一致化的关系营销,强调产品与顾客的关系。这虽然不是需要完全改变以往的营销概念的崭新概念,但与以往以消费大众为目标市场的营销相比,关系营销则是以与个体消费者的一对一关系为目标的双向传播。从这个意义上说,它与西北大学舒尔茨等提出的整合营销传播的内容很相似,即把消费者视为信息处理者的新观点,使接触到传播的人以一个整体的单位来接受与自己相关的一切。广告主不会再进行面向顾客的独

白,而是尽量促成一种与消费者的对话和交流,以得到顾客的行为反应。

20世纪90年代以来,营销学理论与方法最具代表性的概念是"**合作营销**"、"**绿色营销**"和"**网络营销**"。这三大营销概念皆能够顺应时代的需求,将营销与市场发展的最前沿结合起来,体现了营销学理论的与时俱进,又能进一步顺应"以人为本"的大趋势。这里要重点提到的是"网络营销"。网络营销是伴随着互联网和电子商务的发展而出现的新的营销概念。它不仅是单向信息流的载体,而且是信息互换的手段;网络服务不仅能帮助交易双方达成合约,而且能为物流服务和结算服务提供新的途径;在网络技术日益发达的20世纪末和21世纪初,网络已经成为营销信息沟通的非常重要的渠道。此外,由于企业内部信息系统的完善,生产、分销、采购和供应链管理趋于信息化和网络化,网络促成了企业内部各部门的营销导向,使企业内部营销发生质的变化。尤其值得一提的是,网络技术在收集客户资料、建立营销数据库以及营销活动面向全球化的过程中扮演了不可忽视的作用。

纵观营销学从20世纪50年代到90年代的发展,我们可以清晰地看到营销学的发展轨迹和变化。从最初的关注产品到关注消费者、从关注大批量的产业营销到关注一对一的个人营销;从关注商品交易的推销到关注与顾客沟通感情的关系营销,营销学从传统走向现代的轨迹清晰地勾勒了整合营销的未来。从对营销学发展历史的剖析来看,整合营销在20世纪90年代后期的出现已经成为了历史的必然。我们以图3-1来揭示这种发展趋势。

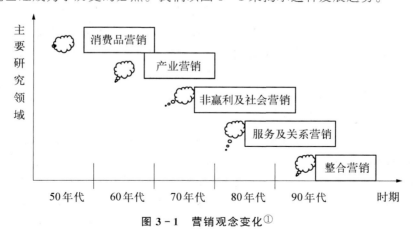

图3-1 营销观念变化[1]

---

[1] 资料来源:Christopher, Martin et al. Relationship Marketing: Bring Quality, customer service and marketing, butterworth-Heinemann Ltd., 1991, p.9. 转引自申光龙:《整合营销传播战略管理》,中国物资出版社2001年版,第48页。

第二节 传播学的研究视野

传播学诞生于 20 世纪的 20、30 年代的美国。

传播学的历史大致可以分为三个阶段。20 世纪 20、30 年代到 40、50 年代的早期阶段;50 年代到 70 年代的中期阶段;70 年代后期至今的后期阶段。这几个阶段中的不同理论以及它们所描述的重点充分表明了传播学研究从重视传播来源到重视受众的视角的转移。

一、早期传播学理论:以"魔弹论"为代表的"强大效果理论"

这一时期为 20 世纪 20、30 年代至 40、50 年代。早期的传播学理论是以"魔弹论"为代表的"强大效果论"。"魔弹论"认为:媒介发出的信息如同子弹一样,而受众就像射击场上的靶子,只要被魔弹击中就会立即倒下,毫无还击之力。媒介处在引导和控制受众的地位,而受众则处于被动挨打、毫无还击能力的地位。这个理论在传播学诞生之初的 20 世纪 20、30 年代盛行一时的原因是由于传播技术的局限,受众所接触到的信息量极为有限,而这些信息又都来自大众传媒,因此受众在大众传媒面前处于被动挨打的局面。1938 年,美国哥伦比亚广播公司制作了著名的广播剧《火星人入侵地球》,在没有电视、没有互联网的情况下,受众借以获取信息的主要手段是广播。而这一广播剧制作得绘声绘色、惟妙惟肖,其情景让人感觉火星人真的已经来到地球。一时间造成了大量受众的恐慌:妇女儿童躲在家中不敢出来,人们在大街小巷上疾走逃窜,传递着"火星人已经来到地球"这样一个事实。大众传媒的影响力可见一斑。

产生这种早期理论的社会背景有三。第一个背景是"大众社会"(Mass Society)的产生。20 世纪初,近代的工业文明浪潮已经形成汹涌澎湃之势,机器的喧嚣之声日盛一日,许多严重的社会问题暴露出来。一些社会学家们将工业革命看作一道分水岭,在工业革命之前的社会,人与人联系的纽带是伦理、亲情、血缘关系等;而工业革命之后的社会则靠法律来维持。著名的社会学家韦伯在其 1877 年问世的《礼俗社会与法理社会》(Community and Society)中,明确地将工业革命前后的社会分为"礼俗社会"与"法理社会"[①]。法理社会是由于工业化造成的。由于工业化对于专业的分工要求越来越细,

---

[①] 转引自李彬:《传播学引论》,新华出版社 1993 年版,第 171 页。

人与人的交往就势必越来越疏远,社会依靠强制性的契约来明确每个人的社会角色及职责。因此受众处于一种无依无靠、孤苦伶仃的状态中,人们在内心深处彼此隔绝、十分孤独。早期的传播理论既然以这种受众为传播对象,那么对这种形单影只、如一盘散沙的传播对象,大众媒介自然不费吹灰之力,产生了所谓的"靶子论"或"魔弹论"。

第二个背景是两次世界大战中的宣传战。在第二次世界大战中,当同盟国和协约国在战场上进行厮杀的同时,战场下也展开了一场宣传战的较量。各国纷纷运用手中的宣传工具(例如扩音器、传单、小册子)等,极尽夸张宣传之能事,在言辞描述上将对手置于死地。二战期间,以社会心理学家霍夫兰为代表的一批学者开始了对宣传战的研究,这便成为了传播学研究的萌芽。"劝服"理论在当时成为受人关注的理论,"劝服"理论的大致含义是:我应该怎样说、说些什么,才能够使你接受我的观点。换言之,我应该怎样对你传播才能达到最好的传播效果。这一系列理论的出发点完全是从传播者出发,从传播者应采用的传播手段、方式、内容等来进行研究以求达到最好的受众听从效果。在这些理论中传播者在处理信息中完全处于主动地位。

第三个背景是当时名噪一时的心理学上的"刺激—反应"论。著名心理学家巴甫洛夫的"狗与铃铛"的实验对后来传播学的研究有着不可磨灭的影响。在每天按时给狗喂食物的同时摇响铃铛,狗在听到铃铛声时就会自动分泌唾液。久而久之,即使不给狗喂食物而只摇铃铛,狗在听到铃铛声后也会不由自主分泌唾液。这就是著名的"刺激反应论"。这种理论蔓延到传播学当中,人们认为接受大众媒介的刺激在受众脑海中成了一种下意识的反应,只要接受大众媒介的刺激,受众就会情不自禁做出反应。

这一系列背景使得媒介的效果在当时威力无比成为必然。同时我们可以看到,"强大效果理论"的局限性在于:它过分强调了大众传播的影响力,而忽视了受众的自主能力。

由于营销传播中需要采用传播媒介来进行销售措施,因此我们不难了解到:这一阶段中的大众传媒尤其是广告的传播占据了明显优势的地位。大众传媒以其战无不胜、攻无不克的力量持续对手无寸铁的大众施加影响。对于缺乏信息来源的受众来说,唯一的了解和接触商品的信息的来源就是广告,而广告作为说服性的大众传播,它的特点与说服性传播相同。从营销学上来看,这种说服性传播是把消费者视为可操作对象进行的传播活动。它产生于20世纪后形成的大众化社会的阶段。所以,如果把它作为前提,那么营销传播所依据的观点就是作为操作性营销的基础的刺激反应观点。

二、中期传播理论:有限效果论

五六十年代由卢因等心理学家的研究发现:受众并不是那么被动和不堪一击。由于人际传播的影响,受众本身的个性、心理因素以及环境等各种要素的影响,受众也有选择接受信息以及接受何种信息的权利。于是有了相应的"有限效果论",这一理论认为大众传播的效果是有限的。它要对受传者产生影响,必须通过一系列的中介因素。这些中介因素包括个人接受信息必经的选择过程、群体规范形成的压力以及各种个人影响等。根据美国传播学者德福勒的概括,受众与媒介之间的缓冲体大致分属于三个方面:(1) 个人差异。每一个受众都是有个性的,个体的差异对于相同的信息会产生不同理解,因此同样的传播信息经过同样的传播媒介到达受众那里时所得到的效果并不一样。(2) 社会类型差异。社会类型强调的是不同的群体对相同信息的不同反应。例如,不同的社会群体可能有语言、文化、宗教信仰方面的差异,对于同一信息的理解自然会有不同。(3) 社会关系。媒介既要对受众个体进行解剖,更要将受众置于一定的社会关系中进行考察。盘根错节的人际网络把受众结成一个牢固的整体,信息要想打动受众,首先必须作用受众群体,而影响群体则显然要比影响个体困难得多。这些受众的差异论都告诉我们,大众媒体要影响受众并不是一件简单的事情。

一些学者发现,受众更愿意通过人际传播的渠道来了解和获取信息,人际传播往往比大众传播能对受众产生更大影响。最为典型的有社会学家拉扎斯费尔得所提出的"两级传播论"。该理论认为:信息总是先从大众媒介传播到舆论领袖那里,再从舆论领袖扩散给社会大众的过程。在这里,舆论领袖的作用至关重要,而舆论领袖恰恰体现了人际传播的力量。

这一现象反映在营销学中,则出现了以人员推销、直复营销等以人为中介的营销手段,这种以个人为中介的营销手段更加人性化,注重和受众的沟通,在对某些特定商品的营销上,它能够取得更好的效果。不过该理论的局限性体现在:它虽然初步考虑了受众的差异性,在"强大效果理论"的基础上前进了一大步,但仍然没有摆脱受众被动的地位,媒介仍然是第一位的,而受众是第二位的。

三、近期传播理论:使用与满足理论

20 世纪 80 年代以后,新技术的开发和因特网的出现彻底改变了受众处于支配地位的格局,铺天盖地的信息使受众有了极大的选择范围;新的媒体和互动技术的出现使受众可以按照自己的喜好来选择信息,如同在自助餐厅选择食物一样。在这一新的格局下,受众开始在信息传递过程中处于主导地位,而媒介按照受众的需求制造与传递信息。这一时期出现了两个著名的理论,一是鲍尔的"固执的受众",二是威尔伯·施拉姆的"自助餐厅"。

鲍尔是哈佛大学的教授,他在20世纪60年代便提出理论认为:受众是顽固的,不是受人摆布的。信息不是被动接受的,而是被主动发现的。媒介不可能随心所欲地摆弄受众,"魔弹论"也无法成立。他认为:传播学不应该从信息怎样传给受众的角度看问题,而要在受众如何使用信息上做文章;不讲信息怎样给予受众,而讲受众怎样寻求信息。也就是说传播活动的主动权是由受众而不是由传播者所掌握。他有两句名言经常为人所用,他说,以往的研究总是"信息如何作用于受众"(What can the message do to the audience);而现在的研究应转变为"受众如何处理信息"(What can the audience do with the message)。这两句话反映了两个明显不同的研究方向:一个是从信息到受众,一个是从受众到信息;一个是关心信息的效果,一个是关心受众的需求;一个是认为传播者方面最重要,一个是认为受众方面最关键。受众犹如顾客,传播者只是听命于顾客、为顾客提供所需服务的招待。鲍尔被称为"受众第一论"的创始人,他的观点敲响了"魔弹论"的丧钟。

鲍尔的观点一经提出,大批学者开始了关于媒介"使用与满足"的研究。20世纪70年代初以后,在英国、美国、日本、北欧、以色列等地,大批学者深感"效果"研究已经陷入僵局,纷纷采用另一种态度,从相反的一段来研究受众如何使用媒介、动机为何等。这一系列研究被统称为"使用与满足"研究。在这其中以传播学集大成者威尔伯·施拉姆的"自助餐厅"理论最为典型。施拉姆认为:受众参与传播就像在自助餐厅就餐,每个人都根据个人的口味和当天的食欲来挑选食品,而自助餐厅供应的五花八门的食物就相当于媒介提供的林林总总的信息。这个比喻不难明白,信息不是强行加诸受众,而是由受众自己选择和处理。使用与满足论特别强调受众的作用,突出受众的地位,认为受众通过对媒介的积极使用,实际上制约着整个传播过程。而受众怎样使用与选取媒介都是基于自己的需求和愿望。

这一理论在20世纪70年代提出,它对后来媒介理论的发展却有着显著的预见性。如果说六七十年代电视的普及给了受众选择媒介的机会,那么,20世纪末期出现的互联网才真正深刻地论证了这一系列理论的重要性与正确性。互联网出现以后的信息大爆炸,给了受众无穷大的选择权利。传播的主体越来越倾向于受众这一方已经是不争的事实。受众在互联网上淘取信息正像在自助餐厅选择食物一样,有着充分和无穷大的选择权利。1998年,中国社科院新闻传播研究所明安香研究员提出"推"与"拉"的概念,认为以往的传播研究是注重于媒介怎样将信息"推"给受众;而互联网络出现以后,学者们要研究的是受众怎样从网上把信息主动"拉"出来。他更进一步提出在网络繁荣发展的年代,传者和受众已经没有明晰的界限,由于大家都可以在网上传递信息,也可以同时接收信息,因此传者和受众都将被一个新的词语"网众"所取代。20世纪90年代末,大批传播学者争先驻足于网络传播研究领域,研究网络传播中"推(Push)"与"拉(Pull)"的情形。网络传播中"推"与"拉"的情形与在营销学的领域,由过去商家向消费者"推"出某一种新的产品转变为消费者从货架上把自己想要的产品"拉"出来,甚至可以向商家主动要求定制某种个性化的产品的情形不谋而合。而从"推"转向"拉"的这一转变正是营销学从传统营销传播转向整合营销传播的核心所在。从这一角度来看,传播学理论对于整合营销传播学理论基础的奠定可谓影响深远。

第三节 公共关系的研究视野

公共关系的发展经历了五个阶段:产生阶段、发展阶段、职业化阶段、成熟阶段和现代公共关系阶段。在每一个阶段都有其各自的理论,而这些理论的发展对以后的整合营销传播都从不同角度发挥了作用。

一、公共关系诞生阶段:巴纳姆时期——公众受愚弄时代

有组织、有意识的公共关系活动,起源于19世纪中叶在美国风行一时的报刊宣传代理活动。1833年9月,本杰明·戴伊创办了第一张面向大众的通俗化报纸——《纽约太阳报》,从此开启了美国报刊史上以大众读者为对象、大量发行的、价格低廉的"便士报"时期。由于这种报纸发行量大,广告费用也迅速上涨,当时,一些大的公司和财团为了节省广告费,便雇佣专门人员炮制关于自己的煽动性新闻,以扩大影响。而报刊为迎合下层读者的需要,增加发行量,也乐于接受发表,这样一来,便出现了美国历史上有名的报刊宣传代理活动。

其中最突出的代表便是一个马戏团的经理费尼斯·巴纳姆(Phines Barnuln)。他的工作信条是"凡宣传皆好事",完全不把公众放在眼里。他不仅编造许多荒诞离奇的故事来吸引公众的注意和好奇,而且还熟练地利用大众传媒的神奇魔力,无中生有,愚弄公众。他的这种做法最终激起了公众的愤

怒。不仅他的宣传完全不顾及公众的利益,而且当时的报刊宣传员都以获得免费的报刊版面为首要目的,这种做法与公共关系职业的基本要求和道德准则相去甚远。这种忽视公众利益的做法给现代公共关系的健康发展带来了巨大的负面影响。由此,人们把整个巴纳姆时期称为"公众受愚弄"时代。不过,虽然巴纳姆等一些人愚弄公众的行为应该受到谴责,但这在客观上促进了传播业的发展和现代公关的诞生。

纵观这一时期公关活动的特点,我们认为:第一,公关活动已带有一定的组织性和较为明确的目的性;第二,公关活动已不局限于政治领域,而逐渐与谋利愿望结合在一起,为公共关系向各行业、各领域的发展奠定了基础。

二、公共关系发展阶段:艾维·李时期——说真话时代

由于巴纳姆时期利用新闻媒介一味地制造虚假新闻、愚弄公众,所以当公众发现自己上当受骗时,那一股股怒不可遏的抵制浪潮几乎使得新闻媒介无立足之地,而那些"声名显赫"的工商企业也因此受到了公众的普遍怀疑而信誉扫地,整个社会几乎都陷入了信誉危机。这对当时的公共关系来说无疑是当头一棒,那些意气风发的公关人员驻足反思,重新审视这一全新职业的职业要求和职业道德,于是一些报纸杂志率先开始揭露实业界那些"强盗大王"的丑恶行径,从而掀起了美国近代史上著名的"清垃圾运动",又称"扒粪运动"。

在"扒粪运动"的冲击下,那些通过掌握舆论工具起家的声名显赫的大财团受到了公众的普遍怀疑与抵制。最终他们认识到:为求得生存与发展,他们必须取得公众的信任。于是他们纷纷从"修建"封闭的"象牙塔"逐渐转向"建造"透明的"玻璃屋",力图提高企业的透明度;让公众广泛地了解整个企业,以期取得他们的信任。而在这一过程中,以"讲真话"、"讲实情"来获得公众信任的主张被提了出来,并得到了越来越多工商界人士的支持与提倡。

艾维·李就是这一"讲真话"的公共关系思想的代表人物。他认为取得公众的信任和理解无疑是组织生死存亡的关键。因此他顺应了这一时代需求,以公众的需求为出发点,致力于改变这种无中生有、制造"新闻"的状况,让重视公众利益的理念在当时成为不可逆转的潮流,从而使得公共关系进入一个"讲真话"的时代。他也因对公共关系发展做出的杰出贡献,而被人誉为"公共关系之父"。1903年,他开办了历史上第一家公共关系事务所,成为第一个职业公共关系人员,这标志着现代公共关系的问世。从此,公共关系事业的发展进入了一个前所未有的发展时期。

艾维·李作为现代公共关系的创始人,虽然提出了一系列独创性的公关理论,并且由于他的极力推广,"讲真话"被当作公共关系的一条重要原则确立下来,但是由于受历史条件和个人精力的局限,他的这些从个人实践经验得出的理论缺乏系统性和科学性。随着公共关系事业的不断发展,这种建立系统理论的需求越来越迫切,而这个工作最终是由爱德华·伯内斯完成的。

三、公共关系职业化阶段:爱德华·伯内斯时期——"投公众所好"时代

爱德华·伯内斯(Edward L. Bemeys)于1913年受聘于美国著名的福特汽车公司,担任公关部经理。第一次世界大战结束后,他和夫人在纽约开办了一家公共关系公司。1923年,他的第一本专著《舆论之凝结》(又称《舆论明鉴》)问世。在这本书中,他首次提出了**公共关系咨询**的概念。他认为,公共关系咨询主要有两个作用:一是为工商企业组织推荐它们应采纳的政策,而这种政策的实施必须符合公众的利益;二是把工商企业组织采纳执行的合理的政策、采取的有益于社会公众的行为广为宣传,帮助它们赢得公众的信任和好感。同年,他在纽约大学首次讲授公共关系课程。1925年,他的一本教科书《公共关系学》出版;1928年,另一本《舆论》出版。这样,通过他不断研究和反复实践,使得公共关系的基本理论、原则和方法初步形成一个较为完整的体系。而在这些原则和理论中,他的公共关系核心思想是"投公众所好"。他认为,以公众为中心,了解公众的喜好,掌握公众对组织的期待与要求的态度,确定公众的价值观念,应该是公共关系的基础工作;然后按照公众的意愿进行宣传,才能做好公共关系工作。

伯内斯以其不懈努力,为现代公共关系的发展做出了一系列重要的贡献:(1)使公共关系职业化;(2)使公共关系工作摆脱了新闻界附属的地位,开始独立自主地发展;(3)归纳出公共关系的运作程序、方法、技巧,提出了整个运作过程的8个基本程序;(4)初步建立了现代公共关系的理论体系;(5)强调了舆论及通过投其所好的公共宣传来引导公众舆论的重要作用;(6)主张获得公众的谅解与合作应当成为公共关系的基本信条。正是由于他孜孜不倦的努力,最终建立了一套具有完整体系的公共关系理论,从而使得公共关系成为一门独立的学科。

四、公共关系理论成熟期:斯科特·卡特利普时期——"双向对称时代"

第二次世界大战后,公共关系的实践和理论的发展进入了一个全新的阶段。以卡特利普、森特和杰夫·金斯为代表的一大批公共关系专家和大师,在理论和实践上把公共关系推向一个新的历史发展阶段。在公共关系学理论

上,一系列重要理论陆续出现,形成了完整的公共关系学科思想,标志着公共关系理论建构上的成熟。

这段时期所产生的公共关系理论与传统的公共关系理论有所不同。传统的公共关系理论认为,在公共关系实践中,公共关系都是作为"一项具体工作"而表现出来。这类工作只注重将有关组织的信息扩散到组织的环境之中,而忽略将有关环境的信息传递给组织,实质上是把公共关系系统看成一个"封闭系统"。这种一厢情愿式的单向传递模式在特定的历史条件下可能会收到一定的效果,但因缺少公众参与,其弊端逐渐显露出来。

1952年,美国学者卡特利普(S. Cutlip)和森特(A. Cen-ter)出版的《有效公共关系》提出了"双向对称"的公共关系模式。他们认为:公共关系的最终目的是要在组织与公众之间形成一种和谐的关系。公共关系就是一方面把组织的想法与信息传播给公众;另一方面把公众的想法与信息反馈给组织。只有这样,才能够达到双向沟通,从而产生对称平衡的良好环境。现代公共关系理论要求以"开放系统"的思想去分析公共关系问题,以"**双向对称**"的理论模式去规划公共关系工作,即组织与其公众关系的维持与改变是建立在输出—反馈—调整的互动模式基础之上的。在这种模式中,公共关系具有潜在的、能够发挥参谋或顾问作用的能力,可以对决策过程施加影响。这种潜能能够在危机期产生控制局势的作用,而且作为外界环境的感应系统,公共关系还可以阻止潜在危机的发生。开放系统的"双向对称"公共关系模式一方面要把组织的行为和信息传递给公众,另一方面又要把公众的想法和信息传递给组织,从而使组织和公众形成一种互动的和谐状态。根据"双向对称"模式,组织必须区分那些对组织影响较大的公众,通过调查研究并展开适当的公关活动,以协调和这部分公众的关系。"双向对称"模式超越了原来的"单向沟通"模式,科学地界定了公共关系"传播沟通"上双向互动特征,从而把"公共关系传播"与"宣传"、"广告传播"严格区分开来,因为后两者的沟通属性为典型的"单向传播"。"双向对称"模式迄今仍然属于现代公共关系活动采用的基本模式。而卡特利普和森特的《有效公共关系》一书,则被誉为"公共关系圣经"和"现代公共关系思想的基础"。

继而,一些学者在如何实践公共关系上提出了相应的理论。英国著名公共关系学专家杰夫·金斯(F. Jefkins)提出了"公共关系工作六步曲",即:"估计形势—确定目标—确认公众—选择传播媒介与技巧—编制预算方案—评价结果。""公共关系工作六步曲"对于公共关系工作管理和工作流程作出了科学规定,成为公共关系实务上具有突出意义的理论创建。马斯顿(J. Marston)把公共关系活动的过程概括为著名的 RACE 模式,体现了公共关系活动的四个主要环节: R (Research)——研究; A (Action)——行动; C (Communication)——传播; E(Evaluation)——评估。公共关系活动的起点是"调查研究"。只有在进行了详细而周密的调查研究的基础之上,才能够作出符合实际的公共关系活动的决策。公共关系六步曲和 RACE 模式有着许多相同之处,但是两者又从不同视角对于公共关系过程进行了剖析,建立起了公共关系过程分析模式。

这一时期其他的理论还有公共关系职能模式(PR's Function)、公众分类理论(Identifying and Describing Publics),以及公共关系角色理论(PR's Role)等。它们都各自从不同角度提出了公共关系新主张。20 世纪 70 年代至 80 年代后公共关系理论进入第五个阶段,即**创新发展时期**。一批学者对公共关系管理进行了研究,"**公共关系管理**(PR Management)"理论成为主要理论思潮。这一阶段的主要理论着重于对公共关系管理中各具体阶段和要素的分析。许多学者针对公共关系管理过程提出了不同的模式,使公共关系理论进入完善和健全发展的阶段。

第四节 广告学的研究视野

广告也是营销传播中重要的部分。在学科领域划分中它既属于营销学研究领域,也属于传播学研究领域。广告理论的研究于 20 世纪初 20、30 年代属初创期,40、50 年代产生罗瑟·瑞夫斯的 USP 理论,60 年代产生大卫·奥格威的品牌形象理论,70 年代产生艾·里斯和杰·特劳特的定位理论,80 年代产生品牌个性理论和 CI 理论,90 年代产生整合营销理论。其中,定位理论可以算作是 20 世纪广告理论的经典,它包括了 USP 理论阶段、品牌形象理论阶段等,它的发展跨越最初的产品定位到消费者心理的定位,甚至到营销领域的企业战略定位,在广告、营销领域都有着重要的作用。以下,我们分别来介绍这些理论。

一、USP 理论

第二次世界大战以后至 20 世纪 50 年代,经济得到迅速恢复并飞速发展,社会产品的数量和品种明显增加,但产品之间的差异化程度还较大,产品的同质性还不是很强;企业的生产能力进一步提高,市场格局已由卖方市场转向买方市场。由于产品品种的增多和竞争的加剧,而单靠一般化、模式化的广告创意和表现已不能引起受众的注意和兴趣,必须力求详细介绍产品的特点,指出产品之间的差异,以增强广告销售的效果。在这种情况下罗瑟·瑞夫斯的 USP 理论应运而生。简单来说,USP 理论包括三个方面:(1)一则广告必须向消费者明确陈述一个消费主张;(2)这一主张必须是独特的,或者是其他同类产品宣传不曾提出或表现过的;(3)这一主张必须对消费者具有强大吸引力和打动力。

简单地说,USP 理论就是"独特销售理论",也就是给产品一个买点或恰当的定位。早期 USP 理论具有如下几个主要特征。

第一,关注产品本身。广告诉求以产品功能诉求为主。瑞夫斯始终强调的是产品本身引发人们的兴趣,而不是广告本身,广告则要从产品分析出发。

第二,从生产者的角度出发,以生产者为中心,运用广告进行产品推销,并以推销为直接目的。在 50 年代产品的差异性还比较大,只要找出产品本身的利益点,就很容易获得竞争力,有利于产品的销售。"USP 既是基于产品独特性的思考,又要在广告中把它变成一句有利的说辞。"[①]这种理论本质上是以生产者为本位,从已有的产品出发,用独特的推销手段将产品推销出去,认为广告代理商可以劝客户改变或改进其产品。

第三,广告传播具有单向性的特点。在大众营销时代,当时由于制造商控制着大部分的产品资讯,消费者通常是依据这些资讯从事消费行为。制造商可以选择涵盖面极广、极为普及的媒体,如广播网、电视网、全国性的杂志,同时影响为数颇多的消费者。而消费者是依据这些信息进行消费,因此单向沟通较为有效。此外也由于产品资讯有限,尽管后来有很多的新产品进入市场,由于没有其他的沟通渠道,消费者仍可以从当时的单向沟通中,选择和撷取自己所需要的和有价值的信息,生产厂商仍可以从单向沟通的广告中获利。

第四,早期 USP 理论仍是建立在"术"的探求的基点上。瑞夫斯对广告本质功能的认识是实效的推销术,认为广告就是考虑如何从产品自身出发,寻找产品本身的差异性,以尽可能低的成本让尽可能多的人记住一个独特的销售主张,这是对于广告"内容"的重视。

由于当时的历史条件的限制及营销学和传播学理论存在的缺陷,USP 理论不可避免地带有自身的缺陷。从上文对早期 USP 理论主要特征的分析可以看出:它注重产品本身,以产品及传播者为中心而很少考虑到传播对象。在这种观念指导下的广告,USP 理论的局限首先突出表现为以产品及产品功

---

① 何佳讯编著:《现代广告案例——理论与评析》,复旦大学出版社 1998 年版,第 282 页。

能为核心诉求的理论视点上。USP理论强调独特、追求差异的本质自有其巨大的理论贡献。但是,这种独特的销售说辞,必须与消费者的实际利益需求与心理需求相对应,才能发挥最大效用。不从消费者利益出发,只注重产品及产品功能自身,以此建立起的广告独特销售说辞和差异化诉求,很容易与消费者的利益需求发生错位而沦为广告传播者的自说自话。

二、品牌形象理论

20世纪50年代以后,西方经济发达国家的生产力得到迅速的发展,新产品不断涌现,同类产品在市场上的竞争十分激烈。许多广告人通过各种宣传和促销手段,不断为企业提高声誉,开创著名品牌产品,使消费者根据企业的名声和印象来选择商品。在此期间涌现了一大批著名的广告人,广告思想都以树立品牌形象为核心,在客观的广告实践上,推动了企业营销活动的开展。这一时期最具代表性的人物就是被称为"形象时代建筑大师"的大卫·奥格威,他的最著名的命题之一就是"每一个广告都是对品牌印象的长期投资"。20世纪60年代是一个社会急剧发展变化的时代。社会生产力的进一步发展、产品的空前丰富,买方市场逐渐形成。机器大生产造成了产品的同类化程度日趋严重,寻找产品的USP逐渐变得困难。在这样的背景下,大卫·奥格威已经明显地感觉到广告必须从原来的对产品独特功能的诉求转移到对品牌形象的塑造上来。产品是相似的,创意可以模仿,但品牌却有着别人难以模仿的个性。

从产品到品牌,看似一种细微的差别,但其中却蕴含着划时代的变革。产品的特性满足的是消费者的具体使用方面的要求,而品牌带来的却是一种不能替代的精神需要和心理感受。这就是奥格威品牌理论在当时特定的社会条件下的理论创新意义。对于品牌,奥格威这样认为:"品牌是一种最错综复杂的象征,它是品牌属性、名称、包装、价格、历史、声誉、广告方式的无形总和。品牌同时也是因为消费者对其使用者的印象以及自身的经验而有所界定。"综合看来,他的品牌理论主要内容为以下两个方面。

第一,品牌必须有自己的个性。奥格威针对当时企业力图扩大产品适用范围的不切实际的主观意愿,指出:绝大部分厂商不能接受他们对品牌的形象有一定局限性的事实。他们希望他们的品牌对每个人都适用。他们希望他们的品牌既适合男性也适合女性,既能适合上流社会也适合广大群众。结果他们的产品就什么个性都没有了,成了一种不伦不类的东西。

第二,树立品牌形象的长期性,保持品牌形象的一致性。创建一个品牌形象是一个长期的过程。任何缺乏长远目标、只求眼前利益的短期行为都不可能塑造消费者心中的良好品牌。"每一则广告都应该被看作是在对品牌形象这种复杂现象做贡献。"它是对品牌性格的长期投资。应该考虑每一个广告是否对产品的形象有利,也就是说,广告必须保持一贯的形象。

三、定位理论

定位理论的创始人艾·里斯和杰·特劳特于1969年6月在《广告行销杂志》发表了《定位:同质化市场突围之道》一文,其中首次使用了"定位"一词,用来指在产品模仿日盛的市场环境里新的市场竞争策略和手段。此后,1972年4月24日、5月1日和5月8日他们在《广告时代》期刊上连续发表了系列文章,公开宣称创意时代的结束,定位时代的来临。

1981年艾·里斯和杰·特劳特在实践的基础上出版了《广告攻心战略——品牌定位》一书,对"定位"一词做了如下解释:定位是企业对潜在顾客的心智下工夫,也就是把产品定位在未来潜在顾客的心中;定位是"一种逆转的思考方式",不以产品为出发点,而是以潜在顾客心理状态为出发点。

艾·里斯和杰·特劳特在20周年纪念版《定位》引言中再次对定位作了解释:定位要从一个产品开始。那产品可能是一种商品、一项服务、一个机构,甚至是一个人,也许是你自己,但是定位不是你对产品要做的事,定位是你对预期客户要做的事。换句话说,你要在预期客户的头脑里给产品定位。

1996年杰·特劳特又出版《新定位》一书。"新定位"是对定位理论的补充和完善,更加注重了定位理论在实践中的应用技巧。它提出三大核心话题:(1)"如何寻找好的定位",特劳特借鉴心理学及生命科学的最新成果,提出营销定位的诸种心理原则及其误区。(2)"如何进行再定位"。竞争与变化的需要,产品不可能一劳永逸地为自己定位,在适当的时机"再定位"是成功的保证。书中进行了大量的案例研究,具体展示和讨论"再定位的要素和方法"。(3)作者积25年的营销企划与咨询经验,总结出了一整套的"商业决策",具有直面问题的实用性和充满例证的实战性。

定位理论比较起品牌形象理论来可以说又前进了一大步。它首先要确立传播对象,从消费者的心理和品牌认知情况出发,确立诉求点,投消费者所好。这是一种以消费者为主体的传播观念。实际上,"定位"是产品为投消费者所好、以消费者对产品的心理需求而产生的对产品的定位。其次,这种定位是一种长久的产品情感需求,这个位置一旦确定起来,就会使人在产生一种特定需求时,首先考虑该品牌,从而奠定了该品牌在消费者心中的地位。最后,定位是一种关系,是潜在消费者与某个特定品牌之间的刺激—反应关系,这种关系使某种特定品牌在潜在消费者那里获得了绝对的优先权。定位的实质就是有的放矢的差异化传播。在定位理论中,我们能看到许多品牌形象理论被拓展的影子。

四、品牌个性理论

20世纪50年代后,品牌内涵得到进一步挖掘,美国Grey广告公司提出了"品牌性格哲学",日本小林太三郎教授提出了"企业性格论",从而形成了广告创意策略中的另一种后起的、充满生命力的新策略流派——品牌个性论(Brand Character)。该策略理论在回答广告"说什么"的问题时,认为广告不只是"说利益"、"说形象",而更要"说个性"。由品牌个性来促进品牌形象的塑造,通过品牌个性吸引特定人群。品牌应该个性化,以期给人留下深刻的印象;应该寻找和选择能代表品牌个性的象征物,使用核心图案和特殊文字造型表现品牌的特殊个性。品牌个性论更进一步强调在与消费者的沟通中,品牌的"个性"比"形象"更为重要。该理论是品牌形象理论的更进一步深化。

从USP理论的注重产品到品牌形象理论的注重产品品牌,再到定位理论的注重品牌在消费者心目中的定位,最后到品牌个性理论的品牌形象个性化的发展趋势,广告理论对于产品形象的诉求逐步深入至个性化和人性化。这种品牌诉求与90年代整合营销传播理论的诉求越来越趋于一致。研究整合营销传播是与研究上述广告理论分不开的,而目前的整合营销传播理论也体现了上述广告理论发展所追求的极致。

第五节 整合营销传播的研究方法

整合营销传播尚未形成一个学科,目前,它只是上述所提到的众多学科相互交叉而产生的一个研究方向。但是,随着整合营销传播理论体系的不断构建以及它在实践中越来越广泛的应用,它将在众多学科中占据越来越牢固的地位,也将越来越具有独立的学科地位。

有关整合营销传播的研究方法,目前的文献涉及甚少。从现有一些学者的研究来看,所用的研究方法不外乎采用了传播学、营销学等社会科学研究方法;也有学者从一般的学科角度出发,认为"归纳法"与"演绎法"就是最好的研究方法。为撰写此书,笔者考察了截至2008年12月底美国在各种公开刊物上发表的以整合营销传播为论题的论文约150篇,发现到目前为止,所采用的研究方法最多的有以下方法。

一、经验研究(Empirical Study)

经验研究是社会学研究的基本类型和方法之一。与纯理论研究方法相对应而言,它是指研究的实证性和操作化。概括来说,理论研究方法包括下述两种:(1)旨在建立一套概念体系的研究。如T·帕森斯对社会系统和社会行为的考察即属此类。(2)旨在概括地提出一种理论以解释某种社会现象,但又不去加以验证的研究。在这两种纯理论形式中,概念是分析性的,仅仅指抽象层次上的范畴,如阶级、群体、社会组织。这些范畴的分析性差异是由抽象定义说明的,无需经验的证明。经验研究与之不同的是,其概念是需要操作化的,即通过操作定义说明概念所指称的、可被观测的经验内容,由此而建立的理论是一种操作化的、并受到经验事实检验的理论。在这个意义上,它在许多方面与实证研究有相似之处。

但经验研究又不同于实证研究(Positive Study)。实证研究这一术语常用于自然科学中,指采用科学的实证方法(特别是自然科学的实验法)对经验现象所作的研究,它强调知识的经验性和可检验性。在逻辑实证主义或逻辑经验主义者看来,如果某个关于客观世界的陈述无法被经验证实(或证伪),那么它就被认为是无意义的。传统的形而上学或神学的陈述就属于此类。实证研究取向主要在于需要通过实地的经验来证实或检验。而经验研究也会通过理论的归纳和演绎来创作出新的结论。通俗来说,"经验研究"所回答的是"实际是什么",这种"实际是什么"的描述并不是从概念到概念,也不是从科学实验到概念,而是从描述客观事实入手,解释这种现象为什么会发生,最后对未来进行一些预测的从事实到理论的方法。

在关于整合营销传播的研究过程中,学者们多在现有的营销传播理论基础之上,对现有的实践情况进行观察与分析,演绎出新的观点,进而推断出新的理论模型。在目前的文献中采用经验研究法的占70%。

二、个案研究(Case Study)

这是关于对某个社会单位的生活全过程的描述或关于它的某个方面的个别事例和整体相关的事例描述的研究方法。它的优点是能较为详细深入地占有资料,为其他方式的研究提供参考或基础。由于整合营销传播的操作性极强,而整合营销传播思想是否能在企业中付诸实践又是众多学者关注的问题,因此个案研究的重要性在此不言而喻。例如汤姆·尼克松(Tom Nicholson)

等人发表于 2002 年《整合营销传播》(Journal of Integrated Marketing Communications)杂志上的"总裁们希望从营销传播中听到什么：客观测量法与更有效的传播计划"(What Every CEO wants to hear from communications: Objective measures essential to more effective communications planning)一文详细描述了卡夫食品公司的整合营销传播战略和战术。克里斯汀·麦克丹尼尔(Kristin Mcdaniel)等人在 2005 年的《整合营销传播》(Journal of Integrated Marketing Communications)中的"回归自然"(Back to the Nature)一文也详细探讨了著名百货公司希尔斯(Sears)公司的营销传播计划。在各杂志发表的论文中，采用这一研究方法的论文篇数多达 90%。

三、问卷调查

问卷调查是一种采用自填式问卷或结构式访问的方法，系统、直接地从一个取自总体的样本那里收集资料，并通过分析这些资料来认识现象及其规律的社会研究方法。它适用面广，能对多数对象进行研究，调查访问紧贴现实社会，调查结果客观、公正，避免了人为因素的影响。为了解客户对于公司的满意度、整合营销传播渠道运用的效果以及员工的精神面貌等方面情况，对客户、员工或管理者直接进行调查也是了解他们态度的主要渠道。早在 1991 年，美国西北大学舒尔茨等人就在 4A 协会的赞助下对全美 100 多家广告代理公司进行了多达 89 个问题的问卷调查，旨在了解广告代理公司对"整合营销传播"的概念所了解和应用的实际情况。此后，类似调查又在北欧、大洋洲一些国家以及印度陆续展开。1997 年，又有一项典型的问卷调查在全美广告主中进行，调查者从全美的广告主名单中选取 1 000 位广告主，将一张包含 IMC 和其他广告方面问题的问卷发送到他们当中，了解他们对于 IMC 实施的各项看法。在得到数据以后再采用合适的统计分析工具来验证假设[1]。目前问卷调查方法在上述文献中约占 20%。

四、田野研究(Field Study)

田野研究是来自文化人类学、考古学、民族学、行为学等学科的研究方法，即为了取得第一手的原始资料，有意识地深入所有实地与参观现场的调查工作。这种研究在上述文献中较为少见，典型的有：汤姆·尼克松深入到希尔

---

[1] David N. Mcarthur, Tom Griffin, 1997, A Marketing Management view of Integrated Marketing Communications, *Journal of Advertising Research*, September. October, pp.19-26.

斯公司进行了为期几个月的田野研究,设身处地地感受希尔斯公司运用整合营销传播战略和战术来测量营销投资和传播策略等情况,并对 400 多位顾客进行了深度访谈,以了解顾客对于公司的满意程度(Tom Nicholson, 2002)。[①]

五、因子分析法(Factor Analysis)

因子分析法是定量研究中统计分析法中的一种,用于分析一组多个变量之间的相互关系,并从中抽取其共同的、潜在的因子来解释这些变量,目的是要使包含在众多原始变量中的信息能够浓缩成一组少量的因子来表示,并使其信息损失量最小。一些 IMC 的实践者发现这一数据统计方法对数据库中客户信息处理尤为重要,它可帮助将大量的、复杂的个体和表层的或深层的诸多现象加以归类,将零散的客户分成不同的组群进行研究。在整合营销传播研究中,这种方法主要在对数据库进行研究中显示出价值。

另外,实验法、访谈法、比较分析法等研究方法也在 IMC 研究中有不同程度的运用。

思 考 题

1. 请阐述营销学各阶段的理论对整合营销传播的贡献。
2. 请阐述传播学各阶段理论对整合营销传播理论的贡献。
3. 请阐述公共关系学各阶段理论对整合营销传播理论的贡献。
4. 请阐述广告学各阶段理论对整合营销传播理论的贡献。

[①] Tom Nicholson, 2002, What Every CEO wants to hear from communications: Objective measures essential to more effective communications planning, Journal of Integrated Marketing Communications, pp. 26 – 29.

第四章 整合营销传播的研究现状

第一节 美国和其他国家的研究现状

一、整合营销传播的研究成果

美国是最早开始研究整合营销传播的国家。自 1989 年美国 4A 协会最早提出整合营销传播的概念以来,一些学者便在这个领域进行了相关的研究。1993 年以来,出现了从不同角度来研究整合营销传播的专著,我们将它们一一列举如下。

乔治·贝尔奇的《广告与促销——整合营销传播视角》(Introduction to Advertising and Promotion: An Integrated Marketing Communication Perspective),1990 年。

唐·伊·舒尔茨的《整合营销传播》(大陆翻译过来的版本也有的译为《整合营销沟通》)(Integrated Marketing Communications),1993 年。

柏西·拉里的《整合营销传播实施战略》(The Strategies for Implementing Integrated Marketing Communications)。

保罗·史密斯的《营销传播策略:一种整合的方法》(Marketing Communication Strategy: An Integrated Approach),1997 年。

克拉克·凯伍德的《战略公共关系和整合传播手册》(The Handbook of Strategic Public Relations and Integrated Communication),1997 年。

唐·伊·舒尔茨、华特杰弗里的《测量品牌传播——客户投资回报率》(Measuring Brand Communication ROI),1997 年。

约翰·博纳特、莫里提·桑德拉的《营销传播学概论:一种整合的方法》(Introduction to Marketing Communications: An Integrated Approach),1997 年。

约瑟夫·塞尔奇的《整合营销传播:一种系统的方法》(Integrated Marketing Communications: A System Approach),1997 年。

托马斯·海里斯的《增值的公共关系:整合营销秘密武器》(Value-Added

Public Relations: The Secret Weapon of Integrated Marketing》,1998 年。

特伦斯·辛普的《整合营销沟通》(Advertising Promotion Supplemental Aspects of Integrated Marketing Communications),1997 年。

简·奥格登的《发展创造性和革新性的整合营销传播计划》(Developing a Creative and Innovative Integrated Marketing Communications Plan: A Working Model),1998 年。

汤姆·布兰娜的《整合营销传播的一种操作性指导》(A Pratical Guide to Integrated Marketing Communications),1998 年。

歇里·非格森的《传播策略:一种整合的方法》(Communication Planning: An Integrated Approach),1999 年。

叶什·汤尼的《整合营销传播》(Integrated Marketing Communications 1999-2000),1999 年;《整合营销传播:一种全盘途径》(Integrated Marketing Communications: The Holistic Approach),1999 年。

格朗斯特德·安德森的《以顾客为中心的时代:从世界不同等级公司的整合营销传播中学到的》(The Customer Century: Lesson from World Class Companies in Integrated Marketing Communications),2000 年。

吉卡吉·伯纳德的《IMC:整合营销传播演习》(IMC: An Integrated Marketing Communications Exercise),2000 年。

唐·伊·舒尔茨、肯奇·菲利普的《全球整合营销传播——一种整合营销方法》(Communicating Globally: An Integrated Marketing Approach),2000 年。

辛普等的《整合营销传播:广告、促销与拓展》(Advertising Promotion Supplement Aspects of Integrated Marketing Communications),2002 年。

塞米尼克的《促销与整合营销传播》(Promotion and Integrated Marketing Communications)。

唐·伊·舒尔茨的《全球整合营销传播》(Communicating Globally)以及《IMC——创造企业价值的五大关键步骤》(IMC — The Next Generation),2003,2004。

汤姆·邓肯、桑德拉·莫里亚蒂的《品牌至尊:利用整合营销传播创造终极价值》(Driving Brand Value),2000 年。

汤姆·邓肯的《广告与整合营销传播原理》(Principles of Advertising and IMC),2005 年。

汤姆·邓肯的《整合营销传播:利用广告与促销建树品牌》,2005 年。

唐·伊·舒尔茨的《论品牌》(Brand Babble),2007年。

随着在美国产生的IMC理论传向欧洲,1995年在英国出版了伊恩·林顿(Ian Linton)和凯尔文·莫里(Kevin Morley)所著的《整合营销传播》(Integrated marketing Communications)一书,根据现存理论对IMC理论在欧洲的适用性进行了修改。

2001年,韩国学者申光龙在潜学7年后,对IMC理论进行了系统整理,出版了《整合营销传播战略管理》一书。这本书也结合了中国的情况进行了一些分析,所阐述的论点有针对性。

在亚洲地区,1994年唐·伊·舒尔茨等人的著作被翻译成韩文、中文、日文,这些理论的介绍和引进在亚洲地区学术界引起了广泛关注。不过,比起理论界来,广告代理公司与公共关系代理公司更加关心IMC理论。

在日本,最大的广告公司——电通公司通过1993年12月的《月刊广告》杂志第一次初步介绍了IMC理论。此后,该杂志连续18期系统介绍了IMC理论和案例研究,在日本奠定了IMC研究的基础。此外,相关联的著作有1994年早稻田大学的小林太三朗教授所出版的《生存广告12章——新广告的构筑和其方向》一书,它论述了IMC理论在日本的适用可能性。韩国与中国台湾的IMC研究几乎处于同一水平,学术界主要是介绍美国或日本的现存研究成果,广告业则是以几家大型广告公司为中心研究IMC理论在本国实际应用的可能性。

在学术论文方面,截至2010年底,美国在各种公开刊物上发表的以整合营销传播为论题的论文约157篇[1],其中有85篇是来自发表于各种营销、广告和公关杂志上的论文,有72篇是来自发表于西北大学所创办的《整合营销传播》(Journal of Integrated Marketing Communications)杂志上的论文。

专业杂志有西北大学的《整合营销传播》。该杂志2001年创刊,每年一期,截至2009年底,这本杂志上的论文一共有72篇。另外,一些其他杂志例如广告研究(Journal of Advertising Research)、《广告》(Journal of Advertising)、《营销传播》(Journal of Marketing Communications)、消费者营销(Journal of Consumer Marketing)、《广告国际期刊》(International Journal of Advertising)、《促进管理》(Journal of Promotion Management)、《战略营销》(Journal of Strategic Marketing)等杂志都经常刊登整合营销传

---

[1] 经笔者于2008年11月在EBSCO数据库上以"Integrated Marketing Communications"为标题所作的检索。

播内容的文章。

在整合营销传播的学科建设方面,1992年美国西北大学麦迪尔新闻学院开设了全世界第一个整合营销硕士课程,并将舒尔茨与劳朋特在1993年所著的《整合营销传播》(Integrated Marketing Communications)和1993年圣地亚哥大学教授乔治·贝尔奇和迈克尔·贝尔奇的《广告与促销:整合营销传播视野》(Introduction to Advertising and Promotion: An Integrated Marketing Communication Perspective, second edition)作为教材。2003年,佛罗里达州立大学的传播系开设了整合营销传播课程,以唐·伊·舒尔茨的《IMC——创造企业价值的五大关键步骤》一书为指定教材。威斯康星麦迪逊大学也给营销高层管理人员开设了整合营销传播的继续教育课程。伊萨卡学院的传播系也制定了整合营销传播学士学位点。目前整合营销传播课程已经在全美几十所大学中陆续开设。另外,其他一些国家例如加拿大的汤姆逊河大学也开设了整合营销传播课程。澳大利亚昆士兰大学设置了整合营销传播硕士点等。

关于整合营销传播的专业协会尚未建立,但美国广告代理协会(4A,American Association of Advertising Agencies)为整合营销传播理论的发展和推广做出了重要贡献,也成为整合营销传播研究的重要基地。早在1989年,4A协会就与全美广告主协会一起进行了首届针对全美消费者和广告主的关于IMC研究的调查,旨在了解IMC涵义被了解的程度和在企业中被实施的程度。在调查报告的基础上4A协会为整合营销传播作了第一个权威性的定义,而这个定义在此研究领域内至今被学者们频繁引用。

另外全美广告主协会(Association of National Advertisers)也是引领学术界进行广告、公关、营销传播研究的重要基地。该协会的成员包括400多家企业的9 000个品牌。协会力图传播优秀的营销广告实践案例、管理业界事件、协调各企业的关系以及推动或保护所有营销家和广告家的权益等。

自从1990年开始,全球已经有四项重要的整合营销传播研究成果陆续问世:第一,科罗拉多大学(University of Colorado)与《广告时代》(Advertising Age)共同对240个美国企业所做的研究。第二,美国西北大学与美国广告代理商协会(American Association of Advertising Agencies)合作研究以美国为据点的超大型企业的IMC现状调查研究。第三,任教于英国克兰菲尔德大学管理学院(Cranfiled's School of Management)的海伦·米切尔教授(Helen Mitchel)对英国企业进行的IMC研究。第四,印度奥美直销广告公司的斯里德(R. Sridhar)对印度企业实行IMC的研究。这四项研究报告所得出的两个共同结论是:(1)整合营销传播是个了不起的概念;(2)真正实践整合营销传播的公司太少了。

二、整合营销传播的主要研究领域

笔者根据对上述学术论文的综合概览,结合整合营销传播的经典著作进行文献分析,归纳出整合营销传播理论自创立以来的主要研究领域有如下内容。

1. 整合营销传播的理论建构

虽然整合营销传播还未形成一门"显学",但已经具备了初步的理论框架,因此对其理论体系建构的研究必不可少。这首先体现在对 IMC 概念的辨析上。目前对概念的研究主要从舒尔茨、邓肯、诺瓦克和菲尔普斯等学者及美国 4A 协会所下的定义入手,归纳出整合营销传播的互动、关系、整合、动态发展的特征。在此基础之上一些学者也提出了新的看法。例如,马尼拉学者杰瑞·克莱克欧(Jerry Kliatchko)认为现今的 IMC 概念应该从"一种声音"、"整体协调"等要素转移到"以顾客为中心"、"战略性"、"测量方法"以及"打造品牌"等要素上;他个人认为新的 IMC 定义应该包括三个要素:"受众核心"、"渠道中心"和"效果导向"[1]。

其次在理论方面还有对经典理论模型的探讨和新的理论模型的建构,例如直营客户关系管理(CDRM)、客户关系管理(CRM)、客户投资回报率(ROCI)、投资回报率(ROI)、CAP 等理论模型都有学者作过专文探讨。

2. 关于整合营销传播步骤的研究

如果说 1993 年舒尔茨的著作《整合营销传播》主要是提出了整合营销传播的理念,那么在他 2004 年的《IMC——创造企业价值的五大关键步骤》一书中则详细而有针对性地提出了整合营销传播的实践操作过程[2]——即从"识别客户"、"评估客户"、"创建并传递信息"、"评估客户投资回报率"、"预算分配"等五个方面,指明了整合营销传播应该如何实现从战略到战术的深化。此后关于如何实施这些步骤以及每一步具体会遇上什么问题,学者们对此开始了深入的研究。一些学者也预言在 IMC 研究中会慢慢淡化对于"整体"的研究而转向对各个要素的具体研究。

3. 关于消费者的研究

消费者成为整合营销过程中的关注重心,在很多文章中出现了如何建立消费者数据库、如何对消费者进行评估、如何激起消费者对品牌的兴趣、如何尽快获知并达到消费者的需求,以及如何测量消费者的忠诚度或保留住终身

---

[1] Jerry Kliatchko, 2005, Towards a New Definition of Integrated Marketing Communications, *International Journal of Advertising*, 24(1), pp.7-34.

[2] 舒尔茨等:《整合营销沟通》,孙斌艺、张丽君译,上海人民出版社 2006 年版。

消费者等。在这其中最为集中的又是关于如何采用各种手段满足顾客需求的探讨。例如,罗德里各·格里昂(Rodrigo Grion)分析了顾客的种种特性,提出建立满足顾客需求的项目,从而使短期消费者转换成长期消费者等①。

4. 关于整合营销传播中各种新技术和媒介手段的运用研究

整合营销传播与传统营销传播的一个很大区别是在整合营销传播中多种传播工具和手段的运用,例如大众传媒、舆论领袖、人际传播、分众传媒、互联网络等。虽然营销人员曾经崇尚"对合适的营销目标采用合适的渠道(Right Channels for Right Purposes)"②,但随着新媒体的出现以及顾客的分众化与个性化越来越强,要尽量使用多种媒介渠道以满足顾客的需求。

5. 关于品牌的研究

邓肯和大卫·艾克等学者曾经一再强调品牌是整合营销传播的终极追求,然而一些学者在对品牌的研究中却探讨出了更多的含义。例如有学者论述了在营销活动中品牌并不是终点,它是产品与顾客建立联系的渠道,这种联系营造文化氛围成为了"品牌化的娱乐营销"③。另外一些研究包括品牌策略建设、品牌维护、品牌与顾客的关系等。

6. 关于营销传播的测量

包括营销传播中各种工具和媒介手段的运用测量、营销传播效果的测量、用户满意度的测量和不同测量手段的运用等。例如,维克朗姆·马黑达(Vikram Mahidhar)等提出了整合营销传播效果测量的新系统,其中包括几个衡量标准:使战略目的、战术过程以及营销结果都能保持一致;体现整个营销过程韵律性的协调;对于客户和市场特征的灵活适应性等④。测量工具的使用使得研究成果进一步量化,是整合营销传播从定性研究走向实证研究的重要步骤。

第二节 整合营销传播在中国的发展

整合营销传播理论被引进中国是在 1996 年。1996 年 9 月至 1997 年 10

---

① Rodiogo S. Grion, 2004, Rethinking Customer Acquisition before talking Retention, *Integrated Marketing Communications*, pp. 29 – 33.

② Regina Connell, 2002, Creating the Multichannel Experience: Loyalty Panacea or Herculean Task? *Journal of Integrated Marketing Communications*. pp. 11 – 15.

③ Melissa Dawn Johnson, 2007, Culture and Connection, *Journal of Integrated Marketing Communications*, pp. 24 – 27.

④ Vikram Mahidhar, Christine Cutten, 2007, Navigating the Marketing Mesurement Maze, *Journal of Integrated Marketing Communications*, pp. 41 – 46.

月,中山大学卢泰宏教授与合作者先后在《国际广告》杂志上发表了"IMC"系列文章共7篇,这是国内最早介绍整合营销传播的系统性文章。1997年9月,赣南师范学院李世丁教授主持"IMC的理论框架与企划模式研究"获得国家教委"九五"规划项目资助。1998年2月南开大学韩国留学生申光龙答辩通过了其博士论文《整合营销传播战略管理》,2001年由中国物资出版社出版。这是国内最早有关整合营销传播的专著。1998年3月,唐·伊·舒尔茨等人于1993年出版的《整合营销传播》一书的中文译本由内蒙古人民出版社出版,受到广泛的关注。2000年8月,科龙集团营销副总裁屈云波在国内主要家电企业科龙组建"整合营销传播部",成为国内实践IMC的先行者。2001年10月,唐·伊·舒尔茨教授应邀在中国各地就IMC做多场专题报告和演讲。2002年5月,舒尔茨教授又做客央视《对话》栏目,与中国的企业家和观众进行IMC的探讨。2002年7月,上海奇正"舒尔茨整合营销传播研究所"在中国首开IMC培训师课程。舒尔茨教授亲自授课,并开发中国案例。当时参加培训的企业多为中小企业。2003年和2004年,舒尔茨教授的新作《全球整合营销传播》和《IMC——创造企业价值的五大关键步骤》也被译成中文版出售,一时间成为中国热门畅销书籍,并被一些专业的整合营销课程作为指定教材。1998年,清华大学EMBA与香港大学合办了"整合营销传播研究生班",每年一届,到目前为止已经有10届学员毕业。相继,北京大学新闻与传播学院也开设了"整合研究传播"在职研究生方向,至2008年已经培养了6届学生。另外,在浙江大学等一些学校,整合营销传播作为一门课程正在被开设。整合营销传播的理论和实践在中国正在受到普遍的关注。

在理论界,截至2010年10月底,国内在各级期刊上以"整合营销传播"为标题的文章约有350篇,另外与此主题相关的论文约有1 200篇。刊登这些论文的杂志主要为《中国广告》、《广告大观》、《国际广告》、《公关世界》等,也有一些省级刊物以及地方学校和学院的学报。

近年来IMC也逐渐成为一些硕士生和博士生的研究方向。至2010年10月底以"整合营销传播"为题的硕士、博士论文就约有77篇。较有影响的有武汉大学何西军的博士论文《网络时代的整合营销传播》等。

但中国所出版的专著较少,主要有上海交通大学竺兰芬、胡运筹在2000年8月出版的《整合营销传播学》,浙江大学卫军英教授先后出版的《整合营销传播理论与实务》、《整合营销传播观念与方法》和《整合营销传播典例》。韩国学者申光龙1998年在中国出版的《整合营销传播战略管理》可以被看作是较为成功的一本。这本书着眼于企业未来利害关系者的需求,在全面综述、归纳、提炼以往的 IMC 理论和方法的基础上,提出了全新的 IMC 战略管理理论与操作方法,尤其是立足于未来的 IMC 战略实践,尝试性地探讨了诸多的 IMC 战略及战术模式与应用途径。在撰写原则上体现了理论与实践、思想原则与操作方法的结合。但总体来说,国内学者虽然热衷于从不同角度对整合营销传播进行研究,但是能够系统、深入研究 IMC 的仍然是少数。

在上述的学术论文和著作中,内容大致分为几个类型:(1)对 IMC 理论尤其是概念的剖析,如卫军英的《整合营销传播观念的理论建构》(2007 年 4 月);(2)IMC 在各个企业中的实际应用主要采用案例分析法,如武少玲的《海尔集团的整合营销传播策略及其启示》(2005 年 4 月);(3)IMC 在中国的发展前景展望等。如杨明刚的《整合营销传播理论精要及其发展方向》(2004 年 5 月)、薛敏之的《整合的效果与价值的创造——IMC 在中国的现实及其思考》(2003 年 7 月)等。其中,绝大多数内容是关注整合营销传播理论在中国企业中的实施状况。对此有积极的结论,也有消极的结论。

为整合营销传播做出贡献的专业协会主要有"中国广告主协会"。它成立于 2007 年,成立之初聘请几位以整合营销传播为研究方向的专家组成专家团队,进行 IMC 方面的培训和课题研究。2007 年 4 月,该协会邀请唐·伊·舒尔茨教授来协会中进行 IMC 基本知识的演讲,获得了较高的评价。

第三节 对整合营销传播研究成果的综合评价

自 1989 年整合营销传播的概念被正式提出以来,在这二十多年中它引起了营销与传播学术界和业界广泛的关注。从早先对 IMC 概念的探析,到 IMC 理念在实践领域中的运用、再返回到一些具体模型的建构,IMC 在理论和实践相互交替的发展中逐步地完善起来。目前 IMC 的理论体系已经基本建立,它集中了传播学、营销学、经济学、管理学等各门学科的理论与研究方法,而它的理论体系也已经基本得到人们的认可,被认为是非常有价值的营销传播理论。然而在 IMC 研究过程中也遇到了挑战,从目前情况来看,在 IMC 的研究领域中有两大领域的问题颇引起人们的争议。

一、IMC 在实践过程中的应用问题

这是学者们探讨最多、也最有困惑的一个问题。目前 IMC 在理论上已经自成一套体系,但这套体系应用到实践中到底能否适用?国内外学者们都在

普遍关注。舒尔茨等学者认为：IMC 概念的提出是包含了有效的操作过程的。舒尔茨在 1993 年出版的《整合营销传播》一书中，用三大篇章论述了这个问题。如：第一是建立双向沟通系统；第二是"策略至上"；第三是"抓住想象力"等。在他的《IMC——创造企业价值的五大关键步骤》一书中也非常清晰地提出五大闭环的步骤，每一步骤都是可以操作的。并且在一些企业对 IMC 的实施过程中，IMC 确实有效地发挥了它的作用。

而另外一些学者则认为：这个具有价值的理论体系在操作上不尽如人意，与其说它是一种操作性的方法，还不如说它是一种操作性的观念①。例如，虽然众多学者一再强调数据库对于研究以消费者为核心的营销模式的重要性，但可操作的、有普适性的能包容庞大消费者的数据库的建立一直未能尽如人意；又如，研究整合的过程一般从"战略"和"战术"两个层面来展开，可是仔细探究这些战略和战术似乎都与传统的广告等促销方法无多大区别。"整合"似乎仅仅体现为多种传播媒介的综合运用，而这在传统营销传播中并不少见。也有一些学者提出整合营销传播到底是"观念"还是"过程"的争议。如果这种"观念"与现实的操作情况相距甚远，就不能体现观念的优越性。

也有一些学者认为：理论的本身是具有操作性意义的，而 IMC 在实施过程中出现障碍的原因是源于很多现实的困难。这些困难主要是在一些国家的市场条件不成熟、市场发展不规范等。例如：汤姆·邓肯和桑德拉·莫里亚蒂在《品牌至尊》一书中曾经指出："整合营销传播无法普遍运用的原因在于企业没有彻底改变它的体制和优先顺序，以致整合营销传播发挥不了作用。这是因为广告、促销、产品宣传、直销、包装等的营销传播在品牌关系的质与量上，只是一个非决定性的小角色。换言之，要想增强长期有利的品牌关系，单靠进行整合营销传播是绝对不够的，它需要进行一个跨职能的整合过程，包括企业目标的确定、薪金系统的建立、核心竞争力的培养，以及一个可以追踪顾客交易、品牌信息、策略一致性、任务营销和自主性营销企划的资料管理系统。"②也有的学者专门研究了美国与中国市场状况，提出在美国进行整合营销传播与在中国实施整合营销传播的不同，如组织性的障碍、消费环境的变幻莫测以及消费群的日新月异等。中山大学市场系讲师林升栋在一项对我国市场高层管理人员访谈中，发现大多数人均认为整合营销传播的理论在中国的实施是必然的，但是要像西方一样做市场调查、建立数据库，就不太可行了。③

---

① 此观点来自卫军英：《整合营销传播观念与方法》，浙江大学出版社 2005 年版。
② 转引自杨明刚：《整合营销传播理论精要及其发展方向》，《中国广告》2004 年第 6 期。
③ 林升栋：《整合营销传播：中国观点》，《中国广告》2006 年第 1 期。

二、IMC 研究的普适化和国际化问题

　　IMC 的理论源于美国,它的理论模型是否能够指导其他发展中国家的营销实践？这不仅已经成为中国学者们倍加关注的问题,也引起舒尔茨等营销专家的重视。韩国学者申光龙曾对 IMC 能否在中国实施进行了专门的研究,认为中国从消费市场的细分性、媒介环境的多样性等条件来看具有进行 IMC 的优势,但同时也存在一些不利因素等①。北京大学新闻与传播学院副院长、广告系主任陈刚教授认为：整合营销传播的背景需要传播环境的高度复杂化和市场的高度固化。基于中国市场的特殊情况,中国的整合营销传播的核心点应该是关系营销、数据库的支持以及负责执行的成熟的整合营销传播机构的出现等②。舒尔茨认为：在全球范围内,消费者已经越来越强势,中国的劳动力和社会投资成本随着经济的增长在不断增加,在市场营销方面,跨国公司有着多年的经验、经过测试的技术和方法、众人皆知的品牌、有效的分销体系等。因此,生产方面的优势在减弱、营销方面的劣势在增强。中国正处于进退两难的时期。在这个时候,也许整合营销传播正可以助中国一臂之力。一些实务界人士也对此发表了看法。AT&T 副总裁曾说过：整合营销理论对于经营者已经不再是一个理论上的愿望,而是逐步走向分裂的传播环境的一个越来越迫切的需求。整合营销要求各种单一的营销途径为了共同的目标而没有任何偏见地结合起来、和谐地运转。除此之外,再没有别的传播策略可以提供这种适应市场竞争的优势。③ 总之,对于 IMC 在中国是否能够顺利进行的问题,学者们形成了不同的派别和观点。但能够达成一致的是：IMC 的研究和执行在中国是有前景的,从目前许多学者所热衷研究 IMC 的现象和实务界对于 IMC 的反响来看,这条道路还会被许多学者和实务工作者探讨下去。

思 考 题

1. 整合营销传播理论自创立以来主要的研究领域有哪些？
2. 整合营销传播理论在中国发展主要存在哪些问题？

---

① 申光龙：《整合营销传播战略管理》,中国物资出版社 2001 年版。
② 陈刚：《整合营销传播在中国市场》,《中国广告》2004 年第 10 期。
③ 转引自林升栋：《整合营销传播：中国观点》,《中国广告》2006 年第 1 期。

第二部分

整合营销传播流程

第二部分 整合营销传播流程

这一部分共分为5章,将主要介绍整合营销传播的步骤与流程,这也是整合营销传播理论中的重要环节。在这一部分中我们将要描述的是"识别客户,评估客户,归纳与激励信息,评估客户投资回报率,预算、分配与评估"的五大闭环流程。该流程最早在舒尔茨的《IMC——创造企业价值的五大关键步骤》中详细提到。本书中我们统一将它称作"五大步骤"。笔者认为,这可以看作是对整合营销传播步骤的最好阐释。

在舒尔茨提出这五大步骤之前,学者们对整合营销传播的步骤探讨,多是采用战略和战术相结合的过程。在战略上采用SWOT计划,即优势(Strengths)、弱势(Weakness)、机会(Opportunies)、挑战分析(Threats);而战术上采用多种营销方式相结合的手段,如9S,即利害关系者的洞察(Stakeholders & Interest Groups Insight);利害关系者信息的储藏(Save Stakeholders & Interest Group's Information);细分利害关系者(Segmentation of Stakeholders & Interest Group's);战略竞争优势(Strategic Competitive Advantage);调整计划的战略性(Strategic Planning Coordination);持续地改善(Sequential Improvement);战略性传播组合(Strategic Communication Mix);系统控制(Systematic Control);共享企业价值(Share of Corporate Value)[①]。这些战略和战术相结合的方法都体现了整合营销传播过程的原则所在。

我们将在本书中重点探讨的五大步骤主要包括:**识别客户与潜在客户,评估客户与潜在客户的价值,创建并传递信息与激励,评估客户投资回报率,预算、分配与评估**。所谓识别客户与潜在客户,就是根据所得到的信息来了解客户的具体情况,通常客户被归纳为三个简单的团体:现有客户、竞争客户与新兴客户。所谓评估客户与潜在客户的价值,就是找出对公司有贡献的收入流,即哪些客户可以为公司带来价值。所谓创建并传递信息与激励是指规划具有说服力的传播内容以及选取对客户有吸引力的传播媒介;所谓评估客户投资回报率是指通过对客户购买结果的财务计算得知公司在吸引客户消费后获得的短期和长期回报。所谓预算、分配与评估是在方案执行后的分析以及对未来的规划,以便预测下一步的营销传播计划。在这个封闭循环体系中,前一步骤的结果往往会被当作是下一步骤的起点。这个环节包含了五个不同但相关的活动和步骤,牵涉到营销与传播的各个职能领域,而且这五个活动的整体效果远远超过了部分的总和。"五大步骤"见下图所示。

[①] 申光龙:《整合营销传播战略管理》,中国物资出版社2001年版,第182—184页。

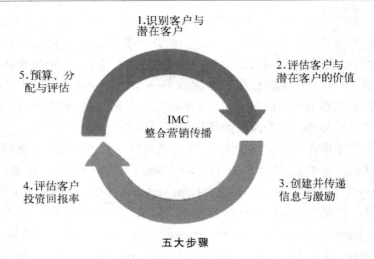

五大步骤

笔者认为,虽然以往的战略与战术相结合的方法有合理的成分,但新兴的五大步骤更加具有优势。比较起来,五大步骤的优势在于以下方面。

第一,它更加简洁地描述了整合营销传播的整个流程。将整个流程归纳为五个简单、清晰的步骤,在理论上省略了许多繁琐的描述。而这五个步骤虽然看似简单,却在每一步都蕴含了很多重要的因素。因此在理论的描述上,五大步骤显得更为清晰、直观、通俗易懂。

第二,五大步骤形成一个封闭的环形过程,每一步的终点都是下一步的起点,而每一步中又伴有信息的反馈与互动。这在以往的流程描述中没有被提到。传统的营销传播历来都被当作一连串零散而且互不相干的工作来实施,如广告公司将自己视为独立的单位,直销人员和公关人员也持有相同的看法。但整合营销传播是将营销传播视作一个整体的、明确一贯的流程,它需要组织上下共同改变想法,因此采用明确而一贯的流程最能达到这个目的。因此,五大步骤的想法恰好能够体现这种明确一贯流程的思路。

第三,五大步骤能更好地体现以客户为中心、由外向内的原则。因为五大步骤的第一步就是识别客户与潜在客户。虽然在以往的流程规划中也明确提到收集客户资料等步骤,但这种从"战略"到"战术"的拟定仍然没有脱离主观上"由内到外"的思维定势。五大步骤将"识别客户与潜在客户"非常明显地放在第一步,完全摆脱了从"战略"到"战术"上的主观思维定势,不能不说是一个巨大的进步。

第四,在五大步骤中提出了一些新的计算方法,如计算客户品牌价值所采用的"顾客品牌价值=渗透率×购买率×购买占有率×边际贡献率"公式是在以前的文献中未曾提到过的。又如,计算客户短期投资回报率中,对客户的投资回报采用的是财务上的回报,即用客户行为上的实际购买情况为参照,而不以顾客对产品的态度改变为参照。这一思想我们在后文中要详细提到。比起"战略+战术"的营销传播流程,五大步骤的流程更加注重对客户的重视和对消费行为的评估。这些使得整合营销传播的流程具有了更加理性的色彩。

本书在唐·伊·舒尔茨的五大闭环理论之上有所创新的是：笔者认为应该考虑营销传播步骤中的噪音和环境因素。噪音指的是在任何一个营销传播步骤中可能会遇到的干扰因素,它使得营销传播不能如期达到效果;而环境因素指的是营销传播不仅要适应环境,它也可以创造环境。一些企业在中国的本土化就是**适应环境和创造环境**的结果。这一部分我们将在本书中详细阐述。

以下章节将逐个探讨这五大步骤,在阐述五大步骤时以舒尔茨博士的理论和体例为主,适当增加笔者的理解和概括,另外,本书尽可能地选取中国的案例来对理论加以阐释,以体现整合营销传播理论与中国实践的结合。

第五章 识别客户与潜在客户

第一节 市场细分与集中法

一、传统的"市场细分"

IMC 五大步骤的第一步就是运用行为数据库识别并界定客户与潜在客户。这是营销传播的起点,也是其他步骤的基础。只有对客户有了充分的了解,才能够有的放矢地实施自己的营销计划,从而为营销成功奠定基础。这是与传统营销方式完全不同的步骤——采用"由外而内"的做法而不是"由内而外"。

在介绍这一步骤之前,我们首先介绍一下将顾客群体分类的两种方法。它们分别是"市场细分法"和"集中法"。在整合营销传播理论诞生之前,营销理论中划分客户的具体方法是著名的"市场细分理论"以及与之相对应的"市场细分法"。

"市场细分(Market Segementation)"这一术语产生于 20 世纪 50 年代后期,它是传统的营销传播流程中以 SWOT 分析为根本出发点的一个重要的环节,在市场营销及营销传播中产生了巨大的影响。所谓市场细分就是"把市场划分为不同的群体,这些群体一是有相同的需要,二是会对市场行动做出相似反应"[1]。消费者需要的多样性决定企业只能为某一类或某几类需要服务,而消费者在同一需求上的差异性,决定了企业不可能满足所有消费者对产品的差异性需要。因此就需要首先将市场划分归类,以确定最终的目标市场。如何科学、合理地对整体市场进行细分,选定企业的目标市场,是制定企业营销战略的基本出发点。

在对市场进行细分的过程中,企业一般是组合运用有关变量来细分市场,而不是单一采用某一变量。引起消费者需求差异的变量很多。概括起来主要

---

[1] Eric N. Berkowitz A. Kerin, and William Rudelius, Marketing, 2nd ed, Burr Ridge, IL: Richard D. Irwin, 1989. 转引自卫军英:《整合营销传播观念与方法》,浙江大学出版社 2005 年版,第 185 页。

有四类,即地理变量、人口变量、心理变量、行为变量。以这些变量为依据来细分市场就产生出地理细分、人口细分、心理细分和行为细分四种基本形式。在通过市场细分获得数据之后,营销人员随后要进行市场分析,就是对属于这四种市场的消费者需求和购买行为分别进行研究,从中发现有利的市场空间,为下一步的营销策划奠定基础。

市场细分理论基于一个最为普通的观点,即所有的消费群体并不是同一的。它承认在多元选择的市场背景下,消费者由于各种因素的区别,本身也呈现为多样化。因此它在一定程度上显示出对于消费者的尊重和认识。虽然整合营销传播认为市场细分法并不十分科学,但目前它在国内外的营销传播实践中都运用得十分普遍。

一个以市场细分为基础,相应地打造针对不同目标市场的品牌,从而获得了市场总量的聚合的典型案例莫过于宝洁公司。

在地理细分上,宝洁公司针对东方人的发质与西方人不同的特点,开发了专为亚洲人头发补充营养的"潘婷",以满足亚洲消费者的需要。又如,同样是汰渍洗衣粉,由于比利时和欧洲其他地方水中的矿物质的含量是美国的两倍,宝洁公司就研制出软化硬水的成分来满足顾客的需求。在人口细分上,由于其定位多为青年消费群体,因此将洗衣粉等产品分为"高价市场"、"低价市场"等,并选取年轻而有活力的青春偶像来作为广告模特。在心理细分上,宝洁强调不仅要在不同的国家销售产品,还要根据不同国家消费者的需要研制开发新产品。宝洁重视各国的文化差异,广泛地开展市场调研活动并从中获得不同国家的市场特征。例如,宝洁为中国市场的产品设计了符合中国消费者接受心理的中文名称,如飘柔、海飞丝、舒肤佳、佳洁士等。在行为细分上,宝洁尽量生产不同功效的产品以满足不同消费者的利益需求。在美国市场上,宝洁有8种洗衣粉品牌、6种肥皂品牌、4种洗发水品牌和3种牙膏品牌。以洗发水为例,4种品牌皆有不同的定位,如飘柔的"柔顺头发"、潘婷的"健康且富含维生素B5"、海飞丝的"有效祛除头屑"、维达沙宣的"使头发柔亮润泽"。通过这种将一个品牌和一种特殊产品的特性、功能联系起来的方式,宝洁不仅成功地巩固了品牌在顾客心中的印象,而且在洗发水市场上获得了良好的品牌声誉。

二、整合营销传播的"集中法"

整合营销传播认为:市场细分方法具有很大缺陷。首先,它从根本上来看是对于群体的划分,而不是对于个体的划分,它没有能够对客户或者潜在客户进行具体的分析和个性化的探讨;其次,它对于客户的关注停留在表面层次上,没有真正对客户的特征进行深入分析。例如,在上述案例中,为了弥补人口普查资料的不足,很多组织都进行了更加深入的调查研究,或者通过附上额外的信息强化本身的地理人口统计资料。但就分类的目的来说,人口普查资料虽很有用,但不能提供关于客户或潜在客户的详尽资料。

整合营销传播认为:对于客户的划分应该从客户的行为入手,而不应该从客户的地理环境或者其他变量入手。整合营销传播所提出的"集中法",就是按照顾客行为将他们划分成为不同的类型。"集中法"认为:顾客群本身的分类是以他们所做的事情为基础的,而不是以市场形成的人作为分类架构。例如,一种顾客总是购买同一类别产品;他们使用产品的方式很相似,或者以相当接近的方式处理广泛的信息或激励等,就可以被集中归为一种类型。这些类型的划分超越了顾客的年龄、收入、地理区域等因素,只要是消费行为接近,无论表面上看上去差异多么大的顾客,也可以被划分为一种类别。有关客户做什么、怎么表现或者是他们过去和产品或者服务有什么关系的记录资料远比他们的年龄、性别或居住资料更有用。

下图中显示了市场细分法与集中法的区别。

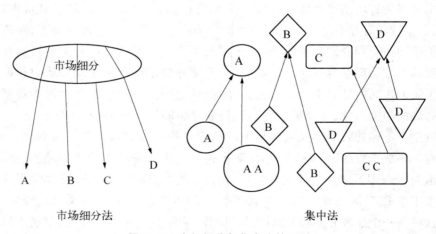

图5-1 市场细分与集中法的区别

对于集中法中怎样再将具体客户划分为不同群体,一般来说,企业可以把客户群体按照客户与品牌的关系集中归类为三个大的类别:**现有客户、竞争客户和新兴客户。现有客户**指的是正在为公司带来利润的那些客户,他们可能被当成单一的目标,也可能进一步被细分归类成为高金额或高利润的使用者与临时或低利润的使用者等;**竞争客户**是指在本公司的产品和其他公司产品间摇摆不定的人。同样,竞争客户也可以细分为竞争对手极度忠诚的人以及过去的行为表现摇摆不定的人。**新兴客户**则是指一些具有购买潜力的人,如第一次当妈妈的人、刚入校的大学生、刚刚退休的人等。新兴客户和任何一个竞争对手都没有稳固的既定关系,但由于他们属于新的类别,自然会有特殊的信息需求,因此可能要通过与已经建立的途径或渠道所不同的方式才能接触到他们。除此,公司也可以根据自己的实际情况将客户进行分类。

在美国,采用集中法来对市场进行划分已经有多家公司付诸实施。获得顾客的行为数据需要对数据库提出较高的要求,这对于西方的一些国家来说已经并非难事。很多公司的营销人员已经取得了最佳客户的姓名与地址,或者从第三方来取得这些信息资料。在中国市场中,也已经陆续有一些公司开始这种做法。最为典型的是卓越亚马逊 www.Amazon.cn,该网站会录入在网上进行注册并购物的客户的资料,将根据客户购书的类型进行分类并输入自己的资料库。当网站进了一批与该类顾客品位相近的书籍时会向这一类顾客发送电子邮件以宣传图书。通常当一个网站需要顾客注册会员登录时,其实就是在掌握客户的行为信息。而网站在通过注册用户的信息了解了顾客的购买行为以后,就能够对顾客的购买行为进行一个简单的分类,将有类似购买举动的顾客分成一个群体。类似这种通过注册用户了解顾客购买行为的数据库有很多,著名的母婴用品网站妈咪宝贝、乐友、红孩子等都属于此类。一些银行也通过 CRM 客户管理系统了解顾客的消费和购买行为,从而分析预测消费者未来的行为。例如民生银行就是使用客户识别系统进行消费者行为管理的典型案例。

一些学者对于集中法提出了更进一步的探讨。1999 年,唐·派伯斯(Don Peppers)和玛莎·罗杰斯(Martha Rogers)提出了"一对一营销"的概念[①]。它指的是一种非常个性化的营销方式,这一方式根据客户过去的行为或指定的偏好来运用客户数据库,传达量身定做的营销、优惠或产品信息。一对一营销比市场细分方式和集中法更加深入与丰富。因为它把客户当作个人来看待,而不是仅仅将其看作市场中的一员。它要求公司掌握非常详尽的客户资料,使对客户的管理与认识更加人性化,能够创造完全个性化的服务。不过,"一对一的营销"只是一种理想状态,在目前情况下还不能付诸实施。唐·伊·舒尔茨指出:"一对一营销既不实用,在财务上也不可行。"因为这种营销过程往

---

① Don Peppers and Martha Rogers, *The One to One Fieldbook*, New York: Doubleday, 1999, vii.

往要对数据库提出很高的要求,而目前很多公司的数据库达不到这样的要求。在中国市场,针对过于广泛的客户群体,"一对一营销"尤其不可行。限于数据库建设的不健全以及客户资料信誉的问题,连"集中法"也不是完全能得以运用,很多企业不得不仍然根据客户自身特性,采用"市场细分法"来将它们加以区分。

需要说明的是,"市场细分法"与"集中法"常常密不可分。在对客户的现有行为进行分类的前期,往往还需要对客户的自身数据进行归纳管理,进而推断出他们下一步的消费行为。也有的是营销人员根据客户与潜在客户的行为把他们界定出来并集中以后,再利用传统的市场细分方法加强这些信息行为的处理,比如通过人口统计、地理或心理统计信息再加以具体分析等。市场细分与集中法往往是结合起来使用的,因为仅仅依靠客户的一两次的购买行为来预测他长期的购买意向的做法并不可靠。例如,一个向来是低端消费的顾客很有可能在一个突发的情况下购买一次高端产品,而一个向来是高端消费的顾客也有可能在某一特定情形下购买一次低端产品。因此,影响一个消费者购买行为的因素有很多,我们在实际操作中必须结合多种因素来加以判断。

但无论如何,集中法相比较起市场细分法来说毕竟显示了很大的优势。市场细分法更为重视的是客户的表面特征,在处理客户数据时并不能显示其优势;而集中法则是一种更为深层次的划分。它关注顾客的行为和个性化的区别。因此,集中法往往被认为比市场细分法更加丰富与深入,也更具人性化的特征。以消费者行为上的改变以及这种行为为营销传播带来的利润来评判营销传播的价值始终是整合营销传播思想中的一根主线。

第二节　态度研究方法与行为研究方法

在采用集中法来对客户进行分类后,我们就需要能够判断客户是否有购买行为或者是潜在购买行为。将哪些顾客划分为现有客户、竞争客户以及新兴客户需要有一些评判标准,在这里,我们比较两种对顾客行为的推断方法。

一、态度研究方法

第一种是有关"**态度影响行为**"的观点。这种观点在传统的广告研究中早已有之。从20世纪40年代开始,态度是否会影响行为的辩论就出现在各种文献当中。认可态度能够影响行为的观点认为:传播活动会使消费者经历某种心路历程,对一个产品从认知变成了解、再变成喜好等,最后带来一定的购买行为。美国学者罗伯特·拉维基(Robert Lavidge)和盖瑞·史坦纳(Gary Steiner)在1961年首次提出"传播效果等级模式"。该等级模型假设:个人在达成购买决定前,会先经过一连串的态度阶段,这一连串的态度阶段便是从认知到购买的阶段。该模式还假设:营销传播是促成这种行为的工具。因此,客户或潜在客户接触越多的信息或者有越多的接触机会,他们就能越快地做出一系列行动,最终促使他们购买了营销人员的产品或服务。如下图所示:

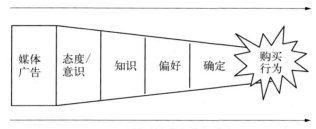

图5-2 传播的效果等级模式[①]

消费者在接受广告以后所经历的一系列心路历程有:态度上发生改变从而导致认知的认可,进而产生情感上的偏好,再上升到对于这种产品的态度上的肯定,最后产生购买行为。

尽管这个模式从视觉上来看很有说服力,但一些学者认为它存在着很大的问题:首先是它没有考虑到竞争因素的影响,将广告改变消费者心路的历程看作简单的、单向的、不受干扰的过程;事实上,消费者看到广告以后是否就会引起态度上的某种变化会受到许多因素的干扰。更重要的是,这个模式是建立在假设的基础上的,它假设了人们对于某种产品的态度肯定就会导致他们对这种产品的购买。所以尽管得到接纳,但是根本就没有科学的证据显示这个模式能够正确地评断人心对于广告或营销传播的响应方式。

行为主义研究者认为:态度改变并不能一定引起行为上的改变;态度上的认同也不能导致行为上的购买。反而根据一些文献显示:客户或潜在客户最有价值的相关信息就是他们过去所做过的事情,例如他们曾经有哪些购买行为、购物活动或者与购物相关的活动等会在很大程度上影响未来的购买行

---

① 资料来源:唐·伊·舒尔茨:《论品牌》,人民邮电出版社2005年版,第54页。

为。人和组织都是习惯的产物,所以他们在过去怎么做,将来很可能还会那么做。行为数据总是比其他任何一种信息都更能够提供有价值的见解。因此,营销人员预测客户未来做法的重要标准是他是否曾经那么做过,而不是对某一产品是否感兴趣或者有购买欲望。与其用态度资料来预测客户将来可能会做什么,不如用此来解释为什么这些客户会做这些事情,以及他们将来为什么还可能再这么做。

二、行为研究方法

第二种测量顾客购买行为的方法,即从财务上的利润回报来测量营销传播结果,我们把它叫做 ROCI(客户投资回报率)。它分为计算短期客户投资回报率与长期客户投资回报率。这一点,舒尔茨博士多次在他的著作中提到,我们也将在下面的章节中具体阐述。在这里所要说明的是:研究顾客的购买行为是营销传播者一向都非常感兴趣的话题,也是营销传播中非常重要的话题。它不仅可以揭示在以往的营销传播中所收到的效果,也可以进一步推断未来的营销活动中顾客的购买行为,从而判断出未来的营销传播效果。

通过测量顾客购买行为的方法,结合当前所使用的数据库,就可以分析出顾客下一步的行为倾向。这对于目前的营销传播规划是非常有价值的。花旗银行的总裁曾经说过:"如果我们看到某个客户在分期付款购买汽车时很快就要付最后一笔款,我们就可以根据客户的消费模式预测出这位客户很可能在六个月之内再购买一辆汽车。于是我们便可以及时准确并且抢先让这位客户知道,我们银行会有特别优惠的汽车贷款利率给他。我们马上便会寄去我们银行购买汽车分期付款的宣传品。"[1]这种数据管理系统能够透视到客户的口袋里有多少钱,将来会有多少钱,从而判断客户的钱会给银行带来多少利润。采用这种客户的行为方式预测客户可能给公司带来的利润既科学又可靠,减少了很多主观上判断的不确定性。

不过,这一测量顾客购买行为的方法虽然可行,但要实施起来还存在一定困难。特别是在我国的市场环境下。一是需要有较为完整的消费者数据库,数据库完善了才能够对消费者的行为进行具体分析;二是要掌握完整的 ROCI 财务测量方法,这需要对员工进行专门的培训才能得以实行。但可以看到的是:行为测量法已经越来越多地运用于营销传播研究中,并且也起到了越来越明显的作用。

---

[1] 卫军英:《整合营销传播典例》,浙江大学出版社 2008 年版,第 69 页。

第三节 建立客户信息数据库

在了解了根据顾客的购买行为来判断公司未来盈利的基本思路以后,一个最为重要但又有难度的环节就是建立客户信息数据库了。在互联网的广泛应用以及高科技的迅猛发展的今天,能找到客户与潜在客户的资料已经并不是什么难事,但由于公司需求的不同以及财力的不同,在建立和选择数据库的时候面临着不同的选择。并不是每一个公司都有足够的实力来购买和使用完善大型的客户管理系统。对于中国的企业来说,建立完善的数据库需要大笔资金的投入,许多企业宁愿将大量资金用于做广告,也不愿进行硬件或软件建设以构建成熟的数据库系统。因此构建数据库对很多中国企业来说是难以迈出的第一步。

整合营销传播认为:建构客户信息数据库的方法有很多,各个公司可以针对自己的实际情况选取实用的数据库或是从不同渠道获取客户资源。相当一部分资料是来源于企业内部的,销售部门、会计部门和客服部门都可能保存着有价值的资料,因此,寻找数据不妨从内部开始,只要统计人员能够把现有的内部资料整合起来,也一样能够提供有用信息。

笔者认为,建立有效的数据库的过程可以分为三个步骤。

一、组织一切有效信息

大部分公司的信息源都散布在组织的各个角落,如市场研究部门、销售部门、客户服务、会计和传播部门等,只要公司能够有效地挖掘这些信息,将它们串联起来,就能够在需要的时候派上用场。

将唐·伊·舒尔茨提出的公司内部信息来源图加以修改,我们认为公司内部的各种信息来源如下图所示。

在图5-3中我们可以看到,公司的信息来源于多种渠道,有客户销售方面的数据、产品使用数据、客户反馈数据、财务数据、市场数据以及学术研究方面的数据等。销售方面的数据是最直接的也最具代表性的数据,根据当年各项产品的销售量可以非常明显地看出该产品的市场需求量。其次,客户终端的信息可以显示出该项产品的市场需求模式,如产品比较适合于什么样的人群,在什么情况下会有销量等。态度研究是在购买行为产生之后的辅助测量,它可以显示出顾客在作出购买决策之前有什么样的心理波动,或者什么样的心理波动有可能会导致购买行为。财务数据、客户反馈数据和产品使用数

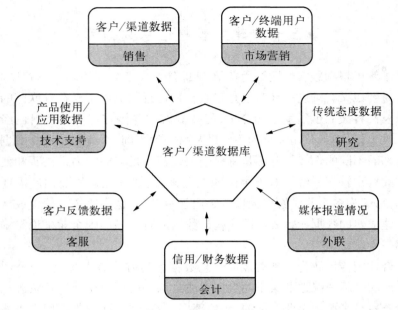

图 5-3 公司内部信息来源图

都能在一定程度上为以上三种数据提供辅助信息。另外,笔者认为还可以加上一种即"**媒体报道情况**",即该产品或者企业在媒体中的曝光状况,这可以间接反映出企业或品牌的外在形象。

如果企业在平时就多留意所有与自己及产品有关的各项信息并加以收集,一个基本的企业内部资料库就能形成。在综合收集客户和企业各方面资料方面,美国时代公司提供了典范。该公司是美国在线时代华纳(AOL Time Warner)的出版部门,它一直努力靠现有的内部数据与外部努力使营销活动的作用发挥到极致,从而锁定更多的读者并吸引新的读者与订户。举例来说,如果客户同时订阅了《时代》和《人物》两本杂志,公司就会尝试交叉销售另一本客户可能会喜欢的杂志或者是相关产品。营销信息部的员工负责管理以及运用公司的数据,从而确保提供新商品、收款、续订以及其他各项工作都能够以最精确的形式完成。这些员工还负责通过吸收新的潜在客户深入挖掘数据库,以便对现有的读者与订户有更深入的了解。

二、选取和加工相关数据,为各种营销传播活动服务

在获得了数据信息以后,如果不加以整理,惊人的数据量可能会把人淹没。另外,数据虽然很多,但是会变成有效客户信息的往往少之又少。因此必

须对搜集到的信息进行有效的整理。这里我们引用唐·伊·舒尔茨所认为的在对信息进行选取过滤的时候,可以参照的三个标准:(1)这些数据是否有助于公司更贴近客户与潜在客户?我们能否给他们提供他们想要的产品或服务?(2)这些数据是否能够帮助我们了解客户的举动,并利用这些知识来为未来的客户带来满意的体验?(3)这些数据是否有助于我们更妥善地分配有限的资源以及让我们作出更好的营销传播决策?如果那些数据在这三个关键层面有价值,那么这些数据就值得掌握、分析与管理。

对于数据的分析以及使用情况,如图5-4所示。

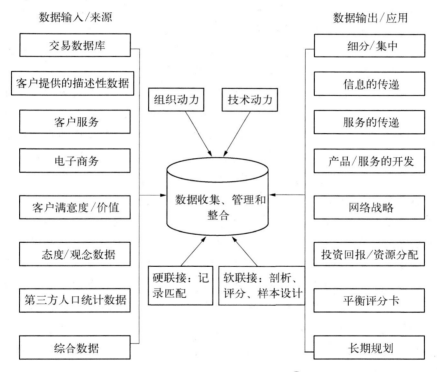

图5-4 使用客户资料的模型①

图5-4看似复杂,但是它的原理可以运用于很多数据库当中。在图5-4中,左边那栏列出了组织经常用来搜集客户与潜在客户信息的各种来源。资料来源被排成一列,并按照通常来自内部或外部的信息进行区分。经过对数

---

① 资料来源:"Leveraging Customer Information," American Productivity and Quality Center, Houston: APQC, 2000, Used with Permission from American Productivity and Quality Center.

据的收集、管理和整合之后,这些数据可用于右边这一栏的各种应用中。在收集和管理的过程中,组织一方面需要动用"组织动力",另一方面需要动用"技术动力"。所谓"组织动力(Organizational Enabler)"是指公司可以整合数据并对数据进行深入分析的实务,通常包括组织文化,如客户至上的程度、管理高层的支持程度以及小组、单位、战略业务单位间的合作程度等;"技术动力"(Technological Enabler)包括计算机软硬件、数据传输系统以及数据搜集设备等的兼容性等硬件技术。这两种动力都是顺利整合数据的必要条件。同时,对这些数据进行"硬联接"和"软联接"。所谓"硬联接",是指可以实际匹配各种数据的活动,比如匹配客户的购买记录与第三方的人口统计数据等,它不需要人为地介入;"软联接"是指那些依靠人为介入或运作来确保成功的活动,如客户剖析、客户评分和数据搜集的样本设计等[①]。经过这样的收集、管理和整合过程,左栏杂乱的数据就转变为右栏有效的数据。

在组织信息源方面,宝马公司做出了成功的榜样。伦敦的数据库集团当汉比联合有限公司(Dunnhumby Associated limited)表示,从20世纪80年代早期开始,英国的宝马公司就一直在搜集整合各种形式的客户数据资料。该公司所搜集的信息有各种来源,包括新手和二手车的购买记录、保修和服务记录、宝马车的金融服务记录、直接邮件和因特网来源,还有从竞争销售数据来源得到的外界信息等。这使宝马公司能够建立起营销数据库,并在市场上占有了很大的优势。这个庞大的数据库有很多不同的使用目的。最主要的目的是预测客户有可能在什么时候换车。有了这些资料以后,车商就可以和客户讨论并协助他们规划下次的购车时间。由于分析人员可以准确地区分以及锁定客户,并联系那些愿意对此做出反应的客户,因此,宝马公司的各种宣传活动的响应率在过去几年增长了两倍。最后,为了维持顶级客户服务的声誉,宝马公司把这些来自数据库的信息提供给电话客户服务中心的一线员工。接听人员既掌握了客户终身价值的细节,又掌握了客户与宝马联系的情况,不管他们是通过什么渠道购买车辆[②]。

三、建立有效的客户信息数据库

在获得有效的信息数据后,接下来一个重要环节就是建立自己公司需要

---

① "Leveraging Customer Information," American Productivity and Quality Center, Houston: APQC, 2000, Used with Permission from American Productivity and Quality Center.

② 转引自唐·伊·舒尔茨:《IMC——创造企业价值的五大关键步骤》,中国财政经济出版社2005年版,第66页。

的客户信息数据库。对于不同的公司来说,有的需要数据库,有的则不需要;有的需要高端的、复杂的数据库,而有的则只需要简单的数据库。究竟建立何种数据库需要视公司的具体情况而定,不能够一概而论。

Targetbase 公司曾经提出一个有关数据库类型的图。它将数据库分为"名单"、"档案管理"、"项目级数据库"、"低端营销数据库"、"中级营销数据库"、"高端营销数据库"等几种类型,需要的数据库类型取决于营销计划的类型。数据库被视为是公司的投资,其中包含数据管理所要达到的水平,例如从简单的客户名单到高级营销数据库等。这使得组织可以为不同的客户群体提供不同的服务,如为价值高的个别客户可以提供个性化服务。

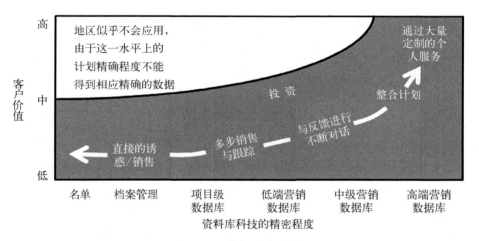

图 5-5　数据库类型图

唐·伊·舒尔茨认为,运用客户和潜在客户的数据来进一步了解他们的行为,这通常需要整合或集中来源的数据,即整合并分享客户数据。他提出一个矩阵以便于我们观察所得来的数据是如何被整合的。在以下的矩阵中,横轴是从可衡量的数据到隐含的数据。可量化的数据是针对众多客户与潜在客户提供具体而有条理的信息。隐含数据则来自研究的调查方法或是不定期的客户接触与评论。纵轴是从可观察到的数据到可以推测的信息。可观察的信息基于可以追踪的实际客户行为与数据。可推测的数据则是基于意见调查与其他抽样技术搜集来的信息。

当两种资料结合在一起时,就可以画出一个矩阵,如图 5-6 所示。

在图 5-6 中,四个象限中分别填入公司经常会搜集的各种数据实例。虽然矩阵并没有涵盖所有的内容,但是列出了 IMC 主管们可能会在组织找到的

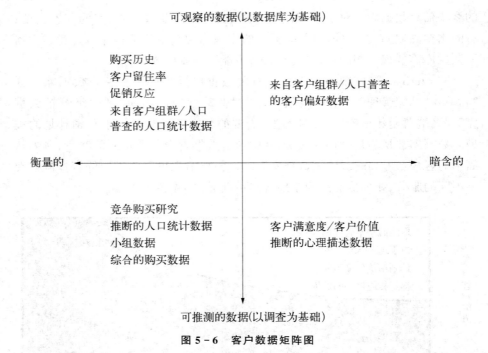

图 5-6 客户数据矩阵图

大多数数据类型。在左上方的矩阵中,"购买历史、客户留住率、促销反应、人口统计数据"等属于"可观察、可衡量的数据";右上方的"客户偏好数据"属于"暗含的、可观察的数据";左下方的"竞争购买研究、推断的人口统计数据、小组数据以及综合的购买数据"都属于"可衡量和可推测的数据";右下方的"客户满意度/客户价值推断的心理描述数据"则属于"暗含的和可推测的数据"。这些数据在被进行恰当的归类以后,便成为对公司有价值的数据。

除了以上将客户行为加以区分之外,一些数据库还要区分硬联接和软联接。就很多组织而言,对消费者的深入了解是数据的联接方式所产生的结果。联接分为软联接与硬联接。"硬联接"是指可以实际匹配各种数据的活动,例如匹配客户的购买记录与第三方的人口统计数据;"软联接"则是指那些依靠人为介入或运作来确保成功的活动,如客户剖析、客户评分和数据搜集的样本设计等。所有这些方法都依赖于个人设计或开发各种模型以及算法的技巧与能力。

这些技术上的操作完成之后,公司便可以根据所得到客户的情况来建立相应数据库。把所得到的数据都输入库中,加以分门别类,形成满足自己公司需要的客户资料库。对于整合营销传播管理者来说,最重要的策略性输出显然是客户与潜在客户的细分或归类集中。集中了客户与潜在客户后,就可以进行信息传递和服务履行。最后可以使用分析各种数据来提出各种长远规划。当然,分析这些数据与营销传播计划能否进行整合也有很大的关系。

需要说明的是,数据库的建立所采用的技术和手段不是一成不变的,而且每个公司也会采用适合于自己的技术手段,或者针对自己的情况来建构适合于自己的数据库。之所以举出宝马公司和 Targetbase 公司的数据库,是因为它比较符合我们所论述的由收集内部资源到成功建立数据库的情况。但是也有很多其他的公司采用不同方法建立自己的数据库。下面,我们分别举出国内外银行在采用数据库方面为自己的营销所做出的贡献。

第四节 案例分析

一、花旗银行的智能 CRM 客户识别系统

首先来看看花旗银行的智能 CRM 客户识别系统,这是目前世界上所采用的较为先进和前沿的数据库系统。它的最大优势就在于不仅能够识别客户的具体资料,还能够根据客户的以往购买行为推测出未来的客户购买趋势,以便于分析该客户可能给公司的整合营销传播所带来的利润。

花旗银行多年来一直稳坐全球银行的头把交椅,是公认的全世界最好的、最成功的银行。之所以能够取得成功,一个大的优势就是它所采取的数据库营销与众不同。它借助于具备智能的 CRM 系统,使得它与客户的关系更加密切。CRM 软件系统是一个庞大的信息库,可以说是花旗银行的"百宝箱",它的信息主要包括:客户的基本信息,如姓名、性别、职业、职位、偏好、交易行为、什么时候使用了它们的产品、交易时间有多久等;统计分析资料,如客户对银行的态度和评价、信用情况、潜在需求特征等;银行投入记录,如银行与客户联系的方式、地点、时间、客户使用产品的情况等。数据库的基本资料不仅靠人工输入,它还在客户使用银行产品的过程中,自动被数据库记录下来,减少了信息调研所付出的人力资源。CRM 软件系统还具有智能挖掘功能,这也是它的最重要功能。它可以根据所储存的客户信息,综合进行分析,从而发现客户,与客户进行良好沟通。

有了这个 CRM 软件系统之后,所建构的数据库具有明显的优势:首先,它可以随时随地跟踪客户信息,而且信息在速度和准确度上都有很大的提高。从客户在花旗银行存入第一笔存款,就成为了 CRM 系统中的一名客户。什么

时候刷卡、刷了多少次、取了多少钱、贷了多少款、贷款做什么用途,都难逃它犀利的眼睛。其次,CRM 系统可以根据现有的消费习惯分析预测客户的未来消费倾向,及时跟进新的营销活动。为了实现对客户服务的最佳程度,花旗银行认真研究了客户银行消费心理。顾客活动周期这种模式涵盖了顾客购买前、中、后所进行的全部活动。研究顾客活动周期的过程是,描绘出顾客追求他们想要的结果所经历的几个关键增值阶段,然后对每个关键阶段的增值机会进行评估。花旗银行 CRM 系统可以透视到你的口袋里有多少钱,或者将来会有多少钱,根据这个判断帮助银行进行取舍客户,由此来区分庞大的客户群。

由上述行为我们可以看到,花旗银行利用其数据库来整合消费者,也经历了由市场细分到"集中法"的过程。它首先按照性别、职业、偏好等基本信息来进行客户分类,但最终深入区分客户的是他们的购买行为。根据 CRM 系统来识别客户能否带来利润而将客户分成不同的群体,对待忠诚客户与潜在客户有着不同的方式和手段。例如,在银行与客户的通常交易中,普通客户与贵宾客户享受不同待遇,贵宾客户通常能与客户经理进行"一对一"的理财咨询。香港的花旗银行对百万富翁级的客户更是进行"三对一"的服务,有三个理财客户经理同时为一位贵宾客户服务,可见其对优质客户的重视程度。花旗银行这种按照顾客消费能力和消费行为对顾客进行分类的手段,充分体现了在运用数据库过程中由市场细分法到集中法的转变。

二、民生银行数据库建设

在国内采用数据库进行管理的典范有民生银行。民生银行成立于 1995 年,从成立起就成为法人治理结构比较完善的银行。它在信息化方面先知先觉。民生银行上市以后,所募集资金的很大部分都用于科技信息平台建设上,并将每年税后利润的 10% 用于科技开发和建设。该银行行长认为,未来银行的竞争焦点将表现在争夺中高端用户上,银行需要搞清楚三个 W 的问题:"谁是我们的客户?""他们需要什么?""我们能为他们提供什么?"在此基础上,再通过整合产品和渠道,为客户提供个性化服务。

2001 年,行长董文标提出要建设八大系统,即 CRM 客户关系管理系统、客户服务中心系统、个人信贷业务系统、授信风险管理系统、管理会计系统、业务流程系统、人力资源管理系统、员工培训系统。截至目前,一些系统已经开发完成并陆续上线。

2001 年 6 月,民生银行率先在国内银行业中实现了"数据大集中",将全行所有业务的数据处理集中在总行一台主机中,被誉为民生银行的第一次革命。通过数据大集中,总行各业务部门、各分支行的存款、贷款、同业拆借、不良资产等业务动态数据都被实时监测与跟踪,尤其是对分支行反常或异常变动的数据信息的检测和跟踪,可以达到及时防范和化解潜在风险的目的。

  2003年,民生银行开始着手建立数据库,成为国内第一家开发企业级数据库的银行。经过几年的努力,已经集中了包括核心业务系统、网上银行等约30个系统的各类数据,并对管理会计、资产负债、理财经理、风险管理、人力资源、非现场稽核查等10余个系统提供数据支持,还形成了对人民银行、外管局、银监会的统一数据报送,初步建立了统一数据源、统一数据标准、精细化管理的数字化管理平台。为此,银行成立了专门的信息管理中心,负责全行的信息管理、信息分析、信息支持以及决策数据支持、管理数据支持和营销数据支持。

  为了实现个人银行业务的扩张,民生银行借助专业的数据库营销公司来实现它与同行的竞争,达到以小搏大。民生银行把覆盖大约10万个目标客户,并在一年时间内发展出500个以上的合格客户的任务落实到了一家中国本土领先的专业数据库营销公司身上。这家数据库营销公司通过对民生银行企业客户数据库的查询和分析以及市场搜寻建立了10万目标客户名单,通过对直邮广告的内容涉及和创意把握等沟通途径传递民生银行理财服务的特点,继而通过外呼电话与目标客户进行沟通,该个人理财项目总体反馈率达到了13%,并产生了数千个销售机会。民生银行的个人理财业务借此插上了翅膀。除了个人理财业务推广之外,数据库营销也拓展到了信用卡推广、设立分行等具体业务中。

  现在,民生银行信息管理中心把各种数据收集到数据库中,将数据分析后,再根据各个业务系统的需求,分发到各个系统中去。数据库就像一个提供信息资源的图书馆一样让各个部门能够随时满足自己的需求。

思 考 题

1. "市场细分法"和"集中法"的区别是什么?
2. 怎样有效利用现有资源建立客户资料数据库?

第六章　判断客户与潜在客户的价值

第一节　判断客户和潜在客户的财务价值

判断客户和潜在客户的财务价值是五大步骤的第二步。在找出了现有客户、潜在客户以及新兴客户之后,营销管理者便要设法判定现有客户、潜在客户以及新兴客户的财务价值。在上一章我们曾经提到,对客户价值的判断要从财务的回报角度来说明,利用客户价值的财务观点,整合营销传播管理者就可以对每个客户群制定适当的行为目标。对某些客户群来说,只要维持目前的支出水平就可以;对其他客户群体来说,公司可能希望增加支出或者把客户迁移到其他地方;对于那些暂时还不是用户的人来说,公司希望让他们尝试购买,使之将来有一天能成为常客。只有了解了各个客户群的购买动向,才能够有的放矢地制定财务计划。

那么,如何测量出不同客户群体的财务价值?传统的估价财务的方法以历史数据来作推断。也就是说:算出客户过去有多少价值,然后再用过去的价值来预测客户或潜在客户将来可能有多少价值。这种做法虽然有一定效果,但是也有明显的缺陷。

缺陷一在于它没有把客户留住率(Customer Retention)与成长率所受到的限制考虑进去。也就是说,它们假定客户、市场与营销活动都在营销人员的掌握之中,而忽视了其他一些可能影响客户、市场或者营销活动的因素。

缺陷二在于传统的估价方法假定所有的客户都是相同的,但实际上不同的客户之间差别巨大。意大利经济学家帕累托(Vilfredo Pareto)曾提出著名的 80/20 法则:20%的客户通常为公司带来了 80%左右的销售量、利润或收入。这表明对每一家公司来说,都有一小群客户对公司的成功至关重要。哈尔伯格(Garth Hallberg)在《差异化营销》(Not All Customers Are Created Equal)一书中曾经指出:在酸奶酪的类别中,美国 16%的家庭占据了全部购买量的 83%。同样,一项针对 Folger 咖啡公司的研究也表明,15%的家庭占据销售量的 70%。一家信用卡营销业者分析了信用卡客户群所带来的利润,结果发现,仅仅是12.8%的活跃持卡人就带来了90%的利润[①]。既然不同的客户能够为公司带来不同的效益和价值,那么我们在进行营销策划时就首先要评估不同客户的价值。

在这里,我们引用美国Targetbase公司所提出的**创新估价法**来计算客户的品牌价值,这是到目前为止计算客户品牌价值的比较可行的操作方法。这套方法是为了界定整体的客户品牌价值(Customer Brand Value,CBV)。它以客户或客户群可以为品牌利润带来的财务价值为起点,将客户品牌价值归纳为四个要素。

(1)渗透率(Penetration,P)。公司在某一类别客户总数的比例中所拥有的客户人数。例如,在所有的消费者中,有多少消费者购买了该品牌的产品。

(2)类别购买率(Category Buying Rate,BR)。每位客户对于产品、服务或品牌的平均年度(或其他时间段)需求。也就是顾客购买该品牌产品的年度需求量。举例来说,一名顾客一年之内会消耗60瓶汇源果汁,那么他对于汇源果汁的年度需求量就是60瓶。

(3)购买占有率(Share Of Purchases,SOP)。营销组织所拥有的整体客户购买比率。也就是说,客户购买该类别产品的总金额有多少比例是花在营销人员的品牌或公司上的。举例来说,如果客户每年要花1 000元购买果汁饮料,则其中有多少钱是花在汇源果汁的品牌上。需要说明的是,购买占有率常常与类别购买率相关。如果一种商品的类别购买率是1,则它的购买占有率应该是100%。例如,顾客在购买波司登羽绒服的需求中平均年度需求是一件,那么他对于波司登羽绒服的购买占有率则是100%,因为他已经不可能同时购买别的品牌的羽绒服。

(4)边际贡献率(Contribution to Margin,CM)。客户的购买总额中有多少成了公司边际贡献栏上的收入流?这是很重要的评估因素,因为这牵涉到组织的实际财务回报,而不只是产品在零售方面的销售金额。由于公司要投入净额去购买不同形式的营销传播,所以一定要知道当所有成本都扣除之后,组织究竟可以回收多少净额。

利用公式可以算出客户品牌价值:CBV=P×BR×SOP×CM,如下图所示。

---

① 唐·伊·舒尔茨:《IMC——创造企业价值的五大关键步骤》,中国财政经济出版社2005年版。

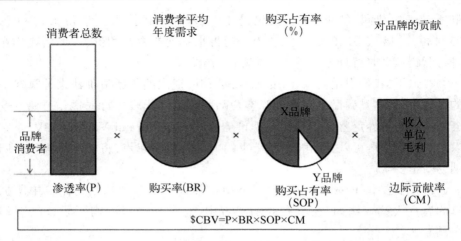

图 6-1 客户品牌价值计算公式①

第二节 计算消费者品牌价值案例分析

这里我们以汇源果汁在中国市场上所拥有的消费者数量以及销售情况作一个实例分析。汇源果汁是一个与大众生活息息相关的品牌,同时,汇源果汁也与其他品牌存在着激烈的竞争。因此以汇源果汁的购买情况来计算现有客户和潜在客户的财务价值非常有代表性。

据调查,在北京 1 000 万人口中有 400 万人至少买过一次汇源果汁,则汇源果汁在北京饮料市场上的渗透率为 40%。

根据营销人员的调查,这 400 万人当中每人对于果汁的年消费量平均在五箱——即 60 瓶。因此,每位顾客对于果汁的年度购买率是 60 瓶。

根据公司的估计,针对这 400 万在过去一年购买过汇源果汁的消费者而言,公司的购买占有率是 35%。也就是说,在消费者一年所购买的所有果汁饮料中,有 35% 是汇源果汁的品牌,而很多消费者也会尝试购买其他品牌或者口味的果汁,因此针对 1 000 万北京市民来说,汇源果汁在北京的市场份额是 40% × 35% = 14%。

最后,再来计算一下每一瓶汇源果汁的毛利。如果每瓶果汁的毛利是 2.5 元,那么一年当中每一位消费者所产生的汇源果汁的利润则是 60 × 2.5 = 150

---

① 转引自唐·伊·舒尔茨:《IMC——创造企业价值的五大关键步骤》,中国财经出版社 2005 年版。

元。不过,这 150 元并不是完全贡献给汇源果汁的,因为汇源果汁在所有果汁的市场份额是 13.95%,因此每位顾客对于汇源果汁所产生的毛利则是 60×2.5×13.95%=20.925 元。

我们把目前为止得到的数据整理如下:

渗透率(P)
在市场上找到的客户总数=10 000 000
果汁市场的客户数=4 000 000
果汁市场的渗透率=40 000/100 000=40%

购买率(BR)
每位消费者的平均年度需求量=60

购买占有率(SOP)
汇源果汁在北京市场的渗透率是 40%
40%的消费者中公司的购买占有率是 35%
汇源果汁的购买占有率=40%×35%=14%

边际贡献率(CM)
售出每瓶汇源果汁的毛利=2.5 元
客户品牌价值(P×BR×SOP×CM)40%×60×35%×2.5=2.5×8.4=21 元

在这个计算公式中,我们可以发现有两个可以拓展的市场空间。一是可以设法抓住除去 40%的渗透率以外的 60%的潜在市场,也就是说,有 60%的北京市民有可能从潜在客户转变成为现有客户;二是可以拓展除 35%以外的 65%的购买占有率,也就是说,使一部分对汇源果汁可买可不买的用户成为忠诚用户,如果能成为忠诚用户,则购买占有率有可能达到 100%。

因此,研究人员通过这个例子发现,正如前面根据行为特征来归属客户的"集中法"所谈到的,客户通常可以分为忠诚购买者、重度使用者和轻度使用者。忠诚购买者是那些无论在任何情况下都会购买汇源果汁而从来不购买其他品牌果汁的顾客;重度使用者是指那些经常在两到三种品牌中轮流购买,但仍会花费相当一部分金额去购买汇源果汁品牌的顾客;轻度使用者是指那些通常购买其他品牌,只在打折的情况下才会去购买汇源果汁的顾客。

在唐·伊·舒尔茨的书中,他提到了对三种客户的战略规划矩阵,以此来合理规划如何有效地利用三种不同的客户。由于所遇到的实际情况不同,在此我们不列举在他的书中所举出的战略规划的例子。我们只需要知道的是:通常来说,忠诚使用者虽然为公司带来稳定的收入流,但由于忠诚购买者往往总是少数,因此他们不能够为公司的投资带来大的机会。而轻度使用者由于经常更换品牌,而且总是在打折的时候才会购买产品,因此这类顾客也不能为公司带来稳定收入流。对待这一客户群体的策略是必须尽量以最节省成本的方式留住这些购买者,但不能轻易放弃这一细分市场。而最有价值的就是重度使用者,这些使用者往往被看作是非常具有潜力的顾客,而且重度使用者所占有的比例最高。由于这一组规模比较大,营销总监认为稳固这一消费群体是非常重要的,公司必须尽力保护并提高对这些现有使用者的占有率。

第三节　对等互惠的互动关系

在上一节的内容中,我们主要从营销传播人员的角度来看待客户与潜在客户的价值。但是要形成有效的营销传播计划,营销人员还必须了解客户对于品牌、产品或者公司的看法。因为在整合营销传播中既然一切以客户为中心,那么了解客户对于品牌或者公司的看法也是至关重要的。

唐·伊·舒尔茨认为:过去,营销与传播对于公司来说主要价值在于找出并传达一些竞争优势,把本身的产品与竞争品牌区分开来。大部分营销手段是以"获胜"为基础的,连策划用语中都透露出这种信息,例如"目标市场"、"赢得市场占有率"、"包抄竞争对手"等。这些用语都暗示着营销人员获胜而竞争对手失败或者消费者被说服等含义。而整合营销传播认为,"获胜"一词应该改为"共享",即整合营销传播人员的任务是缔造互动性的市场、与客户共享市场、努力提高客户眼中的价值。在互动性的市场上,客户控制了主要的选择权与淘汰权,世界正朝着经济学家所谓的"完全市场信息"前进。而这种权利的转移意味着竞争优势将失去意义,营销人员反而必须和客户以及终端客户"共享价值"。

而整合营销传播的最终目标又是建立产品与客户之间的"品牌关系",其定义是"通过长期交换产品或服务的价值而存在于买卖双方之间的关系"。在这种关系中,客户希望从品牌中得到价值,而营销传播者也希望产品能从客户那里得到长期的利润。当双方都觉得彼此的付出和收获价值交换公平时,这种长久的关系才能够保持,顾客才能够保持忠诚度。但需要说明的是:这种公平只要是"**感觉上的公平**"就可以了,根据美国心理学家亚当斯的"关系的投入和产出理论",这种"感觉上的公平"是客户感觉到他所投入的和得到的是公平的。客户和产品之间的"感觉上的关系",取决于客户对于品牌产品感觉上的好坏。例如,一名顾客中意于使用香奈儿的化妆品,香奈儿的化妆品价格昂贵而成本其实并不高,但只要顾客使用香奈儿的品牌获得一种心理上的满足感,那么就产生了"感觉上的公平",顾客和香奈儿品牌之间的关系就能够长久保持。

亚当斯的理论还指出,感觉不公平会导致关系紧张。化解这种紧张关系的方法有很多种。如果甲觉得他的产出和乙比起来微不足道,那么甲可以采用以下做法之一。

(1) 减少投入。客户可能只有在香奈儿牌子降价的时候才会去买,或是偶尔购买其他便宜的比如玉兰油等竞争品牌。营销人员则可能会稍微降低质量,比如提供一些较为低端的便宜的一系列产品;或开始对过去的"免费服务"收费。

(2) 增加产出。客户可能会试图通过磋商产品或服务的价格,或是要求对支出的价格提供额外的服务,藉此提高回报。顾客可能会跟营销人员谈价,试图降低一点价格。营销人员则可能为了维护某些长期客户的价值而不惜牺牲现有客户的收入。

(3) 断绝关系。客户可能一辈子不停地改用别的品牌、产品或服务。当客户要求过多的服务、购买数量不足以维持这种关系时,或者不能带来利润时,营销人员就会把他"开除"。

在全球性网络化的互动市场上,追求这种互动关系的价值既迅速又容易,这为营销人员所要发展的东西提供了基础。在日益集中的 IMC 市场上,营销人员与客户带来的并且获得的每次品牌接触和每次传播都将会决定并不断重新定义这种对等互惠市场。

由上所述,我们可以看到,在维护客户与品牌之间的对等互惠关系时,有两个因素是应该考虑的,一个是客户对于品牌的价值,另一个是品牌对于客户的价值。客户对于品牌的价值我们已经在上一节当中探讨过,它主要是通过渗透率、购买率、购买占有率、边际贡献率四者相乘来得到的。

那么关于品牌对于客户的价值应该怎样计算与衡量?有一篇发表在美国数据库营销会议中心(National Center for Database Marketing Conference)的论文提出了一个模型[1]。这篇文章认为:在 IMC 方法中,决定品牌对客户的

---

[1] 转引自唐·伊·舒尔茨:《IMC——创造企业价值的五大关键步骤》,中国财经出版社 2005 年版,第 102 页。

价值要考虑三个主要因素：(1) 客户的需求，即他们想要在类别中得到什么好处；(2) 客户的心态，即他们是以什么态度、动机与感觉来看待产品、营销人员和品牌的价值论述的；(3) 环境，即有哪些限制和影响决定了各种购买行为的种类范围。

该论文进一步提出了一个双方对等互惠的模型，如图6-2所示。

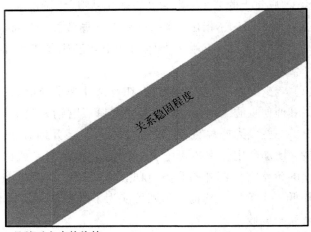

图 6-2　双方对等互惠模型

在上图中，纵轴是通过计算收入流以及品牌长期从客户身上得到的边际贡献率来决定的；横轴则是代表品牌对客户的价值，也就是客户对于品牌及其价值的看法。这种客户价值在很多方面与态度有关，包括需求、市场以及本身所处环境的相容性。要衡量客户的态度和需求有很多办法，我们可以做调查问卷来得知顾客对于品牌的反馈情况，但是最简单的是在购买行为结束以后，营销人员简单地问客户几个问题，就可以得知客户对于品牌的反馈。这种第一时间的反馈通常是非常有效的，一些网络和直销类组织纷纷采用这种方法使营销人员在第一时间掌握到自身和客户的关系，而不必靠复杂的消费者问卷。

不过，客户对于品牌价值的看法也有很大一部分反映在财务当中，只要核检当年或当月的财务利润，就可以知道该品牌在顾客心中的价值有多大。相比较起顾客对品牌看法的态度，顾客的购买行为往往更能够说明问题。

图6-2中间的宽带状对角线是在界定营销人员和客户之间可能或实际存在的关系稳固程度。双方的关系越稳固，共享的价值就越大。因此，当客户

对品牌的价值和品牌对客户的价值都很高时,关系就会既稳固又长久。要是高于或低于这条线,品牌和客户的关系就会失去平衡。这表示有一方会觉得实际价值或感觉上的价值要大于或者小于另一方的价值。只有当双方处于合理的均衡状态时,关系才能互惠并且持久。

作者在这个对等互惠关系模型中进一步指出:在衡量品牌对客户价值的三个标准(需求、态度和环境)之中,态度可能往往起到决定性的作用,也就是说,态度指数是使上述关系能否维持平衡的关键。作者进一步提到在这三种因素当中有一些内在算法来计算它们是否与客户对品牌的价值保持平衡。不过,在这篇论文中,至少在唐·伊·舒尔茨的著作中,我们并没有看到明确的计算品牌对于客户价值的三个要素的计算方法。

笔者认为,这个模型的出现有着非常重大的意义。它清楚地揭示了客户对于品牌的价值以及品牌对于客户价值两者之间的互动关系,这种关系的维持需要双方的共同努力,而这种关系的稳固程度伴随两者之间的发展而发展。它的另一个优点是使营销人员能通过它持续掌握长期品牌关系的稳固程度并调节自身的营销活动以满足客户的要求。

但是这一模型也存在明显的缺陷,至少在目前它是很不完善的。主要缺陷就在于对"品牌对于客户的价值"中所呈现的三个因素作者并未清晰地加以解释。为什么选取这三种因素以及如何衡量这三种因素在原文中不明朗。笔者认为:如果以这三种因素来衡量品牌对于客户的价值,至少应该有相应的量化标准,即如何衡量客户态度、如何了解他们的需求以及需求到何种程度,以及周围的环境如何评判等。而这些都需要相应的人员投入大量的研究。

第四节 整合营销传播的 5R's 理论

5R's 理论着重于鉴别客户与营销传播者的关系。在传统的 4P's 理论当中,控制市场的是营销传播人员而不是受众,无论营销传播人员怎样从受众的角度去挖掘产品的魅力或者提升广告的吸引力,从根本上来说还是营销传播人员在操纵市场。唐·伊·舒尔茨认为,既然整合营销传播是完完全全以客户为中心的,就应该注重于缔造一种营销传播与客户之间的关系,而这对营销传播者提出了全新的要求。在此基础上他提出的 5R's 理论就是这种关系的最好写照。5R's 理论具体表现为以下内容。

(1) 相关性(Relevance)。指的是产品与顾客之间必须有某种关联,所生产的产品必须能够满足顾客的某一种需要。例如,旅行社提供的旅游景点和线路安排必须是顾客所需要的;某公司开发的某种新化妆品必须是能满足某一类型顾客需要的(保湿、美白、防晒)。除了产品的功能与客户需求相关之外,营销传播还必须提供相关的服务与传播,以及相关的和有竞争力的定价和分销系统,这样才能真正体现为顾客服务的原则。

(2) 接受度(Receptivity)。这个词可以从两个方面去理解。一方面营销人员希望能在客户与潜在客户最能接受信息时找到他们。例如,如果营销人员卖的是汉堡,那么找到客户的最佳时机就是在客户肚子饿的时候;如果营销人员卖的是保暖内衣,那么打出广告时就应该是在即将进入隆冬季节时。因此首先要弄清楚客户或者潜在客户在什么时候以及哪一个品牌接触点商最容易接收这一信息。

(3) 响应力(Response)。这个词也有两个方面的内涵。首先,响应力是指客户或潜在客户响应公司所卖的产品的程度。例如,当宝洁公司研发了新一代飘柔洗发水并高调做广告时,有多少用户看了这则广告会真的产生购买欲望？其次,响应力也是指组织反过来觉察、适应以及迎合客户及潜在客户的需要和愿望的能力。宝洁公司在市场调查过程当中发现许多爱美的女性非常希望有一种乳液能使头发在瞬间变得顺滑,于是立刻研制出了"潘婷免洗润发乳",瞬间解决头发毛糙问题,一上市即受到许多长发女性的青睐。在互动型的市场中,营销的关键技能不再是规划、发展与执行营销传播计划的能力,而是能不能适当响应客户的需要与要求。

(4) 识别度(Recognition)。识别度和接受度、响应力一样具有两层含义。首先,识别度是指公司能不能在重要的接触点上认出客户,并立刻找出公司针对该客户所储存的相关资料。例如,当客户拨打免费电话时,接听的人员能不能立刻找出客户的交易与服务记录来回话？或者公司能不能认出重返网站的访客,并把该次造访与过去的活动联系起来。其次,识别度也是指客户能不能从既有的众多选项中认出并挑选出组织的品牌。潜在客户与客户是否知道这个品牌？他们有没有把这一品牌和特定的需要与用途联系在一起？他们能不能看出这个品牌和竞争对手的品牌有什么差别？等等。

(5) 关系(Relationship)。这个词在营销中有很多内涵。比如客户关系管理、客户关系营销和一对一营销等趋势都是以"关系"为核心的。但在价值型IMC中,建立关系的人是客户,而不是营销人员。客户自己决定要跟谁做生意、客户自己限定时间与条件,客户的权利是最关键的,营销人员只是负责响应而已。例如,在新型的互动型营销传播中,顾客自己上网去选择所需的产品、决定跟什么人进行交易,在对交易不满时,顾客可以选择投诉或其他方式来维护自己的权利。在淘宝网上,卖家比买家更为小心翼翼地维护关系,因为他们知道买方具有更大的主动权,如果买房给予卖方一个中评或者是差评,卖家的生意就很难维持下去。

在这里我们以开心网为例来说明这 5 个 R。开心网是家喻户晓的游戏社区,网友们在网上不仅可以自己拓地开荒种菜,也可以去海底总动员遨游海底大世界,还可以与认识或者不认识的朋友们一起玩耍竞技。开心网为顾客提供了一个宣泄与放松的场所,并且提供了一些理想的环境供给顾客玩耍享乐,它所设计的游戏都是真正与顾客的心情相关联的。由于有了相关性,也就容易产生接受度。开心网上所设计的游戏都是生活中真实存在的场景,但是又提供了较为美妙的环境,这使顾客在玩耍时能有放松开心的享受,例如阳光牧场、缤纷果园、胡莱旅馆、开心农场等。所有的游戏都便于操作、充满人性化,这使开心网有了较高的接受度。开心网为许多工薪阶层提供了乐不思蜀的乐园,它的影响力已经家喻户晓。在识别度这一方面,开心网采用实名制,每一位顾客的资料都输入了数据库,以便于对每一位顾客进行识别并对顾客的要求及时作出反应。在网上不同的顾客有不同的社区范畴,开心网对每一社区进行了有效的管理,从而使顾客最大限度地共享了所有的信息和资料。在维护与顾客的关系上,开心网不断推出新的游戏以满足顾客的需求,并不断扩展自己的服务范围。开心网之所以经营得如此成功,也是与它遵循了 5R's 理论息息相关的。

思 考 题

1. 客户与品牌之间的关系是怎样的?它们怎样相互产生作用?
2. 请自己找一个中国的案例来计算消费者品牌价值。
3. 整合营销传播的 5R's 理论是什么?怎样看待这 5 个 R?请提出自己的看法。

第七章　信息渠道与内容

这一章开始探讨五大闭环中的第三个步骤,即如何选择信息渠道和传递信息内容。整合营销传播的这一步骤与传统营销传播不同。在传统的营销传播中,由于所采用的渠道比较单一(大部分是依靠广告的形式),因此,在渠道的选择上并没有太多余地。营销传播者们常用的做法是在规划传播内容后,再选择一两种媒体通过广告等方式传递给大众。在这个过程中,内容是第一位的,渠道是第二位的。设计内容中的创意要素也因此就成了重中之重。

而在整合营销传播中,由于信息传递的渠道大大增多,"新形态的媒介几乎天天都在出现,从推销活动、赞助到鼠标垫,再到卫星甚至网络上的各种选择。帽子、衣物、公交车的候车亭等消费者所看到或听到的一切几乎都成了传播媒介。"[1]而 IMC 的内涵中有重要的一点也就是顾客与品牌的一切接触点都在传达信息。最终结果是,创意或营销人员说了什么,还不如他们怎么说或者在哪里说更加重要;选择什么样的形式来传递内容比内容本身更为重要。例如,一种新产品推出以后被摆放在进门口货架上显眼的位置和被摆放在一个很不起眼的角落里,所造成的营销结果差别很大。即便这个产品本身质量非常出色,它也很可能因为被摆放在很不起眼的地方而受顾客冷落。因此,在整合营销传播中,传播的流程与传统的流程不一样,客户通过什么样的方式来了解到产品和服务可能比产品本身所传达的信息要重要得多。

在这个步骤中,我们分成两节来分别探讨:一是根据客户需求建立信息渠道;二是规划信息内容。信息渠道是根据对客户情况的了解来选取的,而信息的内容则是根据所选取的渠道来规划的。

第一节　建立信息渠道

所谓建立信息渠道指的是在规划好传播内容之前,先将传递内容所需要

---

[1] 唐·伊·舒尔茨:《IMC——创造企业价值的五大关键步骤》,中国财政经济出版社 2005 年版。

的渠道设置好。由于整合营销传播所侧重的是"多种信息渠道的整合运用",因此,先规划好传播信息的渠道非常重要。是品牌在哪一个接触点上接触到顾客最好、或者是采用哪一种媒介或几种媒介来传递信息能够起到最为理想的效果,都需要营销传播管理者精心策划与安排。我们将这一部分内容分为三个步骤:(1)分析品牌接触,即了解客户或者潜在客户可能在哪里感受产品及服务;(2)选择正确的传播渠道。改变以往信息从营销传播者传递到消费者的途径,而转变成为信息由消费者传递到营销传播者的途径。(3)构建消费者头脑中的品牌网络,使品牌深入人心。

一、分析品牌接触

分析品牌接触首先要正确理解"品牌接触点(Contact Points)"的概念。"品牌接触点"被定义为客户在体验全套的产品或服务过程中认为属于该品牌的一切要素。例如,顾客曾经买过或者用过这种产品、接触到第一线员工、对产品包装产生深刻印象、参加各种形式的营销传播、消费咨询、售后服务等都可被称作品牌接触点。

著名品牌"惠而浦"在其品牌传播中就展示了 33 个品牌接触点[①]。这 33 个品牌接触点又可分类为:售前体验接触点、售中体验接触点、售后体验接触点、有影响力的品牌接触点。

售前体验接触点:包括各种媒体广告、优惠券或特别折扣、网站、无病毒营销、直投、新品发布、公共关系、顾客采访、行销演说、赞助、建筑商和设计师、合作伙伴、顾客。

售中体验接触点:零售商、店内商品陈列、销售能力、理财计划。

售后体验接触点:机械技师、客服人员、服务技师、烹饪课程、顾客满意度调查、促销、社团参与。

有影响力的品牌接触点:年度报告、年度股东会议、分析师、内部咨询、雇员、MBA 毕业生招聘、企业培训、销售商、供应商。

这些品牌接触点基本涵盖了一个品牌传播所要依赖的信息通道,而每一个品牌接触点都在传播着品牌信息,同时都会或多或少地影响着消费者的购买决策。因此,品牌传播者要针对不同的接触点,要有目的地释放能够影响品牌认可和购买行为的品牌识别内容,并做好品牌接触点管理工作。在进行品

---

① 〔美〕斯科特·戴维斯等:《品牌驱动力》,中国财政经济出版社 2007 年版,第 50 页。转引自舒咏平:《品牌聚合传播》,武汉大学出版社 2007 年版,第 120 页。

牌传播时,要将品牌识别内容有意识地落实到相应的品牌接触点上,让消费者在接受和体验品牌相关讯息时,清晰、一致地感受到品牌的核心内涵。以使品牌信息持续不断地在所有品牌接触点上传播品牌识别,演绎品牌核心价值及相关识别,在消费者的心中留下丰富的品牌联想和鲜明、独特的品牌个性,从而提高品牌传播效率,降低品牌建设成本。这就是品牌接触点管理的本质所在。

那么,如何测量各个不同的品牌接触点?如何知道顾客在哪一个品牌接触点上受到的影响最大?这就需要对各品牌接触点进行测量,将它们的效果量化表达出来。在这里我们引用美国西北大学凯洛格营销学院的丽莎·弗地尼-坎贝尔教授所提出的"品牌接触审核"概念及其步骤。它提出品牌接触审核有三个步骤,并将每一个品牌接触点作了量化分析。这一概念的提出对于品牌接触点的衡量提供了重要依据。

步骤一:从客户或潜在客户的视角找出所有品牌接触点。不管组织能不能控制它们,也不管它们是不是由营销人员直接负责,营销人员要在尽可能的范围之内将各种品牌接触点全部找出来。

步骤二:从客户或者潜在客户的角度出发整理各种品牌接触点并排出顺序。在所有品牌接触点中有一个"关键点"(Key Point),即决定性的接触点。这一决定性的接触点往往可以使客户接受这一品牌或者拒绝这一品牌。例如,一个顾客如果被营销人员的良好服务态度所打动而决定购买该产品,那么,营销人员的态度就成为了这个顾客与产品之间的"关键点"。这个步骤是将所有的品牌接触点进行排序,看哪一些会强化品牌正面印象,哪一些会造成负面影响。这些信息整理如下表所示。

表7-1 品牌接触点审核评估表[①]

品牌接触点	重要性评估	印象评估	客户期望	客户体验	信 息	当前资源分配

在这一表格中,左边第一栏"品牌接触点"要完整地列出这一流程的第一

[①] 转引自唐·伊·舒尔茨:《IMC——创造企业价值的五大关键步骤》,中国财经出版社2005年版,第119页。

步所提到的一切接触点,其中包括各种各样的对外营销传播,如广告、指南手册、店内展示、包装、营销人员的态度等。

第二栏主要是对每个接触点进行评估,显示客户评估品牌的重要性。这一栏的结论主要**通过客户调查**来得到。例如,通过第三者传递其使用过产品的信息就比大众媒体宣传的产品信息显得更为真实可靠,这是人际传播与大众传播在宣传效果上的不同,因此在这种情况下人际传播的评级层次要比大众传播高。在这一栏中将评级层次分为"**重要**"和"**次重要**"两级,就可以将品牌的不同重要性区别开来。

第三栏是指客户在接触点上所得到的印象。这一栏也有两个层级,即识别客户或潜在客户所得到的印象是**肯定的**还是**否定的**。这一结论也主要依靠客户调查获取。

丽莎·弗地尼-坎贝尔教授接下来提出了"完整品牌接触顺位图",如图7-1所示。品牌评估的重要性与客户在接触点上所得到的印象构成了一个矩阵。我们在这个矩阵图上可以看到:第Ⅰ区和第Ⅱ区的品牌接触点是营销传播管理者应该重视的区域;而第Ⅲ区和第Ⅳ区则相对来说显得次要一些。

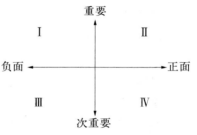

图7-1 完整品牌接触顺位图①

为了维持品牌传播的长期成效,客户或者潜在客户在各个接触点所收到的信息都必须经过充分的整合与协调。这表示如果要改善图中第Ⅰ区和第Ⅲ区的那些品牌接触点,最简单的做法就是把它们和第Ⅱ区与第Ⅳ区的正面接触加以调和。例如,顾客在品牌的质量和包装上形成了负面印象,那么唯一能够做的就是在服务以及售后等环节加以改善,这样也许能够弱化前面的负面影响,使顾客对于品牌的整体印象不至于太差。

步骤三:在已得知顾客对于品牌的基本看法以后,接下来就是希望在各个接触点带来更好的客户体验。这是将以上的矩阵更加细化后得出的指标。要做到这一点,必须很仔细地了解顾客的体验。这包括对顾客进行以下方面的调查。

---

① 资料来源:Lisa Fortini-Campbell, "Communications Strategy: Managing Communications for the Changing Marketplace" (Presented at Northwestern University, Evanston, IL, October 19, 1999). 转引自唐·伊·舒尔茨:《IMC——创造企业价值的五大关键步骤》,中国财政经济出版社2005年版,第120页。

在每个已知的接触点上客户有什么期望？他们期望从现有的品牌中得到什么层次的品质或者服务？他们期望什么层次的知识与专业技能？他们对现有的品牌与组织有什么印象？

在每个接触点上，实际的客户体验是什么样子的？也就是说，现有的产品和服务有没有满足他们的期望或有没有给他们超乎预期的体验？

每个接触点真正发出的信息是什么？也就是说，每个接触点对品牌、公司以及客户或潜在客户的承诺究竟传递了什么内容？营销传播者是不是发出了与广告内容不符合的信息？信息和客户的期望是否一致？在每个接触点上分配了哪些资源？同时，所分配的资料是否与接触点对客户的重要性及适用性相称？投资的消费是不是与传播的效果不相符合？

这些问题能够全方位地反映客户对于品牌的看法和体验。可以看出，它对于制订营销渠道及规划传播内容是非常有帮助的。它可以确定哪些接触点最有办法传递信息和激励；它与顾客的实际期望有多少距离；以及该怎样在每个信息点上分配信息资源等。目前看来，它能够比较好地体现出顾客与品牌接触各方面的需求。

不过，笔者认为不足之处在于所有资料并没有显示出各项指标是如何被具体量化的。例如在第二个步骤中顾客评估品牌的重要性时，虽然顾客给予了"重要"或者"不重要"的评估，但重要或不重要完全是顾客自己的主观判断，并没有一个客观的衡量标准。另外，虽然前面的矩阵图能够在大的方面将品牌重要性与品牌印象加以归类，但在顾客对于品牌的具体看法上，该图表并未提出量化和可测量的方法。笔者希望能在未来的文献中看到解决的办法。

以下我们举例来看看品牌接触点如何在现实生活中起作用。

屈臣氏是大家都熟悉的个人护理用品连锁店，也是目前全球最大的保健及美容产品零售商和化妆品零售商之一。屈臣氏在营销方面的成功就来自重视渠道终端的营销手法。例如，为了方便女性客户，它将货架的高度从1.65米降低到1.40米，又将走廊的宽度适当增大，增加顾客选择的时间和舒适度；另外店面颜色更多使用浅色，让顾客更容易兴奋起来。每家屈臣氏个人护理店均清楚地划分为不同的售货区，商品分门别类，摆放整齐，便于顾客挑选。屈臣氏还在不同的分类区域推出不同的新产品和促销产品，让顾客在店内不时有新发现。此外，屈臣氏拥有一支强大的健康顾问队伍，包括全职药剂师和供应商驻店代表。屈臣氏在店内陈列信息快递《护肤易》等各种个人护理资料手册，免费提供各种皮肤护理咨询；药品柜台的"健康知己"资料展架提供各种保健营养分配 & 疾病预防治疗方法，积极推行电脑化计划，采用先进的零售业管理系统,提高了订货与发货的效率。如此种种,可以让顾客看到,屈臣氏关心的不仅仅是商品的销售,更注重对顾客体贴细致的关怀。它充分地考虑到了顾客可能与品牌接触的每一个品牌接触点,力图以此为渠道塑造品牌在顾客心目中的良好形象,建立品牌与消费者的良性互动关系。

沃尔玛是一家非常尊重顾客、注重顾客感受,将顾客视为上帝的企业。它这种尊重顾客的企业文化赢得了顾客的信任,拉近了企业与顾客的距离。为了给消费者提供物美价廉的产品,沃尔玛不仅通过连锁经营的组织形式、高新技术的管理手段,努力降低经营费用,让利于消费者,而且从各个方面千方百计节约开支。美国大公司拥有专机是常事,但是沃尔玛公司的专机都是二手飞机;美国大公司一般拥有豪华的办公楼,但是沃尔玛总部的办公室一直设在偏僻小镇的平房中;沃尔玛公司创始人虽然家产万贯,但一直都还到廉价理发店去理发;现任董事长已经是世界首富,但他的办公室只有12平方米,而且陈设十分简陋;总裁办公室也不到20平方米。这些做法引起了各种评论,但传达给消费者的信息却是:沃尔玛在想方设法为消费者节省每一分钱。沃尔玛公司采取各种措施维护消费者的利益,例如,即将过期的食品从保质期快到的前一天开始打折30%出售,保质期到的那一天上午10点全部撤下柜台。在沃尔玛看来,顾客就是上帝,为了给消费者超值服务,它想尽了一切办法。沃尔玛要求员工要遵守"三米微笑"的原则,就是员工在与顾客接触三米之内都要保持微笑;要尽量直呼顾客的名字,微笑只能露出8颗牙齿等。正是这些无微不至的尊重赢得了顾客的信任,使沃尔玛连年位居世界五百强企业之首。

二、确定品牌接触渠道

在进行了品牌接触点审核以后,接下来的问题就是决定客户希望以什么方式来接收品牌信息。例如,消费者比较喜欢的是广告的形式还是直销的形式;消费者更愿意去零售店购买挑选还是送货上门?整合营销传播既然是多种营销方式的整合,那么在选取销售渠道的时候就要充分考虑各种营销方式的利弊,或采取一种或采取多种,将它们合理地搭配组合在一起。在这一项中又有两方面的问题需要考虑,一个是客户与品牌的接触关系,这其中包括客户与品牌是否有相关性和接受度。只有相关性与接受度都能够最大化实现时,使用各种各样的传播渠道才有意义。第二个是分析各种传播渠道,包括客户是采用广告、人员销售、直销等营销方式,还是通过电视、广播、报纸、网络等媒体传送。整合营销传播的优势就在于把各种各样的渠道排列和整合起来,从而找出最佳途径。

1. 客户与品牌的接触关系

在上文中我们探讨客户与品牌的关系有 5 个 R。通常在两种情况下,品牌接触点对客户和潜在客户才有意义:一是必须具有相关性(Relevance),即产品必须和客户相关;二是必须具有接受度(Receptance),也就是必须在客户可以接受的时候传递信息。二者缺一不可。

品牌接触点要有相关性是指品牌必须在客户和潜在客户想要或者需要的时候出现,而不是在营销人员想要的时候出现。例如,在顾客考虑买房的时候为顾客推荐房地产的信息,或者在顾客想要买保险的时候推销公司的保险业务。如果不这么做,往往会让顾客反感。一些营销人员贸然上门推销产品被顾客拒之门外,一些营销人员在顾客忙碌时拨打手机进行问卷调查,都是违反品牌相关性原则的做法。

同样,接受度和相关性也有直接的关系。当客户有当前需求或者潜在需求解决问题或选择市场时,他对品牌接触的接受度是最高的。例如,当准妈妈即将要正式做妈妈时,她就会特别关注婴儿用品,因为此时婴儿用品与她的相关程度最高。而这时去推销婴幼儿产品会产生较高的选择度。当一个顾客准备持有货币买房时,房地产各方面的信息会与顾客产生较高的相关性,而顾客也容易接受房地产方面的信息。

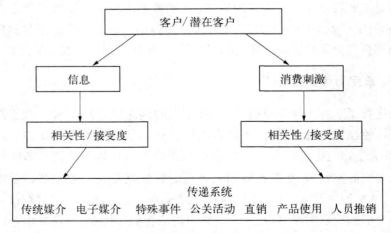

图 7-2 IMC 模型的品牌接触传递系统

在找到顾客与品牌的接触点方面,国美电器有很多经验。国美电器始终认为终端销售是典型的注意力经济,终端生动化是"制胜在终端"十分重要的一环,因为通过信息传播渠道的分析发现,83% 的信息来自视觉,11% 的信息来自听觉,3.5% 的信息来自嗅觉,1.5% 的信息来自触觉,1% 的信息来自味觉。而终端生动化可以提高产品形象和品牌形象,激发消费者的购买冲动,并且可以市场局部的竞争优势,将面消费缩小到点消费上来,最终获得顾客的更大支持。因此,国美电器将很多的精力放在了终端的生动化上,力图用终端的销售、客服、购物环境等来打动受众。国美对于购物环境的重视与投入是其他企业所无法比拟的。为了向消费者提供更好的展示效果,国美在其卖场设立了先进的 EVD 高清展示区,以使消费者能获得更好的品牌接触。而事实证明,国美电器这一系列终端努力获得了与顾客的良好沟通。

2. 传播渠道的确立

在了解了顾客与产品的相关性和接受度以后,接下来就要挑选顾客最可能接受的传递系统,即营销渠道。在后文中我们要介绍多种营销渠道,包括广告、公共关系、人员推销、直复营销、事件营销、演出和展会等。目前来看,广告仍然是使用得最多的营销传播渠道。一般说来,广告适合于成本低、适应性广的大众人群,例如日用品、化妆品、药品等;人员销售适用于技术含量较高并含有个性化服务的产品,例如电脑、高级保健药品、人寿保险产品等;事件营销则与产品的属性以及事件的相关性有关,如众多产品纷纷利用奥运赛事来打造自己的品牌就是事件营销;公共关系则非完全以盈利为目的,更多时候它与塑造企业形象有关,此外,它也能够协助其他营销手段进行营销,并且能够与利害关系者有良好的沟通;而直销则能够直接与消费者产生互动联系,更适合于个性化或者定制化的产品。不过,直销需要依赖于对数据库的应用,其基础是对消费者的资料有较为完整的保存。

选择媒体的重要性也不亚于选择营销渠道。整合营销传播认为:营销传播正是多种媒体方式的整合。而在现阶段的中国,各种各样的新媒体层出不穷,让人目不暇接。根据一些学者的调查,报纸较适用于学历水平较高的人群,男性对报纸也较为青睐;电视更适用于老年人、妇女和儿童,对于文化程度不高的人群,电视也具有较大影响力;杂志往往适合于"小众传播",即对某一领域研究较为专业的人士;网络和手机更适合于年轻人和白领阶层;广播更适合于开车一族等。对于媒体的选择也要从研究各种媒体的特性入手,有的时候,一种营销活动往往需要同时采用几种媒体。根据唐·伊·舒尔茨和乔皮罗塔在提交给广告研究基金会的研究中指出,根据他们从 7 500 多个网上受众的调查,消费者对于媒体的使用情况为:同时看杂志与听广播的人占 50.7%;同时看报纸与看电视的人占 53.4%;同时看电视与看杂志的人占 50.4%;以看电视为主、兼顾上网的人占 66.3%;以上网为主、兼顾看电视的人占75.2%。这说明,各种媒体都有其固定而持久的受众,研究每一类受众的媒体倾向对营销传播的规划大为有益。

在对营销渠道和媒体的整合运用方面最为成功的案例莫过于蒙牛集团在2005年湖南卫视热播"超级女声"时对自己进行的品牌打造。蒙牛集团不失时宜地通过多种媒体的整合进行了对自己品牌的打造,在媒介类别上实现了电视、电台、大众媒体、网络、杂志五类媒体的强大整合。首先它利用报纸、财经类杂志等平面媒体将五大主赛区的活动及产品进行大范围的宣传,将传播巧妙地辐射到全国所有卖酸酸乳的城市;其次也采用网络媒体进行全程报道,利用中国著名门户网站搜狐、263、TOM展开大规模的轰炸;同时蒙牛还在新浪增加了极具亮点的互动游戏"蒙牛连连看"和"超级FANS",吸引了大批青年人的参与。第三是对电视和电台媒体的有效运用。该产品的主力消费群体定位为12至24岁的女孩子,蒙牛酸酸乳的品牌内核则采用靓丽的服饰和有个性的女主人公的广告来鼓励少女们勇敢地秀出自己独特的一面[1]。这一系列媒体的宣传策略使得蒙牛酸酸乳成功地塑造了自己的品牌形象,使自己的品牌形象与"超级女声"相得益彰,达到了很好的宣传效果。

三、构建品牌网络

当品牌成功地通过各种营销渠道和媒体植入消费者心中时,消费者就与品牌产生了密不可分的联系。"品牌联想"就是在这一时刻产生的。品牌联想指的是消费者在看到某一特定品牌时,从他的记忆中所能引发的对该品牌的任何想法,包括感觉、经验、评价、品牌定位等。这些不同的来源均可能在消费者心目中树立起深刻的品牌形象。品牌专家Aaker认为,品牌联想是任何与品牌记忆相联结的事物,是人们对品牌的想法、感受及期望等一连串的反应,可反映出对品牌的认识或产品的认知。德国品牌专家韦尔德曼曾用6年的时间分析了将近20 000个品牌中最有效的品牌活动。他形象地把品牌的联想比作一个在大脑中放映电影的过程,不同的品牌联想就是一部部不同的电影。美好的、丰富的品牌联想,往往就意味着品牌被消费者所认可和接受。

根据学者们的简单统计,麦当劳品牌通常能引起人们20个主要的联想和30个次要的联想。这些联想组成了有意义的概念。一提到麦当劳,消费者心中就会出现M形状的金色拱门、麦当劳的小丑形象、炸薯条、麦香鸡、麦当劳玩具、麦当劳服务生、小朋友的生日聚会等。

一些学者更进一步提出了"品牌网络"的概念。"品牌网络"(Brand

---

[1] 卫军英:《整合营销传播典例》,浙江大学出版社2008年版,第218页。

Networks)是指客户或潜在客户头脑中的图像、想法、观念以及经验在大脑里结合起来,并在汇集后形成个人对特定品牌的整体印象与意义。品牌网络是一个品牌缔造了与消费者的无数关联后理想的状态。一旦消费者对该品牌形成了品牌网络的联想,那么这个品牌在消费者心目中就有了根深蒂固的印象。

关于形成品牌网络,美国学者弗兰森和鲍曼列举了一个七喜汽水的联想例子,如图7-3所示。每个联想网络都是由子网络交织而成,联想的强度则是以联系的各个子网络的比重来表示。研究人员总结到:"每个品牌通常都会让人联想到一种或多种产品,并以联想网络的形式呈现在我们的记忆中。"①

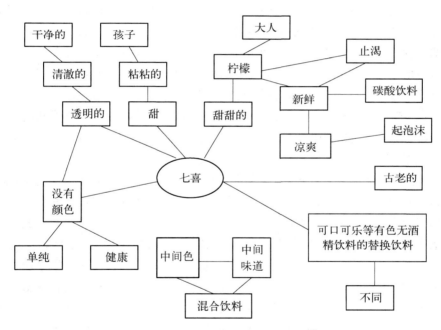

图7-3 七喜品牌网络建构示意图②

形成了品牌网络则意味着品牌在客户头脑中的构建比较成功了。这也是规划下一步传播内容的基础。不过,在对待客户与品牌网络的关系中还有几点需要说明。

---

① Giep Franzen and Margot Bouwman, The Mental World of Brand: Mind, Memory, and Brand Success, Henley-on-Thames, England: World Advertising Research Center, 2001: 178.

② 资料来源: Giep Franzen and Margot Bouwman, The Mental World of Brand: Mind, Memory, and Brand Success, World Advertising Research Center, 2001. 转引自唐·伊·舒尔茨:《IMC——创造企业价值的五大关键步骤》,中国财政经济出版社2005年版,第131页。

一是客户头脑中的品牌网络不易形成,但一旦形成就会比较稳定。在没有形成品牌网络之前客户对于品牌、产品或者服务没有什么概念,很难加入新观念或者植入新信息;但一旦形成了品牌网络之后,客户头脑中的网络则是相对稳定的。例如,一个消费者在没有喝过"七喜"饮料之前,可能很难记住这个品牌的名字,他会分不清七喜饮料与雪碧等其他饮料的区别。但一旦他喝过这个饮料并且对此留下了深刻的印象之后,他就会在自己头脑中形成与上述网络类似的品牌网络,其他与七喜无关的特征将很难被纳入这个网络中。因此,营销传播要加大力度尽快在客户头脑中形成品牌网络。

二是营销传播计划要尽可能制定出与客户头脑中网络相一致的信息。一旦在客户形成品牌网络之后,客户就会定期测试他们所碰到的各种传播或解除要素。当客户储存了某个品牌网络,但公司的营销传播计划却发出了矛盾的信息之后,客户或者潜在客户就会面临以下两种选择:(1)接受新信息并改变本身的品牌网络;(2)忽略新信息并坚持本身所储存的内容。因此,一旦知道客户形成了品牌网络,营销传播就要积极地稳固这种品牌形象。例如,"七喜"饮料给人的形象是"甜甜的碳酸饮料",如果营销传播在某一次发出七喜是"非碳酸饮料"的信息,就会与原有的信息造成冲突,混淆品牌定位,也使客户不知所措。

三是在综合运用多种营销渠道和媒介手段时,各种营销计划所传达的信息也应该是一致的。如果品牌传播者以两套营销传递系统发出两种截然不同的信息,例如一种通过大众媒介来宣扬产品的某一种定位,而另一种通过人际传播来宣扬产品的另一种定位,就有可能使客户头脑中的信息发生紊乱,不知道哪一种信息应该被储存在客户头脑中的品牌网络之中。当然,如果两种媒介能传达一致的、相互补充的信息,则能够起到更好的传播效果。例如大众媒体传达"七喜"的"凉凉的、甜甜的碳酸饮料"的定位,同时人际传播也传输同样的信息,就能够使"凉凉的、甜甜的碳酸饮料"的定位更加深入人心。所谓整合营销传播要整合多种媒体产生协同效应、传递某一种信息就是指的这个意思。

四是选取客户喜爱的宣传渠道也很重要,好的传播渠道能使品牌网络的构建事半功倍,而不合适的传播渠道则很有可能使一个良好的营销传播计划成果毁于一旦。

在实际情况中,品牌网络有可能变得十分复杂,它的背后蕴含着品牌功能、特征、象征以及组织文化等更深入的问题。而在本书中,笔者只需要读者知道品牌网络是人脑中所存储的一切品牌和营销传播的基础即可。

第二节 规划营销传播的内容

在上一节中我们探讨了如何建立信息渠道以及建立怎样的信息渠道,在这一节中我们要探讨怎样规划营销传播的内容。这是一个"从形式到内容"的过程,它不同于传统营销传播中的"从内容到形式"。在传统的营销传播中,规划营销传播的内容往往是最为重要的一个环节,它通常表现为先是战略的制定,然后是战术的执行。但归根结底是"从内容到形式"的过程。那么我们来探讨一下这种"从形式到内容"的规划有什么特别之处。

一、创造客户需求

"创造客户需求"这一术语来自西北大学凯洛格营销学院的教授丽莎·弗蒂尼-坎贝尔。她认为创造客户需求是规划营销传播内容的首要前提。之所以称为"创造客户需求"而不是"了解客户需求",是因为客户需求在某些情况下是可以主观创造出来的。

在某些情况下,客户心中有一些强烈的动机愿望,然而并不知如何将它们完整清晰地表达出来。如果营销传播所规划的内容正好能够与客户的这种需求相吻合,那么营销传播就可以说将客户的需求"创造"出来了。例如,王老吉凉茶在上市之前苦心经营,试图找到一个适合于自己的产品定位。经过一系列市场调查之后,将自己定位为"怕上火就喝王老吉"。它既不是普通的饮料,也不是上火了以后能够降火的药,而是在顾客即将上火之前喝了就能够避免上火的"凉茶"。这一定位立刻满足了大量喜欢吃火锅的顾客内心并不十分明确的需要,因此创造了大量的客户需求。

由此看来,创造客户需求比了解客户需求更高一个层次,它是在了解了客户需求的基础之上,设置的与企业的营销传播计划有关的品牌接触点,从而使客户需求与公司的营销计划发生相关。实现了"创造客户需求"的品牌会使客户觉得公司了解他们,尊重他们并能够预知他们的需要。这是产品能使客户感到满意的前提。

那么,要如何做才能创造客户需求、了解客户的消费动向呢?丽莎·弗蒂尼进一步认为:**首先要开发并测试客户需求**。这要求营销人员对公司的产品要有一个准确的定位。**其次,要让机构的能力与客户需求相匹配**。在很多时候客户的体验与公司提出的承诺相去甚远,例如,营销人员可能不太在意客户的问题导致客户对营销人员的态度不满意;销售人员在接到客户的投诉电话以后不回电话;维修人员不能及时赶到;产品的使用说明含糊不清;产品的体验也没有达到广告所宣传的效果等。这使得营销与传播之间存在一定落差。要解决这种落差才能让客户感觉到公司是有能力来满足客户需求的。

以上两点是在创建客户需求中组织需要遵循的原则和理念。在真正了解了客户的需求并且公司也有能力来创造客户需求时,就应该在战略上制定一系列行之有效的计划。这也就是通常我们所说的营销传播的战略规划。营销传播战略规划的制定有很多种,在不同学者的研究中提出了各种不同的战略规划模式。在这里,我们引用唐·伊·舒尔茨提出的一个"传播策略发展表"。虽然被称为"传播策略发展表",但我们认为把它叫作"传播策略发展七大步骤"更为合适。在下文中,我们来详细介绍每一个发展步骤。

二、实施客户需求开发信息与激励的战略制定

"传播策略发展七大步骤"在本质上也是对营销传播战略计划的制订。它严格地遵循了"以消费者为中心"和"由外到内"的原则。以下我们详细地来介绍这些流程。在介绍过程中,我们以"奇瑞QQ汽车"的案例来说明这些流程是怎样进行的。

奇瑞汽车的崛起在国产汽车中可以说是一个奇迹。2007年,奇瑞以207 094辆的销售业绩跃居中国轿车销售第四位,而53 136辆的出口量又使其稳坐第一的位置。奇瑞的成功充分展现了它如何从消费者的立场出发,打造自己的品牌定位,并不断与消费者进行沟通,从而缔造自己品牌神话的过程。我们认为,奇瑞车的营销传播策略是"传播策略发展"的典范。

传播策略发展七大步骤如下。

第一步:确定消费者的特征。这主要包括分析以下几点:消费者的特征如何(我们在前文中已经分析过这主要指的是消费者的行为特征,例如他们曾经购买过什么?目前有什么需求、对这类产品的态度如何等,而不仅仅是年龄、性别、区域等群体特征);他们的主要购买激励是什么?他们对产品有什么评价?他们希望从这类产品中得到哪些现在得不到的东西?惟有客观地分析产品的现状以及潜在消费者目前对于产品的认知,才能将营销传播继续下去。

奇瑞在开发自己的新产品之前对消费者进行了透彻的分析。奇瑞QQ的目标客户是收入并不高但是有知识有品位的年轻工薪阶层,同时也兼顾有一定事业基础、心态年轻、追求时尚的人群。只要月均收入2 000元就可以不费力地获得这款车。他们购买这款车的目的是满足工作、娱乐、休闲和社交等需求。也有一些时尚男女被奇瑞车靓丽活泼的外表所吸引,促使他们做出了购

买决定。

第二步：产品或服务适合这群人吗？这主要包括：

（1）产品和服务的内容、功能情况怎样？它有什么区别于其他产品的地方？

（2）客户对产品或服务有什么看法？

（3）产品或服务适合这群客户吗？

与了解消费者情况一样，营销人员对于产品性能的深入了解也非常重要。客户或者潜在客户觉得产品的品质如何？它们是不是物有所值？这一品牌能否为客户创造信心？客户对竞争品牌有什么看法？报纸的新闻报道、零售店的盈利情况、价格对消费者有什么影响？这个品牌是不是总在销售？它是不是显得很陈旧？潜在客户相信零售店吗？这个品牌对使用者来说代表什么意义？另外，此类产品是否明显地模仿了其他品牌的产品？如果产品没有好到给予消费者足够的信心，那么此时就应该考虑其他最可能的促销策略，比如降价促销或创造激励。

拿奇瑞的产品特征来看。在充分了解自己的客户群体以后，奇瑞汽车力求达到客户群体的认同。它抓住年轻时尚的群体对汽车性价比、外观和配置十分关注的特点，打造了靓丽的外表、装载了独有的"I-Say"数码系统，堪称目前小型车时尚配置之最。让QQ与电脑和互联网紧密相连，充分迎合了网络化生存的年轻一代需求。尤其在产品名称方面奇瑞可谓苦心斟酌。QQ在网络语言中有"我找到你"之意，与它时尚、价值、自我的品牌个性十分吻合，巧妙将消费群体的心理情感注入品牌内涵。在品牌传播中，奇瑞针对目标群体提出引人瞩目的品牌语言"青年人的第一辆车"、"秀我本色"等，将追求自我、张扬个性的目标消费群体的心理感受描绘得淋漓尽致，因此深得年轻的消费群体的喜爱。

第三步：竞争对手对这项产品或服务有什么影响？主要包括：

（1）主要的竞争范畴是什么？

（2）竞争对手目前给消费者带来的利益是什么？

（3）竞争对手将如何反击我们的方案？

（4）竞争对手的弱点在什么地方？

认识竞争对手有很多意义。首先，公司必须判断自己正在和谁竞争，消费者心中有哪些品牌网络和品牌可以选择？明确了这些以后才能够对自己的产品有一个清晰的定位，从而在战略上制定可行的政策。例如，这种阿司匹林与其他品牌的阿司匹林相比有什么优势和劣势？

但要切记的是这种不同一定要是消费者心目中的不同。例如,同是化妆品,玉兰油保湿霜和大宝润肤霜可能在产品制作中并没有什么原料和加工过程的不同,但它们在消费者心目中明显有着不同的地位。消费者普遍认为玉兰油属于中高档女性使用的品牌,而大宝则为工薪阶层使用的品牌。正如同我们在前面的章节中论述到"定位"的理论一样,关于产品的定位实际上是产品在消费者心目中的定位,而并非产品本身的区别。了解这一点以后,营销传播者就应该知道对于竞争者来说并不是一味把握产品的质量和性能就足够了,在消费者中的宣传策略也同样重要。

奇瑞面对众多的竞争对手,非常明确自己的定位和优势。它没有一味追随高档豪华车的风格,而是将自己明确定位在低端轿车的层次上,将目标受众锁定为青年时尚男女。因此无论在外表还是配置上,奇瑞都别出心裁刻意满足年轻人的需要。高档车给人带来的是豪华、舒适的享受,但这种奢华的享受却并不适用于年轻工薪一族。因此,奇瑞汽车比起其他高档豪华轿车有自己的价位优势。

第四步:对竞争者的充分了解。在充分了解竞争者之后,竞争分析的结论应该能判断出哪个品牌在市场上最容易受影响、你的品牌最可能抢到哪家公司的生意以及哪些人是最有可能争取到的新客户等。这就要求产品要具有一个明显的"Sweet Spot",即我们前面所说的"关键点"——使客户最能够接受的一点。你已经了解了你的客户、产品和竞争对手,现在有没有一个关键的利益点可以诱使客户去买你的产品,而不是竞争对手的产品?例如,玉兰油多效呵护霜将自己在消费者心目中定位为"能一次对付7种岁月痕迹",这一特征独一无二并能使消费者相信它的价值。当消费者告诉你他们想要从品牌中得到某样东西时,他们所指的就是这种涉及利益的陈述或承诺。这种陈述具有方向性,而且绝对不是涉及好的传播信息用语。同样切记利益必须根据消费者的心理来决定,要保证这是消费者所需要的东西。

对于奇瑞来说,在寻找自己的"Sweet Spot"上,奇瑞品牌所显示的低价位能够成为它击败其他对手的关键。虽然它也具备时尚、靓丽等其他轿车所具有的优势,但在广大的奇瑞轿车购买者当中低价位仍然是吸引他们购买的一个关键因素。它的价格往往是其他轿车价格的 $1/10—1/5$,这使工薪阶层在购买时毫无后顾之忧,从而达到薄利多销的结果。

第五步:产品的营销传播有哪些有利之处?这包括产品或服务本身质量有哪些突出的地方?消费者能从什么渠道了解到产品或者服务的好处?营销传播又能用什么传播手段让人相信产品或者服务的好处等几个方面。

当营销经理想从消费者那里获得切实的利益,他们要如何找理由让消费者相信他们的品牌值得信赖以及承诺都会实现?例如,当宝洁公司宣传他们的玉兰油产品让人用了以后能使肌肤"像剥了壳的鸡蛋一样光滑",他们如何使消费者相信这一点并购买他们的产品?在这一环节中,仅靠大众传播并不能做到这一点,还必须把劝服性传播融入营销的每一个部分。劝服性的传播主要采用人际传播的手段,它的诀窍在于:要怎么说或者怎么做才最能让消费者相信产品的价值?该不该利用传统的宣传式信息?能不能利用退款保证的激励?是通过私人信件来传播还是通过一般的群发邮件来传播?

不管用哪种方法进行说服,每种方式使用的传播都必须有一致的目的,这样才能使结果明确有效。整合营销传播的基本理念就是:所有传播,包括价格、商标、识别记号、促销以及配销等,锁定的竞争性利益都应该是为了协助说服所选择的群体而创造的。一致性越高,影响力与说服力就越大。

将目标表述清楚以后,还要对消费者进行不断监控,这表现为一些产品的售后服务和对产品销售情况的监控。如果没有达到目标,显然应该检查或修订策略的内容和各种战术,要弄清楚问题是可能出在营销人员没有贴近消费者还是消费者没有正确地使用产品,等等。

在营销传播策略上,奇瑞也可谓独具匠心,花费一番苦功。奇瑞又名QQ,此命名突破了传统品牌名称的习惯,这与它时尚、价值、自我的品牌个性十分吻合。在品牌传播中,奇瑞针对目标群体提出引人注目的品牌语言:"青年人的第一辆车"、"秀我本色"等,流行时尚语言配合富有创意的广告形象,将追求自我、张扬个性的目标消费群体的心理感受描绘得淋漓尽致,与目标消费群体产生情感共鸣。形成市场互动,是奇瑞整合营销传播的一个突出特点。它以大型互动活动为主线,具体的活动包括QQ价格网络竞猜、QQ秀个性装饰大赛、QQ网络FLASH大赛等,针对不同目标群体和广大受众精心设计信息,从新闻发布会到传媒的评选活动,形成全国市场的互动,并营造了良好的营销氛围。在所有的营销传播活动中,网络大赛、动画和个性装饰大赛都让目标消费群体参与进来,在体验之中将品牌潜移默化融入消费群体的内心。

第六步:弄清消费者的品牌接触点,力图让有说服力的信息或者激励在最有效的接触点上打动客户。前文我们详细谈到过,消费者与品牌间有很多的接触点,但营销传播者并不知道在哪一个接触点上客户有可能被打动。也许是客户因为喜欢产品的包装而购买了该产品,也许是客户觉得销售人员态度非常可亲而购买产品,或者仅仅是由于他喜欢促销附带的另一产品?总之,传播战略应该通过客户的反馈调查来研究这些有可能使客户满意的接触点,将它们纳入传播策略计划中，从而为长远的战略传播奠定基础。

在这一方面，奇瑞也是颇费苦心。虽然采取了众多的营销策略，但最终能够打动消费者购买的还是在于它是一款有着超时髦外观和很便宜价格的车子。在汽车市场趋于理智和消费者趋于理性的时候，利益为先的人们不再那么重视品牌，更在乎实在的好东西。奇瑞在市场宣传的时候就是主要从这方面攻击人们已经动摇的意识。这是奇瑞有效地打动年轻消费者的关键。

第七步：对未来研究的计划和展望。这包括列举未来在进一步制定整合营销传播策略时所需要的研究类型，以及每一种类型的原因。每一个战略都应该以规划未来作为结束。在此次研究的基础之上，未来应该要从事什么研究才能建立更完美的战略？比如，是否要用一年的时间来研究消费者如何反应？他们有没有接受传播中的改变？他们是否相信产品的承诺？他们对产品的反馈如何？这些问题的答案都可以协助随后几年的战略修订。IMC战略要不断修订才会完备，因为消费者在不断改变。营销人员的传播、竞争对手的传播、新产品的出现以及大众生活方式的变化，都可能影响新的战略制定。

最后，有效的营销本质是要与消费者建立长期的联系。营销人员不能仅仅靠一两次的成功销售来建立信心，也不能因为消费者对本次产品服务感到满意就停止努力。只有与消费者以及潜在消费者一同建立彼此的信赖感、随时沟通、对话或者联系，才能一直处于成功的位置。简而言之，只有从开始到结束都以客户的观点出发，才能够说明已经形成了一个有效的整合营销传播战略。

总结自己的成功营销经验，奇瑞也形成了一套自己的营销传播策略。它在一开始就把忠诚度营销作为自己的追求，努力通过产品传播一种快乐的族群文化。为了建立品牌忠诚度，奇瑞自从上市开始就开展了两个层面的工作：核心价值的确立与附加价值的塑造。它不断地研发与改型，使QQ成为微型轿车的标杆，确立了"时尚实用"的核心价值；又通过系列文化活动宣传"快乐、积极"的品牌内涵，使奇瑞车主的生活形态变成文化现象。在这样的文化基础上形成了目前的"QQ族群文化"，建立了品牌忠诚度。其次，奇瑞也擅长通过产品接触和消费者体验强化品牌价值。它选择产品造型为突破口，利用靓丽的外表引起消费者的关注和爱好。另外，它广泛利用报纸、电视、网络、户外、杂志、活动等多种媒体来多元化、多角度的宣传，这种品牌的宣传途径也是值得推广的。奇瑞品牌在以上三个方面摸索出了自己的经验，在将来的品牌打造中也必将能够沿袭成功道路、弥补不足和与时俱进，不断探索出前进的道路。

到目前为止，整个传播策略规划就完成了。与传统的 SWOT 分析和其他战略战术分析相比较以后，我们发现以上的"传播策略发展表"事实上也是战略和战术的融合，它不仅对产品的优势、劣势、机遇、挑战进行系统的分析，也力求对消费者和潜在消费者的情况作细致的了解，并对传播渠道进行探讨规划。因此，"传播策略发展表"在本质上与战略战术分析有着共通之处，只不过显得更为简洁和流畅一些。另外，在"传播策略发展表"中提到了对"品牌接触点"的分析，这是在以前的战略战术规划中不曾强调的。整合营销传播的过程要注重任何一个可能和消费者产生联系的点，这是营销传播者发现的越来越重要的事实。总的来说，无论形式上怎样改变，一个完整的销售计划总是需要包括对产品的理解、对消费者的认知、对销售渠道的组织运用和对周边环境的熟悉等要素，因此在制定营销传播策略计划时应该充分考虑到这些因素，才能够有的放矢、对症下药，将营销传播处理到位。

思 考 题

1. 在建立信息渠道方面有哪些步骤？各自的具体流程是什么？
2. 在规划营销传播内容方面有哪些步骤？各自的具体流程是什么？

第八章　评估客户投资回报率

这是五大步骤中的第四步,也是非常关键的一步。审核营销传播的投资回报是评价营销传播成功与否的关键,也是判断下一步该采取何种营销措施的基础。同时,这一部分内容也是五大步骤区别于其他营销传播流程理论的关键内容。

第一节　传统营销传播效果评估

在传统的营销传播中,评估营销传播的回报是以客户的态度改变与否来衡量的。在很长一段时间里,因为找不出更好的衡量办法,人们普遍认为客户的态度是能够影响客户购买率的唯一因素。前文我们简单介绍了态度测量法,这里再来详细介绍一下这种传统的态度测量法是如何实现的。

1961年,两种主要的方法率先问世。第一种是由罗伯特·拉维基(Robert Lavidge)与盖瑞·史坦纳(Gary Steiner)提出的"效果等级法"。该模型认为:个人在达成购买决定之前,会先经过一连串的态度阶段。接触广告信息会把他们从认知一路带往最终的购买行为。该模式还假设,营销传播是促成这种行为的工具。因此,客户或潜在客户接触越多的信息就能越快地做出一系列的行动,最终促使他们购买营销人员的产品或者服务。

第二种方法是由美国国家广告商协会的营销顾问拉塞尔·柯利(Russell Colley)提出的"叠码模型"(DAGMAR)。柯利认为广告的成败与否应视它能否有效地把想要传达的信息与态度在正确的时候花费正确的成本、传达给正确的人。为此他在著名的《为衡量广告效果而确定广告目标》一书中提出"为度量结果而确定广告目标"的方法(Defining Advertising Goals for Measured Advertising Results)。我们称其为叠码模型(DAGMAR 模式)。其广告效果模式如图 8-1 所示。

图 8-1　叠码模式示意图

知名(Awareness)：潜在顾客首先一定要对某品牌或公司的存在"知名"。

理解(Comprehension)：潜在顾客一定要了解这个品牌或企业的存在，以及这个产品能为他做什么。

信服(Conviction)：潜在顾客一定要达到一心理倾向并信服想去购买这种产品。

行动（Action）：潜在顾客在了解、信服的基础上经过最后的激励产生购买行为。

我们可以看到叠码模型与效果等级法非常类似，都显示了从对广告的认知到产生购买行动的过程。这两个模型所依据的观念都是：**消费者或潜在消费者在购买某种产品或服务以前，会先经历某种可以衡量的、结构性与线性的"态度改变过程"**。它们都假设态度的改变会导致行为的改变。效果等级法和叠码模型都认为广告或营销传播的作用是在消费者的学习过程中逐渐改变消费者意识与态度。换言之，广告被认为是在告知或说明，以便让客户认识到营销人员传达的信息。这两种模型还假设，广告若是有效，也就是要使消费者的行为产生改变，就必须多出现几次。

在这两种理论的基础之上产生了广告相应的"S"曲线理论，该理论成为研究态度转变的重要理论，很多学者将之看作广告效果研究的基础。如图 8-2：横轴是广告播放的次数，纵轴是消费者对于广告的回应。S 曲线理论认为，前一两次广告播放对消费者没有什么作用，但第三次出现时广告信息就可以被知晓，广告的影响力也会显现。而从这个时候起消费者的态度就会有所改变，逐渐从不关注产品转向关注产品直至购买产品。广告媒体的规划和采购大部分都是以 S 曲线假设为依据，而 S 曲线又以效果等级和叠码模型为基础。

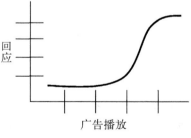

图 8-2 广告相应的 S 曲线

对于这一 S 曲线的印证，一些学者进行了调查和分析。美国学者约翰·保罗·琼斯和欧文·艾弗朗通过对现有的资料进行重新分析后发现，广告的作用可能以不同方式发生。除了传统上被认为具有强化品牌的长期价值外，广告还可能有立竿见影的效果。琼斯和艾弗朗的研究表示，广告效果取决于"最近购买时间"。也就是说，从影响消费者行为的角度来说，广告经常具有短期的效果，这一点与效果等级模型的概念相一致。因此他们便提出了以 S 曲线为基础的最近购买时间模型。该模型认为：当消费者在前一周目睹或有机会看到某个品牌的电视广告后,他购买这个品牌的几率比没有看过这则广告的人高得多。换句话说,就实际产生的销售量来说,近期性或者在比较接近购买点的时间播出广告,可能和播放广告的频率一样重要或更重要。

另一个相关的理论是西蒙·布劳得本特(Simon Broadbent)提出的,他是价值导向型整合营销传播规划与评估的先驱。他认为广告评估观念不只是看广告播放或者"收视机会",其目的应该是评估广告的长期效果。由此他提出了"广告积累效果评估"的说法,其定义是客户和潜在客户对品牌长期建立的良好感觉、态度和经验的总和。他认为,对于客户会不会继续购买某个品牌或成为该品牌的拥护者,广告积累效果有很大的影响。营销人员只要看到品牌的广告积累效果,就可以知道广告与其他各种营销传播对购买行为的长期影响。随着时间的推移广告积累效果会逐步衰减,原因可能是消费者想不起来、接触到竞争对手的产品与广告、或者是环境的影响。因此,营销传播的目标应该是维持广告积累效果或是客户对产品的良好感觉,使品牌在未来选购时能继续受到消费者的青睐。布劳德本特也认为,广告自身有着不同的效果,有的可能在短期内带来立即的销售量,有的则会被储存起来并逐渐产生效果。

他的广告积累效果评估的观点相比较起前人的观点前进了一大步,因为他已经提出了要注重广告的长期效果。但是他仍然是把重点放在播放广告所引起的态度转变上,并没有从客户购买行为的角度来评估,这仍然是传统营销传播效果研究的局限所在。

第二节　整合营销传播效果评估的原理与方法

整合营销传播与传统营销传播的最大不同,在于对传播效果的评估上。在这一节中,我们介绍一种与传统营销传播的"态度评估"完全不同的方法,即采用客户投资回报率来评估营销传播的实际效果,也就是从顾客的行为角度来评估的方法。

这种方法与传统营销传播的态度评估根本不同之处在于:首先,营销人员可以分别针对数据库中所储存的信息挑选他认为最好的潜在客户。接着,营销人员可以先判断出客户对于品牌的价值,以形成某种明智的投资决定。这样一来,营销人员就可以计算出针对所选的个人采用某种传播计划,或者叫做挑选某一种传播渠道。一旦知道传播成本与产品利润,对传递与服务的要求进行评估后,即可判断出传播的投资回报率。在这种情况下,营销人员可以把支出与回报直接联系起来,并且将所得到的回报进行量化。虽然还是存在一些未知的因素,如不受营销人员控制的竞争信息、经济变化,以及会使评估过程变得复杂的类似条件等。但是从总体上来说,投资与回报的循环总是能够形成。

同样重要的是,若客户对于品牌的这种短期回报率可以与客户长期的购买行为联系起来,营销人员便可利用这些模式对目前的客户的终身价值作出判断,同时还能够提出一系列可以预测这些未来回报的假设与模式。"客户终身价值"(Lifetime Customer Value, LTV)的算法就是这样发展而来的。这种客户终身价值的评估对一个公司也有非常大的作用。

这种获得客户短期回报和终身价值的计算方法在营销传播中是一个全新的领域,但它一问世即引起了众多学者的关注,它的问世可以说填补了广告及营销传播效果测量的空白,它为营销传播的效果提出了一整套量化的、科学的操作方法。有关 ROCI(Return of Customer Investment)的研究成为营销传播中研究的热点话题,在《整合营销传播》(*Journal of Integrated Marketing Communications*)、《国际广告》(*Journal of International Advertising*)等一些学术期刊上陆续开始有学者对它进行研究。例如美国学者马琳·本德(Marlene Bender)和阿特·赞比安奇(Art Zambianchi)于 2006 年在"整合营销传播"(*Journal of Integrated Marketing Communications*)上发表的对 Dell 公司的整合营销传播效果测量 "The Reality of ROI"一文就可以看做是这项研究成果的典范。

在介绍这一方法之前,我们需要首先来熟悉一些关键的财务概念,因为它们都是在计算客户投资回报率中所必须要用到的概念。

1. 短期客户投资回报率与长期客户投资回报率

根据顾客回应可望出现的时间,可以将客户投资的回报分为短期和长期两种。短期回报主要是指在本财务年度内创收的"业务拓展"活动;长期回报则是指"打造品牌"活动在超过某一财务期间和财务年度后所逐渐增加的回报,通常指的是三年以上的回报。为了带来短期回报,企业可进行一些见效快的营销传播活动,例如进行一些促销等,但为获得长期回报则需要进行一些长久的方案,例如强化品牌信息等,其目的是为了提高客户留住率和忠诚度。长期的品牌信息会着重在品牌持久的品质上,并强调它的可信赖感、可靠度或品质。它的首要任务不是吸引新客户,而是从现有的客户群中培养出忠诚的用户。这些长期的信息与激励结合在一起能对品牌的资产价值产生影响。

2. 现金流与股东价值

在现今的全球经济中,大部分组织的运作都是以两个主要价值为基础:

(1)增加或稳固公司的现金流,以提供维持固定运营的资源并保持灵活性,如此才能迅速轻松地适应市场的变化。(2)增加或改善股东价值,希望借此提高投资人的兴趣,并扩大资金来源。一般来说,只要这两个方面能具其一,营销传播就可以认为是成功的。具体来说,营销传播人员所从事的营销传播投资必须设法实现下面四种价值。

增加现金流。设法赢取可以带来新现金流的新客户,或者是提高现有客户的回报率。

加速现金流。由于公司的运作大部分都是以某种"净现值"为基础,即公司目前所持有的钱比未来所拿到的钱更有价值,因此营销传播必须加速获取客户的现金流。

稳定现金流。对任何组织来说,这都是一大挑战。只要有稳定的现金流,就可以减少借贷,使计划更具战略性。稳定现金流的一个方式是提高客户的忠诚度与持续性。

建立或提高股东价值。过去股东价值的增长都是来自公司拥有或控制的珍贵的有形资产,但随着公司转变为无形的经济体,并因此强调现金流与短期收入时,营销传播建立股东价值的重要性便有增无减。要创造这些价值的方法是让财务分析师与投资界觉得组织的价值远不止于此;另一个方法是建立品牌与其他无形资产的形象,使别人觉得它们的价值胜于以往。

3. 营销传播的投资与公司有限资源

所有组织的资源都是有限的,而且各种形式的营销传播购买和分配都会使用这些有限的资源。没有花在营销传播上的资金可以分配给其他活动,用来支付股利、或是提高利润、美化资产负债表。因此,公司对于营销传播计划的投资,必须视为和其他任何有限资源一样,而且必须带给组织一些回报。同时,营销传播者也必须知道组织的资源有限,必须和其他投资一样有所计划,对于预期的回报也要有概念。

4. 时间误差

营销传播活动与公司的财务系统不一样。几乎所有的组织运营都以财务年度为基础,财务约定和合同可能横跨好几个财务区间。例如广告时间或者版面可能是在当年的秋季订购,但这些广告时间或者版面要等到下一年的春季才使用或者付款,而且可能会跨两个财务年度。由于传播的花费发生在某段期间,但成效却要到下一阶段才会显现,因此传播变得难以评估,长期投资更是如此。但从财务的角度来看,营销传播必须遵循这个规律。因此,整合营销传播有一个简单的做法即设定财务期间架构,然后以传播投资与回报来迁就组织运作时所采用的会计与财务标准。这样做虽然简单,但营销传播计划的影响与效果也会打折扣。

5. 净现值

计算净现值已经成为组织的运营与衡量公司价值非常重要的因素。由于组织开始将现金流或金钱的净流出当作重点,因此公司的管理阶层的重点也在发生偏移。过去评价公司的基础是有形资产,也就是它所拥有的、可以出售或者具有市场价值的实体对象或因素;如今的重点显然是公司有多少流动现金可以用于运营。

由于现金流的储存会经历市场风险和通货膨胀等,因此管理决策通常认为目前握有的现金比未来的现金更为值钱。对于计算未来的现金流情况,组织通常采用"现金流折现"的方法来计算现有的金钱在未来能有多少价值。计算现金流折现成为整合营销传播方法的重要因素。具体如何折现在以后的章节中会详细论述。

6. 边际收益/增量回报

营销传播计划必须为组织带来回报,而且在理想的情况下这笔回报会高于成本。虽然在某些情况下组织愿意投资营销传播计划以期望未来可得的回报,但整合营销传播通常至少必须达到收支平衡,以使得管理高层认为它是可行的投资。因此,在整合营销传播方法中,营销传播所带来的回报必须高于成本,而且一定是在短期内其回报高于成本。

7. 品牌资产与品牌投资

整合营销传播流程有一个关键因素,就是公司所拥有的品牌是它最珍贵的资产。不过在往常,品牌通常不被当作公司的资产来管理,相反,它们往往被当成短期投资,并希望能立即带来回报。在现在的整合营销传播中,品牌价值是逐步建立的,品牌回报需要长期积累,品牌的营销传播计划也必须获得理解,并根据长期的投资回报率来评估。

第三节　评估短期客户投资回报率

这一节将讨论计算客户投资回报率的基本方法。在这一部分中,我们引用唐·伊·舒尔茨在他的《IMC——创造企业价值的五大关键步骤》中所提出的框架以及案例原型来加以解释和分析,因为在现实中笔者并未找到比这一案例更为完整典型的案例。按照唐·伊·舒尔茨的思路,我们先提出一个可以适用于任何类型组织的框架,再以详细的案例来证明这个方法,从而说明营销传播管理者在评估整合营销传播计划可能带来回报时所采取的实际步骤。

一、对拓展业务中营销传播投资的边际分析

整合营销传播提供了**边际分析系统**来评估营销传播计划。这套系统的原理是：将短期或者成效客观的营销传播投资作为组织的"变量成本"，而不像以往仅仅是作为固定费用。这样，用销售所获得的利润减去"变量成本"，就可以得到营销传播所获得的利润。

这种计算变量成本的好处在于：假如营销人员可以决定客户或潜在客户的经济价值，他们就能决定应该对这些个人或群体投资的数额。在第二大步骤中我们曾经提到过，客户价值必须根据边际贡献来计算，看客户带给组织多少收入流。如果我们调整一下贡献数字，除去所有成本与其他费用，使边际贡献率的数字只包含营销传播的费用与利润，那么投资的回报就可以迅速、简单地被确定。目前，很多美国公司通过作业成本法（Activity-Based Costing Methodologies）来计算投资回报。在这种方法中，贡献数字只包含营销传播的成本与利润，没有用在营销传播上的金额变成了利润，没有被用掉的利润则可以用在营销传播上。所以，基于财务的目的，营销传播便被调整为组织的变量成本（这在以后的例子中会说明）。

我们来看看整合营销传播和传统营销的预算与分配流程在看待拓展业务的营销传播投资与回报时的区别。下表列出了一项简单的日常消耗品的支出项目预算，其中的广告和促销都被列为固定项目费用。这项产品的预算是以组织的预算模式为基础的。在这个例子中，该产品预算占到销货总额的6%，再加上10%的固定通货膨胀系数，因此，这些功能性营销传播活动也要分别比前一年增加这么多预算。只要利用年度财务预算电子表格，营销传播管理者就可以分配来年的营销与传播计划，但要牢记高层管理者在预算过程中所设下的限制。

表 8-1　日常消耗品的支出项目预算① （单位：美元）

	1995年（百万）	1996年（百万）	1997年（估计百万）
总销售额	1 750.00	1 897.00	2 108.00
销售数量	500	550	620
单位价格	3.50	3.45	3.40

---

① 资料来源：唐·伊·舒尔茨：《IMC——创造企业价值的五大关键步骤》，中国财政经济出版社2005年版，第170页。

续表

	1995年（百万）	1996年（百万）	1997年（估计百万）
管理费用	170.00	166.60	163.27
广告及促销费用	105.00	115.00	127.05
占总销售额比例	6%	6%	6%
固定费用成本	275.00	282.10	290.32
税前毛利与销货成本	1 475.00	1 615.40	1 817.68
销货成本	525.00	550.28	590.24
税前毛利	950.00	1 065.13	1 227.44

在这个表中，我们发现上面并没有功能性传播预算项目，因为所有的营销传播计划在预算表上都被归为可变生产成本。既然费用被归为生产成本，那么营销传播管理者唯一的任务就是针对每个客户群体制定自身的收入流目标。如此，所有的营销传播投资都会被记为生产费用的一部分。

表8-2 拓展营销传播后的业务[①]　　　　　　　　（单位：美元）

	1995年（百万）	1996年（百万）	1997年（估计百万）
总销售额	1 750.00	1 897.50	2 018.00
销售数量	500	550	620
单位价格	3.50	3.45	3.40
管理费用	170.00	166.60	163.27
固定费用总额	170.00	166.60	163.27
税前毛利、销货成本与营销传播费用	1 580.00	1 730.90	1 944.73
占总销售额比例	90%	91%	92%
销货成本	525.00	550.28	590.24
税前毛利	950.00	1 065.13	1 227.44
营销传播费用	105.00	115.50	127.05
占总销售额比例	6%	6%	6%

从这两个表的对比中可以看出，拓展营销传播业务的投资方法是基本的经济边际分析的一种形式。通过这种边际分析，组织在理论上可以针对客户

---

① 资料来源：唐·伊·舒尔茨：《IMC——创造企业价值的五大关键步骤》，中国财政经济出版社2005年版，第170页。

或潜在客户群体投入无限的营销传播资金,只要回报的收入流不低于支出即可,因为营销传播被当成了可变生产成本。

二、运用增量收益法来评估营销传播计划所带来的实际回报①

专为规划整合营销传播所提出的客户投资回报率衡量系统有一个前提,就是所有的拓展业务营销传播计划都会增加组织的回报。规划人员必须事先估计或说明营销传播计划可望或预期应该带来的额外营业收入。因为所有的组织都离不开现有客户所带来的或者潜在客户可望带来的收入流。因此,额外投资营销传播应该可以扩大或者保护这些营业收入来源,以带来更多的现金流量,并希望借此提高获利。

这种增量营业收入的方法有可能成立,因为有些客户收入流或客户群体价值的衡量指标在执行营销传播计划前就可以知道。因此,增量营业收入的方法的目标是在计算累计财务回报,而不是决定传统预算中的总营业额或利润。除此之外,累计收益的方法同样适用于留住客户的策略。营销人员可以估计保住客户收入流的开支,然后根据开支来决定投资额度与客户投资回报率。同样,营销传播管理者也可以评估或计算吸引新客户的成本,在购买之前这些客户为组织所带来的起始收入流是零。因此,无论是对哪一种客户的营销策略,在此提出的流程对其中大部分都一样有效。

这一方法中还有一点需要说明的是:它是以客户或者潜在客户群体或者个人为对象的。如果规划人员可以估计或计算出每位客户的回报,对于大部分组织来说固然是非常理想的状况,但是大多数情况下不太可行。因此我们操作的重点是客户群体,而不是单个的客户。

我们列一详细的表格来说明这个流程的运作过程。这一表格以标准化的方式列出了典型的客户投资回报率分析电子表格。

表 8-3 客户投资回报率分析的组成要素

类别需求假设	
1. 估计类别需求	历史资料/估计
基本收入流假设	
2. 基本需求占有率	历史资料/估计
3. 基本收入流	行1×行2=营运估计
4. 非传播成本(生产成本、固定成本、一般与管理费用等)	

---

① 以下实例均来自唐·伊·舒尔茨的《IMC——创造企业价值的五大关键步骤》一书。

第八章 评估客户投资回报率

	续 表
基本收入流假设	
5. 边际贡献率(%)	100%－行4＝
6. 边际贡献(美元)	
假设情况A：无传播投资	
7. 需求占有率的变化	估计
8. 所得到的需求占有率	行2＋(行7×行2)＝
9. 所得到的客户收入流	行8×行1＝
10. 扣除非传播成本(生产成本、固定成本、一般管理费用等)	－(行9×行4)＝
11. 扣除营销传播成本	$0
12. 净贡献	行9＋(行10＋行11)＝
假设情况B：有传播投资	
13. 营销传播活动	估计
14. 营销传播总投资	从13A到M的各行
15. 需求占有率的变化	估计
16. 得到的需求占有率	行2＋(行15×行12)＝
17. 得到的客户收入流	行16×行1＝
18. 扣除非传播成本(生产成本、固定成本、一般与管理费用)	－(行18×行4)
19. 扣除营销传播成本	－行14
20. 净贡献	行18＋(行19＋行20)
计算客户投资回报率	
21. 增量收益/亏损与"无传播投资"对比的假设情况	行20－行12
22. 增量客户投资回报率	行22/行14＝

资料来源：唐·伊·舒尔茨，杰弗利·瓦特：《测量品牌传播投资回报率》，转引自唐·舒尔茨《IMC—创造企业价值的五大关键步骤》，中国财政经济出版社2005年版。有改动。

在最上方的标题栏中，按照客户的行为对客户进行分类。这些客户群体可大可小、可多可少，一切视所评估或计算的市场需求而定。对于每个客户群体，营销传播管理者都要订立在衡量期间计划所要达到的行为目标，如赢取新客户、留住老客户、扩大业务占有率、通过各种产品组合转移客户，或者摆脱花费多、利润低的客户等。要注意的是，有时候营销人员想要摆脱花费多、利润低的客户。

该表格包括五个部分：类别需求假设、基本收入流假设、无传播投资、有传播投资、计算客户投资回报率。

类别需求假设

这部分是决定客户对于产品类别的总体需求，它涵盖所有卖方(要注意的是，如果组织是经过销售渠道来销售，这个数字就要根据工厂方面的销售量来估计)。其中包括：

第1行：估计类别需求。这是以历史或"假定推测"客户购买行为资料为基础分析得到的，它以金额而非单位、载货量货其他非财务的衡量标准来表示。

基本收入流假设

根据品牌客户占有率的需求以及品牌成本动态提出基本的假设，然后根据不同传播开支额度，再将这些系数应用在各种假设情况选项中。

第2行：基本需求占有率：是指以历史数据或"假设推定"分析的假设情况数据为基础得出的营销人员的品牌目前在用户的总类别需求中所占的比例。

第3行：基本收入流。将客户的总类别需求乘以该需求在营销人员品牌中的百分比。这是指客户群体带给品牌的现金收入流。

第4行：非传播成本。这一行是指除了营销传播成本外，经营公司时所有的固定成本与变动成本。为了简化起见，它以收入流的百分比表示。

第5行：边际贡献率(％)。以100％减去第4行中来说明非营销传播成本百分比。

第6行：边际贡献(美元)。以金额来表示对品牌的边际贡献，它是由第3行乘上第5行所得到。

假设情况A：无传播投资

这一部分建立了利润率的基线。如果品牌没有进一步的传播投资，它在分析期间可以从每个客户群体身上得到多少利润？当然，有时候没有进行任何形式的营销传播，品牌仍然会保持一定的客户量。不过需求、占有率或需要等都会有一些变化。该表格的这个部分针对可能的影响提出了假设，这样一来，根据前一个部分所得到的系数重新推算品牌的收入流、成本和净贡献。

第7行：需求占有率的变化。假如没有营销传播投资，品牌的需求占有率在这段期间的估计变化。在大部分情况下，这个结果都是负数，比如需求占有率减少了15％。

对很多组织来说，主要的问题在于要如何才能正确估计客户或潜在客户的需求变化。历史资料丰富的公司可以从过去的经验来推断，或者依靠管理者本身的专业判断以及从经验中得到的见解。还有一些公司只能采用市场测试的方法。

第 8 行：所得到的需求占有率。根据第 7 行所列的系数增减来调整第 2 行的初始需求占有率。举例来说，假如品牌的初始需求占有率是 50%，但经理人觉得要是没有传播的支持，这个品牌占有率就会减少 25%，那么所得到的需求占有率就是 $0.50+(-0.25\times 0.50)=37.5\%$。

第 9 行：所得到的客户收入流。将第 8 行中调整过的需求占有率乘上第 1 行的客户总类别需求。这一行是指假如没有营销传播支出，品牌在那段时间的收入流会产生的情况。

第 10 行：扣除非传播成本。将第 4 行（涵盖所有非传播成本及利润的百分比）乘上第 9 行中调整过的收入估计值。

第 11 行：扣除营销传播成本。在这个假设中，这一行是 0 美元，因为这段分析期间不会有营销传播费用。

第 12 行：净贡献。将第 9 行所估计的收入流减掉第 10 行和第 11 行的相关成本以后所得到的结果。根据这个数字就可以估计出，如果投资整合营销传播计划（如下列的假设情况 B 所示），公司可以获得多少增量收益。

假设情况 B：有传播投资

这一步是估计假如执行所规划的传播计划，每个客户群体价值的变化。

第 13 行：营销传播活动。只要是组织打算对特定客户或潜在客户群体执行的营销传播计划，一切可以分辨的费用都包括在内。

第 14 行：营销传播总投资。公司对整合营销传播计划的总投资，如第 13 行内的各个项目所示。

第 15 行：需求占有率的变化。这一行是在估计整个传播计划可望使品牌的需求占有率增加或减少的比例。

第 16 行、17 行、18 行分别为重新计算修订后的需求占有率、客户收入流与扣除非传播成本。

第 19 行：扣除营销传播成本。这个数字相当于第 14 行的总整合营销传播投资数字。它同样是负数，所以可以从非营销传播成本与收入流中扣掉。

第 20 行：净贡献。扣除了所有的传播和非传播支出后所得到的净收入。

计算客户投资回报率

第 21 行：增量收益/亏损与"无传播投资"对比的假设情况。比较第 12 行与第 21 行这两个净贡献的估计值。要注意的是，它们都是有整合营销传播计划对品牌所造成的增量收益（或亏损）或没有整合营销传播计划对品牌所造成的累积收益(或亏损)。

第22行：增量客户投资回报率。这个比率得自总增量收益亏损(第22行)除以第14行的投资。

下面,我们举例来说明增量客户投资回报率是怎样得到的。

表8-4　以增量收益法来计算营销传播回报的实例

归类客户群体	忠实客户	不固定品牌客户	新的或新兴客户	问题客户	客户群体总和
行为目标	维系	扩大占有率	吸引	放弃	
类别需求假设					
1. 估计的类别需要收入流的基本假设	$1 000	$1 000	$1 000	$1 000	$4 000
2. 基本需求占有率	75.0%	40.0%	10.0%	15.0%	35%
3. 基本收入流	$750.00	$400.00	$100.00	$150.00	$1 400.00
4. 非传播成本	75.0%	80.0%	80.0%	90.0%	78.4%
5. 总边际贡献率	25.0%	20.0%	20.0%	10.0%	21.6%
6. 总边际贡献	$187.5	$80.00	$20.00	$15.00	$302.50
假设情况A：无传播投资					
7. 需求占有率的变化	−20.0%	−25.0%	−30.0%	−20.0%	−22.1%
8. 所得到的需求占有率	60.0%	30.0%	7.0%	12.0%	27.3%
9. 所得到的客户收入流	$600.00	$300.00	$70.00	$120.00	$1 090.00
10. 扣除非传播成本	−$450.00	−$240.00	−$56.00	−$108.00	−$854.00
11. 扣除营销传播成本	$0.00	$0.00	$0.00	$0.00	$0.00
12. 净贡献	$150.00	$60.00	$14.00	$12.00	$236.00
假设情况B：品牌传播投资					
13. 电视广告	$0.00	$5.00	$4.00	$0.00	$9.00
14. 电台广告	$0.00	$2.00	$2.00	$0.00	$4.00
15. 消费性杂志	$0.00	$3.00	$2.00	$0.00	$5.00
16. 直接邮件	$4.00	$1.00	$2.00	$0.00	$7.00
17. 促销	$0.00	$5.00	$3.00	$1.00	$9.00
18. 公关	$2.00	$2.00	$2.00	$1.00	$9.00

续　表

归类客户群体	忠实客户	不固定品牌客户	新的或新兴客户	问题客户	客户群体总和
19. 特殊事件或赞助	$2.00	$2.00	$2.00	$1.00	$9.00
20. 传统媒介	$4.00	$0.00	$0.00	$0.00	$4.00
21. 改善客户服务	$2.00	$0.00	$0.00	$1.00	$1.00
22. 品牌传播投资总额	$14.00	$20.00	$17.00	$4.00	$55.00
23. 需求占有率的变化	0.0%	10.0%	40.0%	3.0%	6.0%
24. 得到的需求占有率	75.0%	44.0%	14.0%	15.5%	37.1%
25. 得到的客户收入流	$750.00	$440.00	$140.00	$154.50	$1 484.50
26. 扣除非传播成本	−$562.50	−$352.20	−$112.00	−$139.05	−$1 165.55
27. 扣除品牌传播成本	−$14.00	−$20.00	−$17.00	−$4.00	−$55.00
28. 净贡献	$173.00	$68.00	$11.00	$11.45	$263.95
计算客户投资回报率					
29. 假设情况 A 的净贡献	$150.00	$60.00	$14.00	$12.00	$236.00
30. 假设情况 B 的净贡献	$173.00	$68.00	$11.00	$11.45	$263.95
31. 增量收益/亏损与"无传播投资"对比的假设情况	$23.00	$8.00	−$3.00	−$0.55	$27.95
32. 增量客户投资回报率	23/14	8/20	−3/17	0.55/4	27.95/55

在上面的表格 8-4 中,产品指的是某个消费品牌,它是通过零售商来销售的。一年当中,家庭用户通常购买 3—4 次,市场渗透率很高。这类产品没有什么品牌忠诚度可言,所以相互竞争的品牌通常会大举降价或打折促销。在这种情况下,类别中自然充斥着经常变换的现象。

就这个例子来说,它根据客户和品牌的关系将客户分为四个群体。第一个客户群体是忠实客户,这些长期客户大部分都是买这个品牌。根据以前的分析显示,这群人的需求不会大幅增长,但是品牌必须维持这些客户所带来的可观收入流。因此,营销传播管理者的目标就是要使这些客户的收入流保持和过去同样的水平。

第二个客户群体是轮流使用各种品牌的客户。这些人经常轮流使用相互竞争的品牌。虽然这类客户偶尔会购买公司的产品,但通常发生在促销期间。营销传播管理者认为他们可以靠营销传播活动强化与这些客户的关系。

第三个客户群体是新兴客户。这个群体有望迅速扩张,而且即使营销人员的品牌目前在这群人中只占一部分市场份额,但营销人员的目标还是要在当前与未来争取更多的收入流。

第四个客户群体被称为问题客户群体。在某些情况下,这些客户只会给营销人员的品牌带来很少的份额,有时候他们对这个类别的需求普遍偏低;有时候他们还会要求一大堆服务和支持。因此留住他们需要很高的客户服务成本,进而压低营销人员的产品利润。这使得营销人员希望公司减少对这群人的营销传播投资,甚至还可能放弃其中某些客户。但是营销人员不可以赶走这些客户,因为这会破坏公司的声誉,进而影响到其他比较有价值的客户。

为了更好地说明这一表格,每群客户的预计类别需求在特定期间被有意设定为相同的价位(1 000美元)。此外,为了配合这个例子,这项分析所引用的实际数据都已经被调查过。

当完整的类别需求建立后,下一步就是要决定每个客户群体对品牌的基本价值。第2行详细列了品牌对于各个客户群体的基本需求占有率。在这个例子中,营销人员有75%的收入流是来自忠实客户在这个类别已经花费或者将要花费的金额,所以基本收入流(第三行)是750美元。轮流使用各种品牌的客户将40%的业务给了这个品牌,所以营销人员得到了400美元。新兴客户所提供的收入流是10%,相当于100美元。问题客户的收入流是15%,所以金额是150美元。

接着,第4行估计了除去营销传播成本以外的所有成本。这是对所有的固定与可变成本进行的分配,比如制造与分销产品、员工薪水、管理费用等。一般来说,不同的客户群体在成本方面都会有一些固定的差异。例如,新客户所耗费的管理费用比较高,因为设计开户和稽查信用等。另一方面,服务老客户往往最容易也最有效率,因为他们了解产品,也不需要营销人员太费心。在这个例子中,75%的总计客户收入流才能涵盖忠实客户的所有非传播成本需求。不固定品牌客户和新兴客户的流失率比较高,所以管理费用也较高。而问题客户需要大量的客户服务与支持,促销与维系成本往往也很高,所以这个客户群体的成本系数是90%。

将这些成本系数从基本收入流中减去,就可以得到各个客户群体的边际贡献百分比(第5行)。它的算法是以100%减去第4行中各个百分比系数,第6行则是以金额来表示总边际贡献。在这个例子中,边际贡献分别为忠实客户的187.50美元、不固定品牌客户的80美元、新兴客户群体的20美元和问题客户群体的15美元。

分析完客户的价值以后,接着是理清营销传播计划所能创造的增量价值。它的方法是先评估:假如没有营销传播投资,品牌的收入流会受到什么影响。接着再用这些结果与营销人员制定并执行各种营销传播计划预期产生的结果相比较,最后得到的结果往往出人意料。

首先我们在第7行到第12行建立"无传播投资"的假设情况。方法是评估或计算假如把所有的营销传播计划撤销一段时间,品牌的客户需求占有率会下降多少。由于我们列举的例子是竞争性的品牌,因此客户的忠诚度比较低。营销传播管理者在第7行的评估为:假如没有对这些群体投资促销,品牌对忠实客户的需求占有率会下跌20%;在不固定品牌客户中下跌25%和30%;假如没有营销传播活动,对问题客户群体的需求占有率都会下降20%。不过,根据经验,营销人员的品牌所拥有的需求占有率通常会因为缺乏一些营销传播支持而下跌,但客户购买该类产品的速度可能会保持不变。

第8行到第12行旨在重新计算净贡献的所有形成条件,因为净贡献对品牌十分重要。由于忠实客户的需求占有率下跌了20%,因此所得到的需求占有率便从75%降为60%。将它乘上1 000美元的基本类别需求后,公司品牌的收入流就是600美元。其中包括450美元的生产、管理与其他非传播成本。因此这群人所产生的净贡献是150美元,低于第6行的基线187.50美元。

同样,不固定品牌客户的需求占有率也下跌了25%。这表示占有率调整了30%,收入流也因此变成了300美元。其中有80%(240美元)属于非传播支出,所以这群人的净贡献是60美元。

对于新兴客户群来说,由于他们对产品的选择缺乏经验,需要尝试各种产品。如果没有强大的传播计划,他们的需求占有率会减少30%,最后只剩下7%的需求占有率与70美元的收入流。扣除分配成本56美元后,这群人对营销人员品牌的净贡献是14美元。

最后,假如撤销营销传播计划,对于问题客户群体来说需求占有率会减少20%。这些客户调整后的需求占有率是12%,所产生的收入流是120美元。扣掉分配的传播成本108美元后,所得到的净贡献是12美元。

营销人员可以将各组所显示的净贡献收入流作为基础,来衡量品牌的整合营销传播计划所产生的增量收益或亏损。

接下来我们进入第二种情况,即对各种客户群体进行一种或者多种营销传播活动的情况。在这个例子中,营销传播活动一共有九种,如第13行到21

行所示。其中有些是针对各个客户群体,但信息、激励和传递系统可能不同。在某些计划中,所使用的传播元素只有一两种。

营销传播者在进行分析时,必须先确定各项营销传播活动的成本。重要的不是各种传播方式的投资总额,而是确定应该分配给个别客户群体的金额。针对各种不同的客户群体制定不同的营销传播措施。例如在电视、广播和消费杂志上所推出的广告活动是为了吸引新客户,而针对忠实客户会采用直接邮件和公关等措施等。

第22行针对各个客户群体的总传播投资进行了总结。忠实客户群的总花费是14美元,不固定品牌客户群是20美元,新兴客户群是17美元,问题客户群则是4美元。

在这种假设情况下,问题是:假如有以上营销传播投资,并通过各种传播活动运用在客户及潜在客户身上,品牌的需求占有率和收入流将发生什么样的变化?如果的确带来了变化,品牌的业务会增加多少?利润也会增加吗?

就像前面提到"无营销传播投资"的假设情况一样,关键在于评估或计算出整合营销传播活动对于需求占有率是否带来了变化。这些评估与计算通常使用的是过去的行为资料,建立在客户和潜在客户对品牌的信息及激励传递系统响应方式的某种评估或分析上。它的目标并不是企图评价各种单独或特定的传播活动,然后将它们加起来。相反,在整合营销传播的计划中,它的目标是要确定整合营销传播计划的各种元素所产生的综合效果。

当营销人员对营销传播计划会直接对品牌的需求占有率的影响进行了判断或者估计后,接着就可以重新计算各个客户群体对于品牌的所有收入、成本与净贡献,如表格中第23行所示。

此时可以发现的是,虽然品牌投资了14美元用于忠实客户传播,但他们的需求占有率并没有受到影响,还是跟原来一样。表中显示,收入流还是750美元,而且其中有75%(562.50美元)是分配给非传播成本。不过,它还必须扣掉14美元的传播费用,才能得到这个客户群体的净贡献(173.50美元)。

不固定品牌客户的估计需求占有率增加了10%,这使品牌总需求占有率达到了44%,所得到的收入流则是440美元。虽然收入增加了,但成本也增加了,而且其中有80%(352美元)的收入是分配给非传播成本。因此,扣掉了20美元的营销传播投资后,剩下的净贡献是68美元。

新兴客户对品牌的营销传播计划接受程度很高,因此公司可以将这个客户群体的需求占有率提高40%,达到14%,收入流也可以增加到140美元。而且非传播支出占了其中的80%。扣掉了17美元的整合营销传播投资后,公司从这个客户群体得到的净贡献是 11 美元。

遗憾的是,整合营销传播计划对于问题客户群体的需求占有率所造成的影响非常小。营销传播管理者并不想对问题客户的传播进行大量投资,但发现他们总会接触到某些传播活动。于是营销传播管理者拨给了这个群体 4 美元的总经费,并提高了需求占有率,但只提高了 3%,同时也使总体的需求占有率变成了 15%。如此一来,品牌的收入流便成了 154.50 美元。扣掉 139.50 美元的非传播成本与 4 美元的传播投资,净贡献是 11.45 美元。

做完这些运算后,就可以着手估计这四个客户群体的实际客户投资回报率。只要将第 30 行的数值减去第 29 行的数值,就可以计算出营销传播对于这四个客户群体产生的利润。

忠实客户使公司的盈利额增加了 23.50 美元(173.50－150 美元)。因为品牌对于这个群体的客户所支出的传播投资额是 14 美元,那么客户投资回报率就应该是其盈利 23.50 美元除以 14 美元,为 168%。

不固定品牌客户的增量收益是 68 美元减去 60 美元,为 8 美元。根据它所花费的 20 美元的营销传播投资,可以计算出客户投资回报率是 8 美元除以 20 美元,为 40%。

新兴客户群体的传播投资金额则没有那么大的影响。由于花费大量成本进行营销传播,它的净贡献还亏损了 3 美元,除以 17 美元的营销传播成本,其客户投资回报率是－18%。这也说明了要花大钱才能争取到新客户的原因,而且他们的价值多半也要经过一段时间才能显现出来。在很多情况下,如果在投入庞大的金额吸引新客户以前,先努力巩固从现有的客户关系中所建立起来的业务,这样对组织反而更加有利。

对问题客户群体的传播也会降低客户投资回报率。虽然需求占有率略有提高,但净贡献却从 12 美元变成 11.45 美元,所以增量亏损是 0.55 美元,客户投资回报率则是－14%。

这个例子来自真实的经验。为了更好地说明计算客户投资回报率的流程,我们已经将它予以调整与简化。其中的评估和计算纯粹是以论证为目的。其他公司在使用这种方法与流程时,营销传播计划所带来的回报可能会有所增减。

计算结束以后,营销传播者通常会面临一个问题,即如何判断这种客户投资回报率?多高的水平是可以接受的?多低的回报率是不能接受的?营销传播者显然希望能和类似的组织或竞争对手有某种比较,但实际上这种衡量标准并不存在。各个组织只要和自己的需求相比较就可以了。当客户投资回报率的数字符合组织的财务或财务期望需求时,便可称得上是"好的";如果达不到期望的要求,则是"不好"的。在美国,一些公司期望的范围在20%—50%之间,一些公司认为10%—20%就很不错了。如果同样一笔资金在自己的公司能够得到比同样资金在其他公司更多的客户投资回报率,营销传播者就应该为这个成果感到满意。

第四节 评估长期客户投资回报率

上一节评估了短期客户投资回报率,但这只是客户投资回报率的一部分。在这一部分我们要对长期的客户投资回报率进行评估。一直以来,评估长期的回报率面临着两难的处境。一方面,众所周知,组织的真正价值来源于目前所产生的现金流,以及把这些现金流延续到未来的可能性。但由于现金在未来需要进行折现处理,因此一些人会认为长期回报对公司的价值不大(财务分析人员通常计算未来现金流折现的方法是,将未来现金流和目前的金额进行比较。一般来说财务人员所折现的比例是15%,也就是说,1 000美元的现金总额到了第二年时所产生的价值大约为:1 000-1 000×0.15=850美元;而到了第三年时1 000美元折现为:1 000-1 000×0.15-(1 000×0.15)×0.15=722.50美元)。

虽然现金流折现法有它的问题,但几乎所有的投资都被认为是对公司的业务具有某种持续或者长期的影响。虽然营销传播管理者共同关注的是实现当季或者年度的销售与利润目标,但预计的长期回报往往才是加强短期投资与回报的基础。事实上,在某些情况下,组织之所以能在未来取得成功,是因为它们目前所确立的产品、客户或者渠道具有一种前进趋势,这种趋势会延续到下一段时期,或是帮助组织度过短期的困境。这样一来,所建立的趋势可以扩大或提高回报,超出人们正常的预期。

另一方面,公司也要维护带来持续现金流的忠诚客户。有很多营销专家表示,公司吸引新客户的成本是维系老客户的5—10倍。稳定的客户收入流会使公司的运营与财务管理容易得多。一些研究早已显示出提高客户的忠诚度可以为营销机构带来可观的未来结算利润。例如弗雷德里克·赖希赫德(Frederick Reichheld)提到过,5%的客户忠诚度可以增加多达75%—100%的结算回报[1]。组织有了忠诚客户后,通常还可以减少因为客户的购买行为不确

---

[1] Frederick Reichheld, The Loyalty Effect, Princeton, NJ: Harvard Business Press, 1996,转引自唐·伊·舒尔茨:《IMC——创造企业价值的五大关键步骤》,中国财经出版社2005年版,第204页。

定而造成的收入流的起伏,从而使运营的财务层面更加稳定。只要大概了解将来两到三年后会出现哪种收入流,公司就可以把有限的资金管理得更好。因此,维护忠诚客户以使持续现金流维持稳定状态是有相当大的价值的。

一、终身客户价值法

在预测营销传播计划的长期回报时,有两种框架可以帮助营销人员解决上述四个主要困难。第一个框架是**以客户为中心**,关注从客户或客户群体身上得到的持续收入流。第二个框架是**以品牌为中心**,在考察品牌的财务价值时会评估品牌对公司盈利进度或既有资产的贡献。

我们首先考察第一种方法,即**"终身客户价值法"**。它由直销和目录销售人员提出,用来解释未来可能的客户收入流。这种方法采用概率预测模型,以过去和现在的经验为依据。预测的现金流估计出来后还要加以折算,以说明它们的净现值。

终身客户价值法认为,目前有些客户将来还可能继续购买公司的产品或服务,进而创造未来的收入流。与此同时,有些客户则会因为投靠竞争对手、搬家、死亡或其他种种原因而流失。只要把维系、折损、预期的支出形态以及估计的成本加起来,就可以算出每位客户的终身客户价值。

终身客户价值等于所有收入的净现值减去所有与一般客户有关的可归属成本[1]。它的做法就是把上一节所提到的开发短期客户投资回报率指标进行延伸,然后把时间延长。举例来说,假如要估计终身客户价值,就要在特定的假设下多估计几个会计年度的短期回报,然后把它们相加起来。

在计算过程中有一点必须要注意的就是要把货币的时间价值考虑进去。这其中有两个假设需要考虑到:第一是客户投资回报率的目标。任何营销传播的目标一定都是获取能够反映货币的时间与风险价值的回报。一般来说,客户投资回报率的目标起码必须和公司过去的权益回报率一样高。因此,假如公司为公司所有者或股东带来的投资回报为15%,那么长期回报率低于15%的营销传播投资就不会被采纳。如果市场的波动很大,技术发生了改变,或者客户忠诚度发生变化,此时营销传播投资通常需要比较高的回报率才划算。反之如果市场稳定,几乎可以确保未来的收入流,营销传播投资就不必承担这么大的风险。

---

[1] Bob Stone and Ron Jacobs, Successful Direct Marketing Methods, New York: McGraw-Hill, 2001.

第二是评价客户价值的实际期间。它所反映的期间必须能合理预测未来的购买行为,并评估传播计划的持续影响。换句话说,有些产品和客户的关系只限于生活中的某些期间(例如尿布、青少年杂志、婚纱照等),所以客户存在的平均时间比较短;而有些产品则可能获得数十年的忠诚与使用。但实际上,当时间超过三到五年时,通常大部分的产品都很难准确地预测。因此,我们在下面举的例子中也只以三年为限估算三年内的客户投资回报率,因为三年以后的回报率比较难以估算。

二、终身客户价值计算方法实例

下面我们来举一个例子说明终身客户的价值是如何被计算出来的。这是美国的数据库顾问杰克·施密德(Jack Schmid)与艾伦·韦伯(Alan Weber)所提出来的计算终身客户价值的方法[①]。在这里选取的时间段是三年,因为考虑到现金流通常会折现,而折现的比例在年限长了以后则很难计算,因此我们在这里以三年为限来计算客户的长期价值。

首先我们要将吸引客户的投资计算出来。这里分几个步骤。

(1) 确定吸引新客户的成本。假设公司将目录寄给潜在客户的成本是 0.60 美元,根据经验,公司租用外面的可能客户名单所能达到的首次邮寄响应率是 1.1%,所以吸引新客户的成本是 54.55 美元($0.6/0.011=54.55$)。

(2) 确定平均销售金额可以获得多少毛利。假设每位新客户的平均初次购买金额为 70 美元,每位客户扣掉交付成本后的平均毛利是 40%,首次订购的平均毛利就是 28 美元。($70\times0.40=28$)。

(3) 确定吸引客户的净利润或净亏损。营销人员只要把首次销售利润减掉第一步的客户吸引成本即可($28-54.55=-26.55$)。由此看来,公司吸引每一位新客户都造成了亏损。但是如果公司在接下来的阶段能够变得有利可图,便仍然可以为公司带来利润。问题是确定新客户在未来可能带来多少利润,这就要求营销人员先推算未来的购买量,然后减掉续约成本以及在这个过程中所要耗费的任何服务或维修成本。同时营销人员还要考虑货币的时间折算价值。

(4) 确定每年的邮寄次数和邮寄的平均响应率。假设新客户在首次购买产品后,有 3 年的时间会持续向公司主动购买,而且每年会收到 4 次目录。当

[①] Jack Schmid and Alan Weber, Desktop Database Marketing, Lincolnwood, IL: NTC Business Books, 1997. 转引自唐·伊·舒尔茨:《IMC——创造企业价值的五大关键步骤》,中国财政经济出版社 2005 年版,第 213 页。

客户被吸引进来后,每本目录的邮寄成本只要 0.50 美元。但随着时间的推移,顾客的响应率会逐年下降。经验显示,经过初次购买后,客户群体对于第一年 4 本目录的响应率通常是 16%,到了第二年,这个比例就会下降到 13%,第三年则会下降到 11%。

(5) 确定长期的累积响应率。有了这些响应资料后,接着就可以根据吸引客户的时间长短计算出累积响应率,而算法则是把平均响应率乘上每年的邮寄数。以此推算,客户在第一年对于每次邮寄的平均响应率是 16%,乘上每年的邮寄次数 4,就会得到 64% 的累积响应率。到了第二年,累积响应率是 52%;到了第三年,累积响应率是 44%。

(6) 确定重复销售的利润。在这个例子中,营销人员所采用的首次邮寄毛利都是 40%,但公司很快发现,现有客户的平均订购金额比较高,每笔续订的平均金额是 75 美元,所以每笔订购带给公司的毛利是 30 美元。而每年的毛利则应该是每年的累积响应率乘上平均订购毛利,分别为第一年 19.20 美元;第二年 15.60 美元;第三年 13.20 美元。

营销人员必须从中扣除对现有客户营销的年度成本。由于每年要以每份目录 0.50 美元的成本对每位客户邮寄 4 次,所以组织对每位客户的年度营销成本就是 2 美元(4×0.5)。当年度毛利扣掉了年度营销成本以后,就可以得到每位客户的净盈余:第一年为 17.20 美元;第二年为 13.60 美元;第三年为 11.20 美元。

(7) 把预期的现金流折现为净现值。下一步营销人员需要计算货币的时间价值,而公司所采用的每年折算系数为 20%,即现金流每年损失掉的价值为 20%。因此,折算系数的时间价值在第一年是 1.2(1+1×0.2),第 2 年则是 1.44,第三年则攀升为 1.73。接着把每年的盈余除以适当的折现系数,就能算出每年预计盈余的净现值。所以预算盈余的净现值在第一年是 14.33 美元;在第二年是 9.44 美元;第三年则是 6.48 美元。

从这些计算中可以看出,三年的盈余总净现值是每位客户 30.25 美元(14.33+9.44+6.48),然后再扣除当初 26.55 美元的投资,就可以算出客户投资回报是 3.70 美元。

表 8-4 终身客户价值的实例

行次		第一年	第二年	第三年
1	每年的邮寄次数	4	4	4
2	每次邮寄的平均响应率(%)	16	13	11

续 表

行次		第一年	第二年	第三年
3	年度响应率(第1行×第2行)	64	52	44
4	平均续订金额(美元)	75.00	75.00	75.00
5	平均订购毛利：40%（美元）	30.00	30.00	30.00
6	每年的毛利(美元)（第3行×第5行）	19.20	15.60	13.20
7	扣掉四次目录邮件的年度成本：每笔0.50美元	(2.00)	(2.00)	(2.00)
8	每年的净盈余(美元)（第6行—第7行）	17.20	13.60	11.20
9	折算系数：20%	1.20	1.44	1.73
10	盈余的净现值(美元)（第8行/第9行）	14.33	9.44	6.48

```
3年后的盈余总净现值        30.25美元
扣掉原始吸引客户的成本     —26.55美元
3年的客户投资回报          =3.70美元
```

三、3C 分析：一种新的长期品牌价值整合模型

另外，除了从财务的角度来测量客户的终身价值外，还有一种衡量客户价值的 3C 方法。因为客户对于品牌的贡献，除了在财务上产生回报或者现金流以外，仍然存在与客户的持续贡献有关的其他价值，例如客户拥护度。"客户拥护度"的概念除了包含"客户忠诚度"的概念外，还包括了一些拥护品牌的积极行为，例如向他人推荐品牌、把品牌的商标或图标穿在身上，或者公开表达自己对于品牌的热爱与支持等。这些都是在客户忠诚度能够产生的财务价值之外的价值，而这些价值可以通过 3C 方法来加以测量。这种方法由克里夫·汉柏在论文"消费者对品牌的测量"中提出，该论文在伦敦克兰菲尔德管理学院的"品牌权益在创建战略价值的杠杆作用"会议上被宣读[1]。3C 方法也是唐·伊·舒尔茨在《创造企业价值的五大关键步骤》一书中所重点推荐的理论。这 3C 分别为：

客户贡献（Customer Contribution），指客户带来的长期收入流，它的评估结果显示在边际贡献行中。客户贡献是由组织在营销传播上所花费的净额所构成，所以回报必须以净额的形式来评估。

客户承诺（Customer Commitment），是客户需求占有率的观念经过简化

---

[1] Adapted from Clive Humby, "Customer Measures of the Brand", Presented at the Cranfield School of Management Conference on Leveraging Brand Equity to Create Strategic Value, Cranfield, England, April 19, 2002. Used with permission from Dunnhumby associates.

后的版本。客户承诺的前提很简单:他们会用钱包来投票,会买自己相信或是偏好的产品。这种客户喜好指标比询问客户对于产品或服务有什么感觉或看法的态度指标要好得多。在3C方法中,各个客户群体的客户承诺要分开确定,因为根据经验,不同的客户群体对于不同品牌的承诺程度都不一样。

客户拥护(Customer Champions),指客户投入与支持品牌的程度。客户会花多少力气去把品牌推荐给别人。其中最有力的评估指数就是客户到底有没有把品牌推荐给亲友或同事,而且客户拥护评估的仍然是行为,而不是态度。接着就指望客户所传递的信息与激励能使公司以比较低的成本从新客户身上得到额外的销售量。

辅之以3C的概念,规划人员可以建立出立体的"客户方块"。当上述三个指标结合起来时,它们就会在方块内形成格子使之具有量化的尺度,形成一个三维的立体方块。这三个维度包括客户贡献的数字、客户承诺的数字和客户拥护的数字。有了这个三维的方块,客户的行为可以随时显示在方块中的某一个位置,而这个位置便可以量化地表示出客户行的现状。如图8-3。

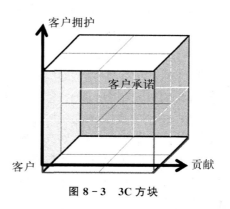

图8-3 3C方块

3C分析有以下几个主要的作用。

(1)直接了解客户的现状。在每一个维度上客户处在哪一个量化标准上可以直接反映出客户对品牌的贡献、客户承诺与客户拥护的程度,这样使得客户的现状一目了然。

(2)该图可以显示出客户在三个维度上不同的区域中平移的情况。例如,客户从原先靠近客户贡献和客户承诺的位置移到了靠近客户拥护的位置,这说明他对品牌的忠诚度进一步提高了。这也可帮助营销传播管理者了解客户与不同客户群体的行为活动变化。例如,哪些客户从方块中的某一区移到了另一区,哪些客户没有移动等。这可以间接地反映营销传播的效果。

(3)可以帮助判断客户的行为活动变化是否与营销传播活动有关。例如,某一客户在某一年度恰好刚开始购买婴儿食品和纸尿裤,那么这可能不是由营销传播计划造成的,而更可能是因为家庭结构产生了变化引起的。3C分析可以帮助营销传播管理者洞悉营销传播的贡献与使客户行为产生变化的外部因素。

(4) 可以帮助了解客户的生活方式和生活状态。如果能够长期观察客户的转移,那么建立适当、高效的营销传播计划影响未来的行为应该就会容易得多。

(5) 提供确定营销传播计划能改变客户或者潜在客户的行为的困难程度的指标。只要能找出客户,与他们沟通,然后评估传播效果,很快就可以帮助营销传播经理人筛选出因营销传播行为明显改变的客户群体,以及可能需要其他传播形式或公司活动才能够改变行为的客户群体。

由此,营销传播管理者便能够确定传播计划的某些目标,或维系客户现有的行为,或激励客户群体出现新的行为,或采取激励与回报措施,以鼓励客户成为拥护者或者支持者,等等。

经过上述分析,我们发现3C方法的优势在于以下方面。

(1) 对于营销与传播的回报提供了直接的基准。因为它所评估的是客户实际行为的重大变化。通过这样的评估,便可以帮助消除在看待或评估品牌时将客户一律"平均"对待的内在危险。而以往平均看待客户营销活动与营销传播计划的现象为组织带来了严重的问题。

(2) 3C方法结合了营销传播计划的长期与短期回报指标。举例来说,这种方法可以整合短期的营销传播投资决策,并掌握这些决策对于各个客户群体的影响。这样一来,分析时就可以评估各个客户或客户群体的现有与未来价值。

(3) 3C方法的最大好处在于,它进一步证实了品牌必须被当作公司的资产来看待,因为品牌反映了客户与组织的关系。品牌虽然无形,但还是可以为组织带来很大的价值,因为品牌权益会在和客户的关系中建立起来。这可以让公司了解到,在大部分情况下,成功都是来自和客户及潜在客户保有持续的关系,而且这些回报通常都是客户忠诚度带来的结果。

不过,这种3C方法并没有被学者们阐述得非常完善。它只是揭示了可以被用来衡量客户的长期价值,并没有揭示客户的长期价值如何具体被衡量出来,也没有具体的量化指标。这也是该理论值得被进一步拓展的原因。

在这一章的内容中我们介绍了评估客户短期投资回报率和长期投资回报率的方法,其中的核心部分是以客户财务上所能带来的价值来计算他们的投资回报率。另外,本章节也阐述了评估品牌资产的办法,同样,对品牌资产的评估也是通过品牌在财务上所带来的价值来计算和衡量的。这是本章节的核心思想,也是贯穿全书的重要思想。

思 考 题

1. 传统的营销传播效果测量有哪两种方法?它们各自的原理是什么?
2. 评估短期客户投资回报率的方法是什么?它的原理是什么?
3. 评估长期客户投资回报率有哪几种方法?它们各自的原理是什么?

第九章 项目执行后的分析与未来规划

第一节 总结与重新规划

到此为止,整合营销传播的流程就基本结束了。而营销传播者们在这里也可以为公司高管们回答三个问题:(1)我们的公司应该在营销传播上投资多少?(2)我们会获得什么类型的财务回报?(3)回报多久才会出现?(4)客户与品牌是否能保持均衡的、稳定的关系?营销传播者只需要逐步对营销传播项目实际的财务成绩进行评估,就可以判断项目是否成功。当回答了这样几个问题后,营销传播者们对这一轮的营销传播是否成功也就有一个判断了。

评估完回报以后,下一步显然就要延续已经成功的营销与传播方法,而修改不成功的方法。同样,对营销传播项目所挑选的客户和潜在客户群体也必须进行评估。如果上述过程带来了预期的回报,项目就有继续执行的理由。通过第一个回合营销人员可以很快了解市场对营销传播活动的响应,因为短期成绩会在当年会计年度中评估出来。了解了市场的反应,就可以根据需求立即对项目进行修改或调整。了解项目得失成败可以为将来的项目计划提供借鉴,营销传播流程的循环就此结束。

最后,就是根据现有的营销传播结果来预测和规划新的营销传播方案。与传统营销传播流程不同的是:在传统的营销传播流程中,是先制定营销方案和预算设计,因为先有了方案才能够执行。营销人员先确定可以花多少钱,然后才负责在这些财务限制内制定计划,这是一种"指挥控制型"的管理方式。营销传播只具有战术上的作用,而没有战略上的作用。整合营销传播则扭转了这一局面。整合营销传播流程不从预算中开始,而是从规划中形成预算。这是一种从客户的角度出发,在充分了解客户以后再制定内部策略计划的方式和手段,是真正的"由外而内"的做法。

五大闭环真正考虑到了从消费者出发的原则,将消费者的选择与感受放在制定营销计划的第一步,这使得五大闭环完全脱离了传统营销传播以营销者为中心的局面。然而,笔者认为:五大闭环的图看似经典,但也存在一些问题。主要问题就是该图没有显示出营销传播中的干扰因素和环境的影响。事实上,唐·伊·舒尔茨在他的书稿中曾经多次提到过营销传播中干扰因素的影响,然而他没有把它们纳入整个五大步骤环节中,也没有在图中将它们显示出来。笔者认为:五大闭环中的干扰因素和环境的影响是非常重要的,它们也时时刻刻影响着营销传播的效果。下面我们就来具体分析五大闭环中的干扰因素和环境因素。

第二节 五大闭环的干扰因素和环境分析

一、五大闭环的干扰因素

整合营销传播的过程和任何传播过程一样,都存在着"噪音"。"噪音"指的是信息在传输过程中受到的干扰和阻碍。在营销传播的实际运作中,来自各个角度和不同形式的无关因素对信息传播的影响不可低估。这些影响很容易使信息接收受到歪曲或者干扰。唐·伊·舒尔茨曾在他的著作中提到:在评估客户短期投资回报率与长期投资回报率时,营销传播效果都因为一些干扰因素而难以评估。笔者认为,干扰因素主要有以下几点。

1. 来自客户的主观因素

舒尔茨提出了"黑盒子"的说法,意思是当一个人把信息传达给另外一个人时,每个人都会在头脑中将信息重新加工一遍,很多信息会流失和重组。同时,每一个人对所传递的信息理解也不一样,造成了虽然广告传播是一样的,但是客户对此的反应各不相同。因此在很长一段时间里,人们在评价营销传播时往往把重点放在容易评估的因素上,例如媒体曝光的次数与时间、覆盖范围与广告传单分发等,因为这些因素是可以量化测量的,而忽略那些由大脑主观屏蔽掉的因素。但是这样评估的明显缺陷就是所衡量的信息都是评估营销人员所发出的信息,而不是这些信息给他们带来的"成果"。

另外,即使客户都接受了相同的营销传播信息,但是在促成消费行为的时候也会有意外情况发生。例如,一个情绪化的忠实客户在某一时刻突然厌倦了购买一贯购买的品牌产品,突然想换一换采用其他品牌的产品,而商家则很难推测到底是什么原因使原本忠诚的客户放弃了这一品牌。例如,有人仅仅是出于民族情绪,会对日本货产生一种排斥的感觉,无论日本的电器质量再好,营销传播再努力,也难以激起该顾客的购买兴趣。

2. 来自客户的客观因素

例如一个在固定地点做美容的客户由于突然搬家可能导致他离开原本忠

诚的美容店。来自客户的客观因素是导致整合营销传播不能够顺利实现的重要原因。

3. 来自媒介自身的信息

信息的激励与来源对于效果的评定也有直接的影响。客户和潜在客户接收信息的来源各式各样,从电视广告、产品包装到简单的口耳相传等。一些传递系统的效果非常微弱,例如某些时段的电视广告,而另一些传递系统的效果非常明显,如口耳相传等,因此熟悉各种信息来源对于营销人员判断其营销传递效果有着明显的帮助。

在整合营销传播过程中,由于多种媒体要协同作战,因此任何一个媒介的信息干扰都有可能影响整个营销传播活动。最常见的是媒介信息混乱,比如不同广告的诉求点混乱不一,或者广告与其他营销传播形式所传达的信息互不协调等。还有单一的媒介传递信息的干扰:在网络传输中,由于网速过慢而影响了营销信息的传递,在电视传播中由于信号不足而影响了营销传播的效果等,这些都会在营销传播中形成干扰。

另外在很多情况下,媒介本身具有某种信息价值,它在传送信息过程中也不免要释放自己的信息。例如某产品发布会请了一位美丽的模特儿来做形象代言,但很可能大家对于模特儿本身的关注超过了对于产品的关注,这位模特儿就对此次营销传播活动产生了干扰。

4. 来自营销传播者的信息

即便营销方案计划得再周密、花费的财力物力再多,整个营销方案也有可能因为营销传播者自身的原因而出现问题。例如,营销传播者的人员变动、对营销传播计划的各自理解的不同、或者是不同营销传播者对于营销方案会提出不同的异议等,都会直接影响营销传播的效果。

5. 时间与时机的因素

客户对营销传播有一个最常见的反应,即客户虽然看到或听到了传播信息,但要过一阵子才会采取行动,这就是所谓传播计划的"时滞效应"。时滞有几个可能的原因:客户目前对这个类别没有需求;客户需要一段时间进行考虑;客户需要更多信息才能形成最后的购买决定等。例如买汽车、去国外度假、选择教育机构等只是其中几个例子,这些产品的考虑购买周期都很长。

企业对企业的营销传播计划也有很多延迟效应的例子,例如决定产品设计、挑选成分、开发产品以及其他活动都要好几个月甚至好几年才能完成。企业对企业的组织在会计年度投入传播经费时,多半都知道回报要很久以后才会出现。

在这其中最大的难度就是没有人知道这种滞后会延续多长时间。有时候短暂的促销刺激能够取得迅速的结果,但创造品牌等营销传播则需要很长时间。因此给营销传播的效果测评带来了很大的难度。在大部分情况下,组织通常会采用"关联度分析"或一些营销组合模型等,根据历史上的销售资料和营销传播活动的费用等去估计它们过去的市场回报。但由于存在着时滞效应的问题,历史的市场回报并不能预测未来的历史回报。

6. 来自品牌各个接触点的困难

在前文中我们探讨过品牌接触点(Contact Points)。由于消费者在接触品牌过程中会遇到各种各样的接触点,因此随时随处都有可能遇到障碍。唐·伊·舒尔茨曾举出一个例子来说明:一位潜在客户看了报纸广告或电视广告后,想要去购买某一种产品,但他在购买过程中遇到了很多干扰因素:(1)找不到停车位,放弃寻找而在另一家店买了其他品牌的产品;(2)去了零售店,但想要的产品缺货所以没买成;(3)在店里找到了产品,但零售商的报价比制造商的报价高出很多,于是他转而买了竞争对手的产品;(4)走进了零售店,价格也不贵,但销售人员对产品的性能特征一无所知,回答不出关于产品的问题,于是他又放弃了;(5)试图去公司网上订购,却发现输入系统很复杂,信用卡也无法使用等问题,于是又放弃了。从传统的营销传播角度来看,如果从营销人员的角度出发上述这些营销传播都发挥了作用,那么营销传播真正所能达到的效果就很小了。

即便不是所有的环节都出现问题,只要在一个关键点出现了障碍,也可以使得原本有良好消费愿望的顾客远离产品。例如,本来具有良好声誉的品牌店突然由于购物环境的改变让许多顾客感到不适应,找不到原来熟悉的货架上的产品,他们会懒于花时间寻找而放弃购买;某一品牌由于更换了包装便失去了原本忠诚的顾客,或者某一品牌由于从不更换包装也可能使顾客产生厌倦心理等;在 Vero Moda 店,售货员由于过于殷勤地紧紧跟随在消费者后面、不停地为他们介绍品牌信息,这可能偏偏引起某些顾客的反感,因为他们喜欢单独挑选货品而不受人打扰。在 ZARA 等一些品牌店,消费者常常因为找不到空的试衣间而放弃购买这种产品。在"海底捞"餐饮连锁店,顾客会因为等待就餐时间过长而更换餐馆;在麦当劳,顾客也可能因为必须付现金而不能刷卡而放弃购买。在营销传播的每一个环节中都可能产生干扰因素,因此在设计营销传播流程时就必须尽可能地把这些产生的干扰因素考虑进去,才能尽可能地避免损失。

7. 现行会计制度的内在困难

全世界通行的会计制度是衡量营销传播投资的长期回报时所面临的第一个困难。会计制度通常以年度为单位审核，因此，如果营销传播计划在公司会计年度的第四季度投资，客户收入流则是在下一个会计年度的第一季度才开始出现，那么当年看到的只是投资支出而没有回报，第二年看到的只是收入而没有成本。这就是吸引客户的计划会对组织以及营销传播经理造成困难的原因。因为这样的客户往往是起步的成本高、最初的回报低，而且回报往往要等到以后的会计期间才会出现。例如，很多企业一开始都要雇佣销售员，替他们准备销售资料，然后派他们去发掘与培养客户，这一切都要花很多钱。但销售人员很可能在一两年之内拿不出任何销售业绩或是现金流回报。这其实是很正常的现象。如果营销传播经理人能够更加看重客户所产生的长期收入流，而较少地看待营销传播支出，这种困难就会缓解一些。不过，由于财务制度的影响，营销传播人员在看不到当年的利润以后通常会感到很大的压力。

8. 确定品牌忠诚度的困难

忠诚客户通常都被称为是有利可图的客户，但近年来的研究却开始质疑这种由来已久的假设。忠诚本身并不代表客户有利可图。例如，当客户每年都购买一瓶Windex清洁剂时，可以说他是对这个品牌100%的忠诚。不过，当客户每年都买10瓶清洁剂，其中只有3瓶是Windex时，尽管买10瓶的客户只有33%的需求占有率，他的盈利潜能却是买一瓶者的3倍。因而，确定哪些客户、多少客户对公司保持忠诚度存在一定困难。

即便是可以确定的忠诚的客户，其突然流失也是难以预计的事情。例如，临时的搬家、客户突然对此品牌产生厌倦，想要尝试其他品牌的产品；或者接收到与品牌不利的信息，以及其他一些外界因素，都有可能使忠诚客户瞬间离开这个品牌而去购买其他品牌产品。每年在各公司的忠诚客户名单上都会有一小部分突然流失，而这便给计算长期客户投资回报带来了困难。

9. 确定品牌资产长期增长面临的困难

财务上的品牌资产价值是指投资人而非客户或潜在客户为品牌所赋予的价值。在说明营销传播计划可能产生的未来价值时，财务上的品牌资产价值是一个重大的挑战。虽然营销传播会对在投资界和客户的树立品牌价值造成影响，但这两个指标却大相径庭，所以必须分开考虑。

投资人在比较各种股票的潜在价值时，判断公司盈余的稳定性与增长是主要方法。因此，假如营销传播投资可以形成客户活动，进而转化成持续的客户收入流，这些营销传播投资也会对股东价值造成影响。此外，假如营销传播可以在某一段期间投资,在以后的其他期间产生回报,营销人员就能很有把握地说,他对于未来的盈余有所贡献。不过,目前还没有完全成熟的财务模型能够把销售水平、客户忠诚度、营销传播的其他作用直接与股价及后续的股东价值结合起来。

二、五大闭环的环境监控

每个组织与其外部环境之间的关系都是动态的。一系列外部因素构成了营销决策的外部环境。这些因素包括经济、竞争、技术、社会、文化、人口变化和政府监管的影响。因此营销传播过程也必须不断监测环境的变化,以使营销传播能够适应环境的影响或者主动实施控制。

要想成功地开展营销传播,必须不断了解竞争对手、社会事件、经济发展、政府动态等,SWOT 分析法是对环境进行监测的一个有效办法,该环境监测主要包括组织内部环境监测和组织外部环境分析。组织内部主要是分析财务状况和人员状况,一个具备强大的财务储备和沟通人才队伍的公司有许多机会开展卓有成效的创造性活动,而人才两缺的公司能做的就很有限。外部环境分析主要是对机会和挑战的分析,主要方面包括一个品牌在某特定时刻所面临的机会和威胁——经济形势、竞争对手的活动、法律环境、分销渠道等。如果不采用 SWOT 分析,采用一些其他的方法也可以对外部情况随时进行了解,只要能够随时和外部环境保持互动就可以了。

另一个环境监控方面的理论是"环境控制主张",即一个公司可以通过营销沟通和其他营销行为改造现存的环境条件。换句话说,营销沟通各个特定领域的经营者必须努力去影响和改变环境,以便最大限度地为公司利益服务。尽管组织不可能完全控制环境,但是它们必须对环境进行不断地监测,以便随时更改政策、战略和战术来适应环境。成功的公司能预见到环境变化并提前做好准备,而不是仅仅在剧变之后被动地作出反应。

跨国公司本土化就是营销传播适应与控制环境的一个典型做法。肯德基在美国的产品只有炸鸡块、汉堡、爆米花、苹果派等,进军中国以后,为适合中国本土老百姓的口味拓展了很多新的产品,例如加入大葱、甜面酱的老北京鸡肉卷、嫩五方牛肉等,非常受中国老百姓的欢迎。海尔的张瑞敏在 20 世纪 90 年代考察市场时,曾听一些农民抱怨海尔的洗衣机不好洗地瓜,这在当时被海尔的员工传为笑谈。可是张瑞敏不这么看,他认为既然有需求就应该去满足。于是他组织人专门研发了一种能够洗地瓜的洗衣机,该产品一上市后立刻供不应求,受到农民朋友的广泛欢迎。由此看来,企业是能够主动地适应并改造环境的,而且主动改造的环境才能够使营销传播活动始终走在市场的前列,才能够占据市场的主动权。

笔者认为,考虑了干扰因素和环境因素的五大闭环图应如下所示。

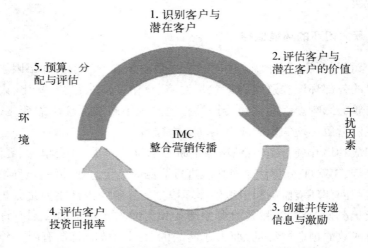

图 9-1 考虑了干扰因素和环境因素的五大闭环图

思 考 题

1. 影响五大闭环流程的因素有哪些?请举一些例子说明。
2. 在五大闭环干扰因素中客观因素有哪些?请举一些例子说明。
3. 你如何评价五大闭环的流程?

第三部分

整合营销传播实践

在本书的上几章我们了解了整合营销传播的过程，接下来的章节我们将重点阐述在整合营销传播的实践中将要采用的一些媒体和渠道。正如我们已经明确的：整合营销传播是对多种媒体和传播手段的整合运用，因此我们将具体阐述这些不同的营销传播渠道各自在 IMC 之中的角色和方式。第十章和第十一章主要是介绍各种媒体的特征以及它们在整合营销传播中如何被使用；从第十二章开始则是对各种具体营销传播手段的介绍，包括公共关系、人员销售、直销、事件营销。

这些不同的营销传播模式在整合营销传播中应该被综合起来使用，但是我们并没有找到特别完整地能够将所有营销传播手段综合起来使用的很好的案例。有的企业采用了"混媒"的营销传播手段，但是离真正的整合营销传播相比还差一定的距离。因此在这本书中，我们仍然将各种营销传播形式逐一介绍，希望读者能够深刻地了解各种营销传播模式的本质。虽然在其他一些书中，这些营销传播模式也曾被介绍过，但本书希望能够有所突破的是：结合这些营销模式的最新发展，使读者了解这些营销传播模式有可能在整合营销传播中所起到的重要作用，并且与中国的实例结合起来，充分探讨它们有可能在中国市场上发挥的作用。

第十章 营销传播媒体的选择

第一节 媒体的类型与特征

在整合营销传播中,媒体的角色必不可少。所有的营销传播信息都会通过各种形式的媒体进行传播。要将各种传播形式整合起来,多种媒体的协调与综合运用非常重要。

媒体的分类方法有多种,最常见的是将媒体分为传统媒体和新兴媒体。传统媒体指的是平面、广播电视、户外媒体等,而新媒体指的是互联网、手机等互动性强的媒体。不过近来也有学者对此提出质疑,认为由于出现了太多的新兴媒体而导致"媒体并无新旧之分"[①]。对此说法笔者表示赞同。但为以示区别,在本书中我们将"新媒体"定义为互联网出现以后的新兴媒体。新媒体的互动性较传统媒体强,但新媒体并不等同于互动媒体,因此为行文的需要我们仍然将"新媒体"作为一个媒体类别加以阐述。在营销传播中,媒体还包括产品与顾客接触的一切接触点(Contact Points),例如电话、邮件、咖啡桌、T恤、产品包装、黄页、公司文具和办公用品,甚至包括员工服务态度等。任何与顾客创造联系的接触点都可被称为媒体。

媒体又可分为大众媒介和小众媒介。在过去的20年中,媒体的发展经历了巨大的变化。由单一的、强大的大众媒体一统天下的局面转变成为媒体的碎片化和长尾化。所谓媒体的碎片化是指媒体的形态多种多样、各种形态的媒介形成面对小众的格局。媒体的长尾化是指过去人们只能关注重要的媒介或大众化的媒介,而置各种各样的小众媒介于不顾。而在当今各种小众媒介的组成所产生的社会效应可能远远大于"大媒介"。处于曲线尾部的"小众媒介"应该引起注意,这就是长尾理论。在媒介的长尾化和碎片化时代,各种媒介已经融为一体,这给营销传播者以及代理更多的空间来选择达到顾客的方式。在如此众多的不同媒体上吸引顾客注意,比起在一家大众媒介上传递信

[①] 触动传媒首席营运官杨宇时曾经说过:互联网风行至今,已经10年了;分众传媒上市,到现在也3年了;手机的普及大众,也已超过10年。而电视作为老媒体,在中国的普及也至今不过二十来年。如何是旧、如何是新? 笔者对此说法深感赞同。

息意味着更多的挑战。

图 10-1 是长尾理论的提出者克里斯·安德森在首次提出长尾理论时所画的一个图,排名 25 000 的曲目被下载的次数非常高,排名 25 000 以后的曲目虽然下载次数非常少,但其货架空间是无穷无尽的,虽然这些零星销售是一桩桩有效的、低成本的生意,但由于其尾数是一个极长极大的数,因此最终销售的利润也非常可观。事实一次又一次地证明,传统的实体零售商们没有开拓出来的那些新市场的规模远比人们想象的要大,而且越来越大。

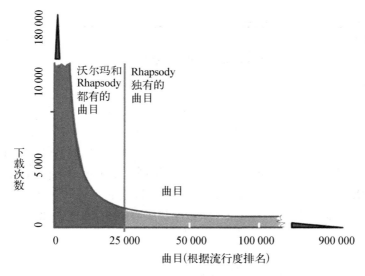

图 10-1 长尾理论示意图

按照媒体所传递大众的广泛性,媒体又可分为入侵程度高和入侵程度低的媒体。所谓入侵程度高是指它对受众的影响力比较大,而入侵程度低是指它对受众的影响力相对较小。媒体策划者清楚的了解各种媒体的侵入程度是存在差异的。入侵程度高的媒体是非常个人化的媒体,如个人推销等,因为销售代表的出现需要顾客的高度注意。侵入程度低的媒体是印刷媒体(报纸、杂志等),因为客户可以自己选择什么时候和如何使用这些媒体。一般而言,一种媒介的侵入程度越高,它就越个性化,但是使用成本也就越高。如图 10-2 所示。

不过,虽然可供选择的媒体种类日益增多,但以下四种媒体仍然是我们所需要重视的,也是在营销传播中使用最为广泛的——平面媒体、电波媒体、户外媒体和新媒体。其中新媒体包括互联网络、手机媒体、分众传媒、触动传媒、健康传媒、隧道传媒等新的媒体形式。

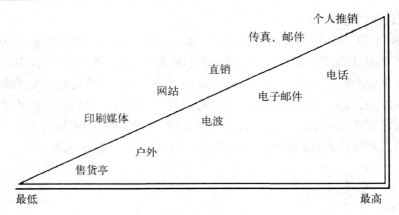

图 10-2 不同入侵程度的媒体

第二节 印刷媒体

印刷媒体包括报纸、杂志、目录、邮件、装订册、包装以及所有通过印在纸张上或像气球、T恤、帽子和笔等材料上的印刷文字或图像来传递信息的媒体形式。印刷媒体的优势在于信息能保持很久且具有个性化特征；而它的劣势则在于信息不易被复制。在这里我们介绍几种常用的印刷媒体。

一、报纸

报纸在当今仍然是最为重要的媒介之一。报纸按照规模可以分为全国性报纸和地方性报纸，前者如《人民日报》、《光明日报》等；后者如《楚天都市报》、《京华时报》等；按照性质可分为党报和行业类报纸，前者如《人民日报》，后者如《中国证券报》等；党报是中国的一大特色，因为在目前形势下，主流媒体（包括报纸）仍然需要履行党和人民喉舌的功能。按照发行时间可分为日报、周报、晨报、晚报等，如《广州日报》、《南方都市报》、《北京晨报》、《北京晚报》等。在下列篇幅中，我们主要阐述的是媒体的营销传播功能，因此我们侧重于探讨各类媒体在广告中的优势（众所周知，广告是所有营销传播中最为常用的手段）。

对于广告代理来说，按照不同报纸的性质来安排不同的广告是非常重要的。

1. 报纸的广告分类

报纸所提供的广告有三种：分类广告、特排广告和插页广告。

分类广告是占据较小空间、只有文字的广告，它们展示在明确标明的版面内，其周围并无其他主体新闻内容。分类广告以种类来进行分类组织安排，例如房地产、汽车、销售以及寻求各种帮助等，这样可以很快让读者找到信息。分类广告的价格取决于其字数的多少。它一般可以多次刊登，并主要服务于消费者以及规模较小的本地业务。分类特排广告就是在分类版面刊登、包含图片且幅面更大的广告。它们的使用者一般是像汽车交易以及房地产公司等类的本地业务。

特排广告通常包括更多的图片，且空白处多于内容，一般出现在主体新闻内容附近。不同于分类广告的消费者用户和小业务用户。特排广告的使用者认为顾客与潜在顾客不会特地搜索广告。因此，他们需要借助主体新闻内容来吸引读者阅读它们的广告。特排广告空间或以栏寸来进行销售，或以标准广告单位来进行销售。特排广告是报纸中出现得较多的广告形式之一。

插页广告是在报纸上刊登广告的第三种方式，它们由广告商制作而附带在报纸上。这种插页是百分之百的广告，而且每个广告都是为特定的某家公司而做的，服务于全国性品牌。大部分广告内容为优惠券的补充插页，我们称之为广告插页。

2. 报纸的发行量与覆盖率

报纸的发行量（Circulation）是指报纸的印刷份数，而报纸的覆盖率（Coverage）是指报纸在整体居民群体中、或者在某一特定群体居民中拥有的读者比例。覆盖率与发行量是两个不同的概念。有的报纸发行量大，但阅读的比例不大，因此覆盖率不高；有的报纸发行量不大，但覆盖率却相对较高。

报纸的渗透力，即报纸到达的人口百分比，这一比例可以通过受众测量来完成。

3. 报纸的优势和劣势

报纸的优势在于：(1) 它们可以到达大量的本土受众；(2) 报纸读者的受教育程度和收入水平都高于平均水准；(3) 读者对于报纸的内容有选择性和重复阅读性；(4) 报纸的时效性高，为营销者提供了灵活性和较短的更新时间，让广告商可以在短期内对广告内容做出修改；(5) 报纸和订阅报纸的人群间能产生一种稳固的情感，这有利于报纸向特定的人群发布广告信息。

报纸也有劣势：(1) 它的寿命短，平均只有一两天，所以信息容易转瞬即逝；(2) 报纸的可复制性相对于其他印刷媒体而言比较差；(3) 干扰性也是报纸的一大问题。广告不仅需要与其他广告争夺读者注意，还必须与其他所有的主体新闻内容竞争。从整合营销传播的视角来看，报纸的最大缺陷在于它是一种大众媒体。即使已经将广告刊登到最高位置,并对信息进行了准确的定位,但其空间成本仍只是取决于报纸的总发行量。这就意味着,高比例的媒体浪费是存在的。

二、杂志

杂志的分类法也有几种。根据杂志发行频率可将杂志分为周刊、半月刊、月刊、双月刊、季刊等。根据受众的类型可将杂志分为消费型杂志、行业类杂志等,前者如《精品购物指南》,后者如《新闻与传播研究》等。此外,杂志还分为订阅发行刊物和赠阅发行刊物。订阅发行刊物是指以订购形式销售的杂志,其收入的 3/4 来源于广告销售;赠阅发行刊物则是一种免费分发给在既定领域工作的人群或免费提供给某既定组织的贸易、行业和组织杂志。例如《乐友》、《红孩子》等母婴杂志就经常向年轻妈妈赠送刊物。这些杂志通过销售广告和订阅读者数据库以及在某些情况下主办年度交易展览会来填补其订阅收入的空缺。有时候为了推荐品牌或者加强和受众的联系,一些企业和组织也会推出自己的杂志。这类杂志带有一些宣传性质,它们所聚焦的话题多少与公司的品牌有关,而且也只刊登本公司品牌的广告。相对于其他大众传播工具来说,杂志基本上属于一种"小众传播"工具,它一般只是聚焦于某一个具体的主题,传播范围小,但比起大众媒体来说,杂志和受众往往能保持更密切和长久的联系。

1. 杂志广告的形式

杂志广告有以下几种形式。

折页广告:将一则广告经双折或多折插入杂志中。

粘贴广告和印刷广告:订在或粘在杂志上但是纸张比杂志用纸厚的广告。

商业回复卡:这是一种明信片大小的卡片,它们通常夹在两页杂志之间,或订如装订线,所以它们既便于阅读又能留在原处;也可以与广告黏合在一起。这为顾客广告提供了很好的方法,也可以用于衡量一则广告获得回应的程度。

自动弹起广告:当杂志被打开到广告所在页面时,就会凸显三维效果的广告。

香带:可供读者拿出或抽出,散发着某种香味的小条(用于香水、空气清新剂和食品等)。

所有这些广告都有助于品牌信息吸引受众注意,但同时也会使杂志广告的成本剧增。媒体策划者必须判断这些增长的成本是否与信息展示顾客回应的增长相符合。

2. 杂志的覆盖率和受众测量

由于杂志所针对的受众数量较少,因此杂志的覆盖率远远没有报纸那么大。但是杂志的覆盖率与发行量之间的差距却相对较少,这是因为购买杂志的用户一般都会仔细阅读。此外,杂志还有很高的传阅率,即除了杂志的订阅者和购买者之外,阅读该杂志的其他人数多。商业杂志和专业杂志的传阅率会特别高,因为它经常被同一组织内不同人所传阅。

杂志是根据页面比例来进行销售的,如四分之一页、半页、整版和跨页等。其中,跨页广告是指在同一平面的两邻页之间跨印的广告。如报纸一样,一个品牌购买的杂志空间越多,折扣也就越多。彩色广告的售价高于黑白广告。溢出版广告背景一直延伸到版面的边缘,这种广告造价较高,但是也能引起更多注意。

3. 杂志的优势和劣势

杂志的优势之一是其出版时间长,能保存较长的时间,因此在杂志上刊登广告的更新时间也长。优势之二是由于大多数杂志都有专门主体,所以它就具备了受众选定的优势,特定主题的杂志被视为它们相关领域的权威,因此所刊登的广告也较有说服力。例如在《瑞丽》杂志上所刊登的化妆品广告会比在其他杂志上刊登的化妆品广告更能吸引靓丽女性;在《乐友》等杂志上刊登婴儿用品广告比在电脑类杂志上刊登婴儿用品广告更能使年轻妈妈们信服。优势之三是杂志既然是针对特定受众,那么它就更容易与这一小众群体建立稳固的联系。因此杂志一旦建立起销售对象,就会获得稳固的读者群体。最后,杂志所面临的受众群一般都具有较高的文化水准和判断能力,因此对于刊登广告的选择也会比较容易。

但从广告商的角度来看杂志也存在不少缺陷。尽管已经进行高度定位,大多数杂志只能达到一个品牌目标受众的有限部分。此外,杂志的更新时间持续较长,因此杂志不能像报纸和其他媒体那样为营销者提供时间上的灵活性,广告更新也慢。另外,杂志广告通常具有较高的成本。例如《瑞丽》杂志封面拉页 2009 年一年广告费为 1 050 000 元,而封底广告报价为一年 450 000 元。

第三节 电 波 媒 体

电波媒体主要包括两类:广播和电视。根据学者统计,一般而言,人们将他们媒体时间的85％用于电波媒体,而只有15％应用于印刷媒体。这个数据似乎说明电波媒体是最重要的媒体,但我们却不能忽视一个事实:人们在观看电视或收听广播时,同时也可能在做别的事情,尤其是在广告时段,可能受众完全会忽略这一时段的节目。

电波媒体的商业广告的侵入程度高于印刷媒体上的品牌信息。因为广告在印刷媒体上出现时,受众可以有较强的选择性来选择它们所想要得到的信息,但在电波媒体中却很难有选择性。同时,它的侵入性较高,广告价格也相对高。以中央电视台新闻频道为例,在傍晚7点前后这一时段每10秒广告大约耗资24 000元。

电波媒体的展示率以**视听率**来测量。一个视听点就是指,在某种沟通载体展示的某电波节目所覆盖区域的1％。例如,如果中央电视台的《新闻联播》节目宣称在国内有90％的视听率,意思即在本节目平均市场为15分钟的单元中,90％的家庭正在收看此节目。不过,虽然电波时段的价格取决于视听率,但策划者也必须了解:视听率只是揭示了某区域内收看某电视台和收听某电台节目的家庭百分比。视听率并不能测量有多少人注意了广告。媒体展示并不等同于信息展示,对于电波媒体而言,实际的信息展示率只占节目展示率的25％—50％。

与视听率相关的另一个术语为**占有率**,即在某一时段收看、收听某特定电视台、电台的人数占此时所有使用电视、广播总人群的百分比。一个节目的占有率数值常常高于其视听率,因为不可能每个家庭在某一时段都在收听广播或者收看电视。所以那些视听率较低的电台、电视台一般更愿意谈论它们的占有率。

电视观众的测量在我国有央视索福瑞等公司来完成。这些公司提供了有关电视网络及各电视台决定其主要时段广告价格的视听率基础信息。例如央视索福瑞(CSM)的调查网络推及全中国12亿2千万和香港630万的视听人口。它不仅对全国218个市场(1个全国测量仪网、25个省网和包括香港特别行政区的192个城市网)提供独立的收视率及收听率调查数据,也对1 272个主要电视频道的收视情况和409个主要广播频率的收听情况进行不间断地监测。

电波时段的广告销售一般以30秒和60秒作为基础价格单位。例如中国国际广播电台,30秒钟的常规广告索价是3 000元人民币,而套播广告或其他特殊广告形式则有不同的价位。要价不仅与广告时间长短有关,还取决于受众数目的估计值。例如,甲台对每个60秒广告要1 000元,乙台则要价800

元。但如果甲台的受众人数是乙台的两倍,或者甲台的视听率是乙台的两倍,那么甲台比乙台贵了 200 元,但甲台的单位售价仍然比乙台理想。

电波媒体的广告单价比印刷媒体更有协商的余地。因为电波广告时段既容易固定、也容易被浪费。我们说它更容易浪费,是因为某一广告时段如果未被销售出去,就纯粹地流逝了。电波广告的单价更有回旋余地的另一原因在于,不管某台的广告时段是部分、全部还是零售出,此台的运营成本根本不受任何影响。与其一无所获地白白浪费既定广告时段,不如降低其单位售价。但是,如果在好的时段,其广告定价也容易被抬高,这取决于所播放的节目、某频道的影响等。下面我们来分别谈谈广播与电视媒体。

1. 广播媒体

广播媒体在我国分为调频、调幅和卫星电台几种。调频电台发送的信息传递较远,而调幅的信号则传递较近。卫星电台比传统的调幅或调频的优越之处在于卫星公司可以承诺全国性覆盖率,但是卫星电台收听成本高。

作为第二大媒体,广播曾经在特定的历史时期起到了不可磨灭的作用。在电视还未普及之前,广播曾是大众传播的最主要方式。目前在广大农村广播仍然有着其他媒体不可替代的功效。但在互联网等新媒体出现以后,广播工作者曾经面临了极大的困惑和挑战,新媒体和电视带走了一大批广播听众,广播如何发挥它的优势?好在在探索中广播还是找到了一条属于自己的可行的道路。目前,在一些城市一些频道的广播成为特定受众不能离开的信息来源,例如北京交通台就成为了北京收听率最高的节目频道,目前它的平均日听众数能达到 565 万[1],中国国际广播电台也是颇受欢迎的频道。

收听广播是一种亲密且个性化的体验。一旦有了收听率,它就会和听众保持稳固的联系。广播节目的好坏与主持人密切相关,因此广播节目带有强烈的个性。广播还提供影像转换进程。在此过程中,如果某目标受众接受过某一品牌电视广告的视觉和听觉展示,那么当他再次听到类似的音律时,就会回忆起这则广告的视觉画面。换言之,如果观众曾经看过一则具有强烈视觉冲击效果的广告,那么广播可以支持、强化并提醒听众对这则信息的印象。同时,由于广播的主持人就是该广播电台的品牌,听众常常会将他们与该电台联系起来。为了影响这些广播主持人,许多广告商并不投资于实际录制的商业节目,而是将这些主持人作为广告发布的形式。良好的主持人效应会使得

---

[1] 数据来源:北京交通信息网,2007 年广告组合销售及套播办法及数据分析,北京交通台广告经营部,2007 年 9 月。

广告出现较好的影响。

广播媒体有以下优势和劣势：(1) 它的时效性比较强,因为它只需要运用声音媒体进行传播；(2) 它更具有个性化特征,并能够与特定的受众保持高度的稳定关系；(3) 广播更能够本土化,它的信息更能够引起当地居民的关注,而且因为广播主要是一种区域性的消费者媒介,所以它很少运用于 B2B 的品牌信息传递。它更多的是针对受众进行个性化的服务。(4) 它随时可听、随处可听,携带方便,成本少。(5) 相比起电视等大众媒体,它更容易与听众形成互动。(6) 人们在收听广播的同时可以做一些其他的事情。

广播的劣势在于：(1) 它只能提供声音,因此生动性不能与电视相比；在此情况下,它播出的广告所引起的关注程度也较低。(2) 与电视一样,广播是带有强迫性的,而许多人在发现了广播的强迫性以后,习惯于将其品牌信息忽略。(3) 广播在很多时候只是一种背景音乐,虽然人们在收听广播的时候可以做一些其他的事情,但是也因此很容易忽视广播的存在。(4) 受众难以测量。即使采用最老道的受众测量技术,也很难检测到受众真正获取品牌的信息是多少。比起杂志的覆盖率和电视的收视率,广播的收听率难以测量。

广播时间通常以 15 秒、30 秒和 60 秒为单位销售。且因广播是一种背景媒介,因此它给了广告商更多机会来注意和进行展示。广播广告的价格取决于电台的评点,它因时段及受众人口特征的不同而各有差异。一些人总认为广播是便宜的媒介,因为一个广播商业广告的花费,比起在其他报纸广告或电视节目中的成本要低廉得多。但事实是,广播对于受众的影响比起电视要小得多。

2. 电视媒体

在所有媒体中,电视有着最广泛的覆盖率。根据尼尔森媒体调查,几乎 99% 的美国家庭都有电视机。在中国,电视机在中国城镇居民中的覆盖率也是 100%。鉴于电视拥有大量受众且能以高度显著的效果来传播信息,许多大公司都将电视作为一种重要媒介使用。尤其是在品牌销售中,能让品牌在消费者、股东、投资者、雇员和潜在雇员、供应商以及各利害关系者的认知中占有主要地位。

相对于其他媒体来说,电视的观众是最为碎片化的。因为电视的频道如此之多,而观众分散在各种地方。这对于广告商来说既是优势也是劣势。优势在于：电视拥有了如此众多的观众,这使得一种品牌通过电视广告能获得广泛的影响力；它常常被认为是营销传播的权威媒介。当零售商们计划推出一条新的产品线时,通常电视会被考虑为首选媒介。而电视的劣势在于：由于它的受众难以估算和测量,以至于大多数品牌都在为获得那些既非顾客也非潜在顾客的人而投资。而且电视广告的成本高昂,尤其对于小品牌而言。在地方台电视广告中普通时段通常 15 秒的广告需要 1 000 元,而在央视的普通时段或黄金时段则需要高得多的价格。这使得很多中小企业难以承受。最后,电视媒体还有一个劣势就是喧闹。目前黄金时段已经有近三分之一的时间安排了广告,这使得观众容易对众多广告产生反感。

电视广告按照编排播放形式可以分为以下几种:(1) 普通电视广告片。即广告主向电视台购买或赞助一个专栏节目,提供自己的节目制作经费。然后在节目播出期间穿插自己企业的广告。广告播出时间的长短依据赞助费用的多少和播放期限而定。(2) 标版广告。标版广告时间较短,一般为 5 秒或更短,通常只有一两个体现企业形象的画面和一句广告语。但由于该类广告对提高企业的知名度和提升企业形象有很大帮助,因此为很多企业看好。中央电视台每年的"标王"之争已连续多年成为各大媒体争相报道的焦点。(3) 栏目冠名广告。冠名广告将电视台的某些栏目以企业的名称或产品的品牌命名。如"蒙牛酸酸乳超级女声电视大奖大赛"等。(4) 直销广告。这是一种一般长度在 2 分钟以上的广告片,内容大多是对产品功能的介绍和演示。同其他电视广告最大的不同之处是,这种广告一般会出现产品的价格,并一律会提供一个销售热线供人们电话订购。例如很多电视台在白天时段播出的手机广告、化妆品广告等。(5) 贴片广告。这种广告在内容上同普通电视广告片或标版没什么区别,不同之处在于它的播放时间。所谓贴片,就是固定在某一部电视连续剧中插播。例如《丑女无敌》电视剧中就经常播出立顿奶茶的贴片广告。(6) 字幕广告。部分地方电视台,尤其是市县级电视台在播放正常节目时会在屏幕下方打字幕,播放产品信息。这种形式虽然较易引起人们的反感,属于被禁之列,但不可否认,该类广告有一定的效果,尤其是在播放促销信息时。

由于电视广告的价格日益昂贵,广告的平均长度已不再是早期的一分钟或者两分钟,而是明显缩短。与广播一样,营销者在电视中也购买时段名,或某些其观众最可能符合品牌市场形象的特定节目。如中央电视台新闻频道广告在黄金时刻《东方时空》栏目前价位可达到 5 秒广告费用 25 600 元人民币。而在午夜新闻后广告最为便宜,大概 5 秒 11 700 元。广告销售点以广告能够达到的千人成本(CPM)来算。CPM 即 Cost Per Thousand,在一般情况下,CPM 小于 100 则这则广告可能产生利润,而 CPM 大于 100 则这则广告在一千人中达到的成本较大,不利于利润产生。表 10-1 是 2010 年中央电视台新闻频道广告价位表。

表 10-1　2010 年 CCTV 新闻时段广告价格表

(单位：人民币/元)

时段名称	播出时间	5 秒	10 秒	15 秒	20 秒	25 秒	30 秒
上午直播时段	周一至周日 8:30—11:55	11 800	17 800	22 200	30 200	35 500	40 000
新闻 30 分前	周一至周日 11:55	12 400	18 600	23 300	31 700	37 300	41 900
新闻 30 分后	周一至周日 12:30	12 400	18 600	23 300	31 700	37 300	41 900
下午直播时段	周一至周日 13:00—17:00	11 800	17 800	22 200	30 200	35 500	40 000
共同关注前	周一至周日 17:55	15 400	23 000	28 800	39 200	46 100	51 800
共同关注后	周一至周日 18:55	20 500	30 800	38 500	52 400	61 600	69 300
东方时空前	周一至周日 19:55	25 600	38 400	48 000	65 300	76 800	86 400
东方时空后	周一至周日 20:58	22 800	34 200	42 800	58 200	68 500	77 000
新闻 1+1 后	周一至周五 21:55	25 400	38 100	47 600	64 700	76 200	85 700
环球视线前	周一至周五 22:25	25 400	38 100	47 600	64 700	76 200	85 700
午夜新闻前	周一至周日 23:55	16 000	24 000	30 000	40 800	48 000	54 000
午夜新闻后	周一至周日 01:00	11 700	17 600	22 000	29 900	35 200	39 600

第四节　户外媒体

在传统媒体中除了印刷媒体和电波媒体外还有一大类就是户外媒体。在传播学中传统的三种媒体并没有涵括户外媒体，这是因为户外媒体的唯一功能是广告，并不是传递新闻信息。但是我们如果要着重阐述媒体的营销传播功能，则户外媒体是相当重要的一种媒体。常见的户外媒体包括广告牌、影院和影碟、一些非传统媒体如热气球、标语、T 恤上的文字图案等都属于户外媒体的范畴。

一、户外广告

户外广告起源于罗马帝国，当时人们就将商业图案绘制在城墙之上。现代社会，汽车或高速公路已经占据我们的视野，所以沿路的大幅图案广告牌就成了传递信息的据点。据统计，全球的户外广告年度支出的估算值在 48 亿美元左右。[①]

根据户外广告的不同形态可以将户外广告分为两种：固定广告牌和移动

---

① 汤姆·邓肯：《广告与整合营销传播原理》，机械工业出版社 2006 年版，第 220 页。

广告牌。固定广告牌包括霓虹灯广告牌、墙体广告、机场广告、电梯广告等;移动广告则包括公交车身广告、地铁广告、热气球广告等。广告商一般从公共运输部门购买广告空间,招贴可以张贴于公交车、地铁和出租车之上等。其他可供张贴的地方还有购物中心、零售店、图书馆、社区等。只要是人们有可能阅读信息的地方,就适宜于张贴那些传递较为复杂信息的广告。不过,目前固定广告牌与移动广告牌的区分已经不太明显了,由于要降低成本,固定广告牌常常也被当做移动广告牌使用,在不同的地区轮换使用。例如,在某一个地铁站常常见到的固定广告牌可能经过几个星期后被移到另外一个地铁站使用,这样既减少了成本,又扩大了效益。

另外一种分法是将户外广告分为传统的和非传统的。传统的户外广告是指在过去一些年常见的广告,例如公交车广告、霓虹灯、墙体广告等,而非传统的户外广告则是指近些年涌现的新形式的户外广告模式,例如购物袋、太阳帽、街头卡通人物等。包括产品和消费者所接触的任何点,都可以被理解为一种新形式的户外广告。不过,非传统户外广告与传统户外广告的界限非常不清晰,很难判断哪些户外广告属于传统的而哪些属于非传统的。非传统的户外广告通常存在以下特征:受众测量困难、具有高生产成本和运作成本等。它不像传统户外广告一样具有统一的测量与购买手段,因此使用起来比较麻烦。

户外广告的优势在于:(1)户外广告通常有很高的曝光率,尤其是在人口密集的地方。(2)户外广告生动活泼,能引起人们的关注,广告效果好。(3)户外广告也为目标市场定位提供了地理上的灵活性。它有时能用于大型宣传活动,尤其是在新产品上市时,例如宝马的"MINI 传奇"所示。但户外广告也有明显的缺陷,主要在于:(1)人们容易从广告牌前擦肩而过却熟视无睹。(2)户外广告牌必须争取从周围的某种视觉刺激中脱颖而出,这就意味着它们所传达的信息必须简洁明快而引人入胜。(3)如果过度使用信息功能就会丧失效应,因为人们会对它视而不见。(4)户外广告存在负面感知的问题。环境保护主义者指责户外广告为"定点的视觉污染"。(5)户外广告的效果难以测算,因为其曝光率很难被正确捕捉,这比起电视的收视率与广播的收听率有着更大的计算难度。

二、户外广告的测量

户外广告的基本销售单位被称为曝光率。曝光率是一个估测的百分数,如人口总数的25%、50%或者是100%。25%的曝光率意味着此市场人口数量的25%一天中会接触到这个户外广告的信息,100%则意味着此市场人口的100%在一天中都能够接触到这个户外广告的信息。为了使曝光率增高,品牌信息就会尽可能多地出现在众多的广告板上。这种媒介在美国的媒体支出中只有2%,但是在其他一些国家,尤其是发展中国家是传递品牌信息使用得最广泛的方式。

第五节 新媒体

随着媒介的不断发展,一些新的媒介形式不断出现。因特网、手机、互动电视等不断出现的新媒体形式开始为客户参与营销提供了方便,而这些新的媒体形式也提供了多样的新型的营销方式。新媒体的优势在于:(1)多数新媒体互动性强,能够和顾客保持亲密的互动联系。(2)新媒体在向个性化和定制化的方向发展,能够充分使小部分受众得到满意。(3)新媒体的营销传播效果更容易被测量。

一、互联网

互联网作为继报纸、广播、电视之后的第四媒体,在20世纪90年代兴起后,曾掀起了巨大的社会效应,它当之无愧地被称作是新媒体的重要形式之一。互联网具有传输范围大、速度快、交互性强等特征。根据中国互联网络信息中心统计,截至2010年7月15日,中国互联网络用户已经达到4.2亿,我国互联网普及率以22.6%的比例首次超过了21.9%的全球平均水平;到2009年6月,我国的宽带网民也达到3.2亿,国家CN域名数达1296万,三项指标稳居世界排名第一。同时,随着3G时代的到来,无线互联网将呈现爆发式的增长趋势。可见互联网对我国影响之深之广。

互联网的营销方式有很多种。尽管现在网络营销在整体媒体支出中仍然是一小部分,但是却在以高于任何类型广告的增长速度增长。尤其是在中国,网络营销出现的新兴形式和它们所获取的利润以呈几何倍数的速度增长。

1. 网络广告

网络营销的方式近年来层出不穷,不过,目前使用最为广泛的营销方式还是网络广告。网络广告的分类方法多种多样,又因为层出不穷的新的网络广告形式使得分类更加模糊不清。在这里,我们介绍几种最常用的网络广告形式,它们是横幅广告、弹出广告、按钮广告和电子邮件广告。

横幅广告指的是横跨于网页上的矩形公告牌,也叫做旗帜广告(Banner

ads)。当用户点击这些横幅的时候,通常可以链接到广告主的网页。它是网络广告最早采用的形式,也是目前最常见的形式。横幅广告通常是一个表现商家广告内容的图片,放置在广告商的页面上,尺寸是 480×60 像素,或 233×30 像素,一般是使用 GIF 格式的图像文件,可以使用静态图形,也可用 SWF 动画图像。除普通 GIF 格式外,新兴的 Rich Media Banner(丰富媒体 Banner)能赋予横幅更强的表现力和交互内容,但一般需要用户使用的浏览器插件支持(Plug-in)。

由于横幅广告有较严格的尺寸规定,因此,当广告商认为横幅广告已不能满足吸引受众的需求时,就产生了通栏广告。通栏式广告实际是横幅式广告的一种升级。它比横幅式广告更长,面积更大,更具有表现力,更吸引人。一般的通栏式尺寸有 590×105 像素,590×80 像素等,它也已经成为一种常见的广告形式。

弹出式广告是互联网上的一种在线广告形式,意图透过广告来增加网站流量。它通过用户在进入网页时,自动开启一个新的浏览器视窗,以吸引读者直接到相关网址浏览,从而收到宣传之效。这些广告一般都通过网页的 JavaScript 指令来启动,但也有通过其他形式启动的。由于弹出式广告的过分泛滥,很多浏览器或者浏览器组件也加入了弹出式窗口杀手的功能,以屏蔽这样的广告。

按钮式广告是一种小面积的广告形式,这种广告形式被开发出来主要有两个原因:一方面是可以通过减小面积来降低购买成本,让小预算的广告主能够有能力进行购买。另一方面是更好地利用网页中比较小面积的零散空白位。常见的按钮式广告有 125×125 像素、120×90 像素、120×60 像素、88×31 像素四种尺寸。在进行购买的时候,广告主也可以购买连续位置的几个按钮式广告组成双按钮广告、三按钮广告等,以加强宣传效果。按钮式广告一般容量比较小,常见的有 JPEG、GIF、Flash 三种格式。

电子邮件广告是以电子邮件为传播载体的一种网络广告形式,电子邮件广告有可能全部是广告信息,也可能在电子邮件中穿插一些实用的相关信息;可能是一次性的,也可能是多次的或者定期的。通常情况下,网络用户需要事先同意加入到该电子邮件广告邮件列表中,以表示同意接受这类广告信息,才会接受到电子邮件广告,这是一种许可行销的模式。那些未经许可而收到的电子邮件广告通常被视为垃圾邮件。

网上广告有众多的优势:(1) 互动性强,即公司与顾客可以同时参与对话,公司也很容易接收顾客的反馈信息。(2) 灵活性强,品牌信息可以即时更改和更新;(3)有精确的目标定位,可以针对一小部分受众群发布广告,而少部分受众群作出的反应几率会更大。(4)时效性强,信息一旦发布出去能很快得到受众的反馈。(5)可衡量性强。点击、点进和购买都能够轻易地被记录。

当然,网络广告也有不可避免的缺陷,主要缺陷就是干扰性大。用户在浏览互联网络时通常会比较反感突然出现的广告,由于出现这些广告也使得网络的点击率受到影响。同样,由于不受欢迎,这些广告的点击率本身也不高。

2. 搜索引擎营销

搜索引擎营销分为两种:SEO 与搜索引擎广告营销。SEO 即搜索引擎优化,是通过对网站结构(内部链接结构、网站物理结构、网站逻辑结构)、高质量的网站主题内容、丰富而有价值的相关性外部链接进行优化而使网站为用户及搜索引擎更加偏好,以获得在搜索引擎上的优势排名,为网站引入流量。

搜索引擎广告是指购买搜索结果页上的广告位来实现营销目的;各大搜索引擎都推出了自己的广告体系,相互之间只是形式不同而已。Iresearch2005 年的数据调查显示:在中国搜索引擎使用量市场份额中,百度的份额达到 46.5%,Google 的份额达到 26.9%,再次是雅虎,占 15.6%。排名前三的搜索引擎运营商用户使用量市场份额达 89%。搜索引擎广告的优势是相关性,由于广告只出现在相关搜索结果或相关主题网页中,因此,搜索引擎广告比传统广告更加有效,客户转化率更高。

搜索引擎的主要盈利模式有以下几种。

(1) 竞价排名。所谓竞价排名,就是说同样的关键词,企业愿意为用户点击一次所出的价格越高,排名就会越靠前。竞价排名是一种按照效果付费的网络推广方式。以百度为例,企业在以 1 500 元底金加上 600 元年费购买该项业务后,通过注册一定数量的关键词,其推广信息就会率先出现在网民相应的搜索结果中,每吸引一个潜在用户点击相应网页,企业将为此支付最低 0.3 元的费用。在这个平台上,中小企业和大企业可以同台竞技,因此这种网络推广方式更受中小企业的青睐。

(2) 固定排名。这是最早的搜索引擎广告,是搜索引擎提供商顺应商家日益增长的网站推广需求而推出的一种网站推广服务。固定排名搜索是指用户在进行关键词搜索时,广告客户的网站将出现在搜索结果页面中的固定位置,并按照预先确定的价格支付广告费。

(3) 地址栏搜索广告。所谓 IE 地址栏搜索,曾被称为"中文网址"、"中文关键词"、"快捷网址"等不同名称。就是在浏览器的地址栏中利用一种更容易记忆的文字代替英文的 URL 来实现访问的方式。当用户开启网络实名功能以后,在浏览器地址栏输入中文,即可直接进入网站,或得到丰富的搜索结果。例如,在浏览器地址栏输入"中央电视台"即可以直接达到央视网站。目前地址栏搜索基本上覆盖了80%以上的中国互联网用户,每日使用量超过3 000万人次,是用户常用网络搜索服务之一。

以上这几种搜索引擎广告都有着自己的优势。总的来说,搜索引擎广告的优势在于:针对性较强,用户可以主动找到相关企业。成本控制容易,竞价排名按照为客户带来的访问量付费,广告主可以根据自己的发展战略灵活地控制成本预算,使得每一分钱物有所值。点击的起步价低,由于网络广告和正规的电子邮件营销价格相对较高,难以在大多数中小企业中获得广泛应用,而竞价排名则为企业提供了一个展示机会,中小企业可以利用这个机会扩大自己的影响力,因此非常受中小企业的欢迎,也符合"长尾理论"的特征。

3. BBS营销

BBS营销是通过BBS网站的讨论来进行营销传播的一种方式。BBS是信息传播和扩散的最佳平台,因此它也是"口碑营销"或"病毒营销"的最好阵地。BBS传播的优势在于:其群体设置多是根据某些属性来定义的,同一个群体的人通常具有某些共同特征,因而BBS的信息容易在同一个群体传播和扩散。BBS具有人气惯性,人气高、回复率高的帖子容易引起人们的重视,从而形成传播的良性循环。

4. 博客营销

博客营销是企业或个人建立博客来达到实现与用户之间互动交流或推荐产品和推广企业文化的方式。企业博客一般以诸如行业评论、工作感想、心情随笔和专业技术等作为企业博客内容,使用户更加信赖企业深化品牌影响力。博客营销虽然没有直接宣传产品,但是让用户接近、倾听、交流的过程本身就是最好的营销手段。企业博客与企业网站的作用类似,但是博客更大众随意一些。另一种是利用个人博客进行营销,这是博客界始终非常热门的话题。博客营销有低成本、分众、贴近大众、新鲜等特点,往往会被众人谈论,达到很好的二次传播效果。

5. 播客营销

播客(Podcasting)指的是一种在互联网上发布文件并允许用户订阅feed以自动接收新文件的方法,或用此方法来制作的电台节目。这种新方法在2004年下半年开始在互联网上流行以用于发布音频文件。播客营销就是以播客为主要传播载体的营销方式,它主要是在广泛传播的个性视频中植入广告或在播客网站进行创意广告征集等方式来进行品牌宣传与推广。

值得一提的是,很多人简单地把播客营销理解为播客广告,这是不准确的。播客营销方式有多种。而播客广告只是播客营销中一种较低层次的应用,不能反映播客营销的巨大传播价值。播客营销最为典型的案例有 2009 年的"百事我创,网事我创"的广告创意征集活动;国外目前最流行的播客网站有视频播客网站 www.youtube.com(世界网民的视频狂欢)等。播客营销的特点在于,它以形象化的视频将营销信息深入人心,是品牌效应的不断被神化的过程。

二、手机媒体

手机是在 20 世纪 90 年代末期出现的一种新兴媒体。手机媒体是指通过手机终端,进行各种(文字、音频、视频等形式的)媒体内容的传播。手机的最初出现时只是完成移动通话功能,但随着短信、手机电视、手机上网等功能的开通,手机开始慢慢成为一种深入人心的媒体。手机新开发的功能有手机报、手机电视、手机小说、手机上网等。手机报是指基于移动网络传输,并在手机上进行阅读的特殊包装后的报纸。手机音频、视频及电影是指基于移动网络传输,并在手机上进行接听的音频广播、实现的视频短片或电影影片的下载和观看。手机电视是指基于移动网络进行内容传输,在手机上实时观看电视节目的形式。手机小说是指基于移动网络传输,在手机上下载或在线阅读的文字或图片类小说内容。手机上网是以手机为网络终端链接因特网的上网方式。手机网民是半年内使用过移动互联网的 6 周岁及以上中国公民。据中国互联网络信息中心统计,截至 2010 年 7 月 15 日,中国手机网民已经超过 2.38 亿。

手机媒体的特征有:(1) 多媒体融合。手机媒体融合了报纸、杂志、电视、广播、网络等所有媒体的内容和形式,成为一种新的媒体;手机媒体的传播方式也融合了大众传播和人际传播、单向传播和双向传播、一对一和一对多、多对多等多种形式,形成一张相对复杂的传播网。因此,手机营销模式也可有多种形式。(2) 传播速度快、范围广。借助移动通信网,手机短信、手机报可以在最短的时间内群发给每一个用户。此次"十七大手机报"成为第一家采用"即时出报"方式报道新一届政治局常委与中外记者见面会的媒体,每 40 个中国人中有 1 人就能收到一份"十七大手机报"。在甲型 H1N1 流感蔓延期间,中国政府利用手机短信及时向用户群发被感染者的情况,提醒人们注意安全,这对疾病的预防和控制起到了良好的作用。(3) 互动性强。手机媒体可以随时随地发出和接收信息,不仅可以进行个体间联络,还可以进行群体间联络,用户既是受众,又是内容生产者。通过手机报这种媒体形式,还能在第一时间获知人们的评论,人们阅读后渴望表达自己的观点和看法。(4)传播效果强大。手机是"带着体温的媒体",具有私密、随身的特点,人们对手机媒体的信赖程度较高,它影响人们的思考和行动。手机广告容易让受众认为是针对他们的特定营销计划,因此营销效果也会有相应保障。

三、数字电视媒体

数字电视就是指从演播室到发射、传输、接收的所有环节都是使用数字电视信号或对该系统所有的信号传播都是通过由0、1数字串所构成的数字流来传播的电视类型。"数字电视"的含义并不是指家庭中的电视机,而是指电视信号的处理、传输、发射和接收过程中使用数字信号的电视系统或电视设备。其具体传输过程是:由电视台送出的图像及声音信号,经数字压缩和数字调制后,形成数字电视信号,经过卫星、地面无线广播或有线电缆等方式传送,由数字电视接收后,通过数字解调和数字视音频解码处理还原出原来的图像及伴音。因为全过程均采用数字技术处理,因此,数字电视信号损失小,接收效果好。它比起模拟电视来优势在于:(1)图像清晰,受干扰小。(2)容量大,可传达大容量的信息。(3)互动性强,可提供一对一的服务。因此,数字电视的广告个性化与互动性将成为主流。

数字电视有广阔的使用前景,而它的广告模式也有很大前景。一些学者们认为,目前正在开发的广告资源有以下几种。

(1)开机画面广告。数字电视的信号,是经过每个家庭安装的电视机机顶盒接受与解码的。所以电视观众必须有两次开机手续,即电视与机顶盒。如果先开电视,再开机顶盒时,就可以看到当地网络公司的开机画面,这个画面通常延续3—5秒,而正好可以播出广告。开机画面广告的优势很多,主要有:好的开机广告能提供好的第一印象;广告有高清晰画面,无其他干扰;此时受众注意力高度集中、对广告信息接受度高等。

(2)主菜单与信息服务。有的网络公司,在主选单外,另设"信息服务"页面,这一页面在部分屏幕中可以设计广告位。这里的广告优势在于:① 用户是有目的地选择进入,主动性强,不是被强迫,可接受程度高;② 如果主菜单有客户经常使用的服务(例如地区性的分类广告与打折信息),广告曝光频次可以得到保证;③ Flash及其他"动"的形式的广告较有可能。

(3)导视频道广告。由于数字电视频道众多,各个网络公司都有成立导视频道的计划,来协助电视观众预告新的频道内容、片花、播出时间等(如下)。如果在导视的时候能够根据消费者的需求和习惯,规划出可看性高、简洁美观的广告,就会相当有价值。服务式的、工具式的、有定制功能、延期观看与刻录有关服务的导视频道,可以培养消费者习惯,也会有相当的广告效果。除此之外,数字电视可能设计的广告形式还有:弹出式窗户型广告;荧屏上下走字条广告;频道画面缩小后,荧屏左方或右方的广告;频繁的电邮广告等。

四、分众传媒(Focus Media)

这是我国近年来出现的一种特殊的媒体。它出现于2003年,它的产品线覆盖商业楼宇视频媒体、卖场终端视频媒体、公寓电梯媒体(框架媒介)、户外大型LED彩屏媒体、电影院线广告媒体、网络广告媒体等。这些媒体形成了一个相互整合的网络。分众传媒以中国都市人群为核心目标人群,覆盖中国最广泛的高收入群体,以独创的商业模式、媒体传播的分众性、生动性赢得了业界的高度认同。

分众传媒与以下将要陈述的几种媒体形式一样,属于纯广告传媒,即纯粹以传输广告信息为目的的媒体方式。分众传媒的特点在于:受众范围小,传输效果好。分众传媒的受众一般是小群体的受众,他们对广告内容关注性强。且受众都属于高收入人群,对广告内容也容易接受。分众传媒所传递的信息不容易引起人们的反感,因为它总是在人们有空的时候侵入;另外,分众传媒的信息不易被浪费,因为它总能够被小部分人群所接收。基于以上特点,分众传媒一经走向市场就获得了巨大的成功。2005年7月分众传媒成功登陆美国纳斯达克,成为海外上市的中国纯广告传媒第一股,并以1.72亿美元的募资额创造了当时的IPO纪录。2007年12月24日,分众传媒正式被计入纳斯达克100指数,成为第一个被计入纳斯达克100指数的中国广告传媒股。

五、聚众传媒

聚众目标传媒(中国)控股有限公司是一家极具创新力的综合性媒体集团,宗旨是在全国范围内营建媒体网络,目前已发展成为集多媒体开发、经营、管理的综合性媒体专业机构。目前,聚众传媒的广告形式主要是楼宇电视。集团拥有国内外广告经营资质及电视广播时段、杂志、户外广告等自有媒体。聚众传媒目前已覆盖北京、上海、广州等一级城市在内的40多个城市的高档商务场所,构建了全国性楼宇视频传播网络。聚众传媒以它清晰的定位和良好的传输效果成为除电视、电台、报纸之外全国强势目标媒体平台之一。

六、框架传媒(Frame Media)

框架传媒创办于1999年,是中国大陆电梯平面媒体市场的领航者。公司旗下媒体总量38万块,市场占有率超过95%,覆盖55个重点城市和8 000万中高端家庭消费者。1999年,框架传媒率先在中国提出社区媒体定向传播的市场理念,并因此成为国内第一家社区媒体开发商。2000年,与杜邦公司建立了长远战略合作伙伴关系,成为杜邦可丽耐在中国内地高档社区媒体行业的独家合作伙伴。2001年,框架传媒完成了在全国重点一线城市的战略部署。2005年,原框架传媒与朗媒传播、诚信四海、领先广告、拓佳广告、阳光加信、力矩传媒、E时代传媒、圣火传媒、星火传媒、上海品一等公司合并重组,2005年10月15日,以1.83亿美元的价格被分众传媒收购,并入分众户外媒体生活圈,成为纳斯达克上市公司。

框架传媒的主要业务是电梯平面媒体市场。在中国主要城市的电梯中到处可以看见框架传媒广告。框架传媒广告的优势是:(1)抓住了人们乘坐电梯的空闲吸引人们的视线获得良好的广告效果。(2)框架传媒具有可移动性,其资源不易浪费,可变换地点重复使用。(3)框架传媒广告具有个性和创意性,易给人留下深刻印象。总的来说,框架传媒利用独特资源占据市场一角,也是新媒体形式中成功的典范。

七、触动传媒(Touchmedia)

触动传媒是投放在出租车上的移动触摸式交互液晶媒体,它利用这种移动触摸式交互设备在中国大陆推广了全球独有的"亲和力媒体平台"概念。这一媒体平台是安装在出租车副驾驶头枕后侧的一个触摸式彩色液晶屏。它通过提供信息、资讯并以独一无二的互动体验在广告主和消费者之间建立亲密对话。同时,还能配合SMS技术来收集包括电子邮件地址,电话号码等更多更深入的信息。它也通过与出租车公司的紧密合作成功实现商业化运作。在过去的五年里,触动传媒与上海、广州、北京的出租车行业达成多项合作。乘客坐在出租车里也可以享受广告服务,可称作是休闲和传播的完美统一。

八、炎黄健康传媒

2005年,北京炎黄时代传媒集团注资成立了北京炎黄健康时代传媒广告有限公司,并于2005年9月在卫生部中国医院协会的授权下,在中国组建"全国健康宣传教育示范网络"。炎黄健康传媒以播放医药卫生信息、传播健康科普知识、推广科学用药等相关专业内容为主，辅以娱乐、生活资讯等栏目，为大众健康教育知识的普及提供了一个权威的渠道。

作为中国最大的医院健康教育宣传平台，炎黄健康传媒旨在传播健康医学知识，以专业的服务打造"中国医院健康宣传教育第一品牌"。目前，炎黄健康传媒在包括北京、上海、广州等在内的全国36个城市中，拥有覆盖3 300余家医院的32 800块液晶显示屏，实现对特定人群的广泛覆盖。到2008年年底，炎黄健康传媒的网络已经覆盖全国60个中心城市的6 000家医院，安装80 000块液晶显示屏，每日覆盖达到3 000万人，年均覆盖109.5亿人次。炎黄健康传媒及其传播资讯也已经深入人心，成为一种独特的营销传播模式。

这些新的媒体带来了新的营销传播模式，我们所阐述的其实只是很小的一部分。在中国市场上，近些年来出现的新媒体层出不穷，其他还有隧道传媒、动画媒体、桌面媒体、各种各样的新型电子媒体，例如MP3、MP4、Ipad、掌上电脑等。可以说，所有的载体无时无刻不在传递信息，将来媒体的概念将越来越广泛，从以前的印刷媒体、电波媒体、网络媒体逐步走向"所有物体都可能成为新形式传媒"的趋势。

新媒体的出现体现了市场的需求。在这些新媒体中，有一些是具有中国特色的，例如炎黄健康传媒、框架传媒等。它们的出现体现了中国市场发展到这一阶段的客观需求。触动传媒前CEO杨宇时先生曾提出"传播业是第四产业"的概念，意在强调在未来的中国市场传播业将越来越占据重要地位，从而形成一种广泛和深入人心的产业链。

随着消费时代的前进、消费者选择性的提高以及各种各样新媒体形式的出现，一对多的营销模式越来越多地被个人化、定制化、个性化的服务模式所取代。而大众传播的营销模式也越来越多地被小众传播或人际传播等模式替代。病毒营销、口碑营销等营销模式的影响都是未来我们需要重点研究和探讨的课题。

思 考 题

1. 传统的营销传播媒体有哪几种？它们各自有什么优劣？
2. 新兴的营销传播媒体有哪几种？它们各自有什么优劣？
3. 在上文所介绍的几种营销传播媒体中，哪些是中国特有的？你认为它们未来的前景如何？

第十一章　整合营销传播媒体策划

媒体策划是营销传播策划中的一个重要组成部分。媒体策划是采用最具成本—效益的媒体组合来达到一系列媒体目标的决策过程,即通过怎样的组合来保证成本的最小化而获得最大的经济效益。如果选择的媒体没有传播品牌信息,并帮助品牌使其影响最大化,那么销售额将会遭受巨大损失,在媒体上的大部分投入也就是一种浪费。

在整合营销传播中,大部分公司会考虑不止采用一种媒体来宣传品牌,主要是由于以下几种原因:(1)不同的媒体有着不同的传递信息的方式;(2)不同的媒体策略的效果是不同的;(3)只通过单一的传播工具是不能够接触到所有的目标消费者的。由于品牌信息传播方式的增加,制订媒体计划也就越来越困难。一般来说,媒体策划过程可以分为四个步骤:(1)识别媒体针对的群体;(2)设定媒体目标;(3)制订媒体策略;(4)明确媒体投放的安排。下面我们依次来阐述。

第一节　媒体针对的群体——寻找目标消费者

营销策划就是要识别品牌的目标消费者。弄清楚消费者的目标市场是媒体策划中重要的一个环节。策划人的工作是去选择传播工具和最符合目标消费者的市场。例如:谁是目标群体?他们在哪里?目标消费者容量多大?每个目标家庭的消费有多大?与其他市场相比,品牌在该市场的表现如何?等等。

一般来说,媒体与目标市场相符合的程度要看目标消费者与人口平均水平有多大差异。例如,有的目标消费者比一般群体有两倍可能购买一件商品,那么媒介就可以在这一目标消费群体中重点投放。例如在城镇居民中家电产品的销量通常会更高,那么关于家电产品的广告应该集中在城市投放。

有时,目标消费者的多少也会影响媒体决策。一般来说,目标消费者越少,信息的个性化和互动性就越强,如要将信息传达到一个有100 000城市家庭中的5 000个,互动性的媒体比大众媒体更合适,但如果目标消费者都在城市相同的区域,大众媒体会更具成本效益。

一个目标消费群体的共同特点也会影响媒体选择。年轻的妈妈们会很关注与婴儿相关的各项产品,那么婴儿用品就应该采取年轻妈妈们喜爱的媒体形式来重点投放,如杂志或者专业网站等。

另外,目标消费群体的共性程度也会影响媒体的选择。目标消费群体的共性越大,则所选媒体的覆盖范围也应越大。例如2010年春节前后的《新闻联播》后黄金时段广告标王广告是汇源果汁。汇源果汁是针对所有大众的,因此选择这个时段和这个节目来做广告非常合适。当目标消费群体的共性很少时,例如母婴用品,则选择小众范围的杂志等来做广告可能更为合适。

第二节 设定媒体目标

媒体目标反映了一个公司想要完成的关于传递品牌信息的目标。媒体目标可以描述为一个公司如何让消费者接触到信息,如何能够让媒体所传递的信息深入人心、从而最大限度地影响更多的消费者。有两个变量是媒体目标主要的测量指标:到达率和暴露频次,这两个变量分别测量出信息传递的广度和深度。两者相乘得出的数值为毛评点(Gross Rating Point, GRP)。毛评点的高低体现了媒体策划的分量。

一、到达率

无论产品有多好或营销传播信息多么富有创造力,只有当消费者有机会看到它或者听到它时,才会产生影响。一档节目做得再好,如果放在半夜播出,能够看得到它的观众也会寥寥无几。因此,营销传播信息最为重要的是要到达它的消费者和潜在消费者。在媒体的环境下,到达率是指在某一时间段内,一位观众有多大几率看到这个媒体。

在计算到达率的方法上,不同的媒体有不同的计算到达率的方法。广播和电视的到达率是用收听率或收视率来确定的。例如CCTV新闻联播的收视率为80%,则其到达率为80%。看某一节目的人越多,到达率也就越高。但是,到达率并不表明观众一定看到或注意了这个节目。当受众调查显示出这一节目到达了多少观众时,有的观众可能正开着电视在做别的事情,或者心不在焉地对电视节目视而不见。因此,到达率并不等同于节目对那些受众产生了影响。

专业杂志的到达率测量基于一个原则,即到达率是由整个区域的受众对它的兴趣和使用而决定的,而不是由给定的地理区域的家庭决定的。例如《读者》杂志的到达率是在全国范围内购买《读者》的受众有多少,而不是由《读者》杂志发行所在的城市决定。相对广播电视的到达率而言,杂志到达率较容易测量,它基本上可以等同于购买杂志的人数的多少。

户外广告的到达率的计算方法是:在 24 小时内在某一城市区域内通过特定品牌信息广告牌的汽车百分比。大部分公司同时会在多个户外广告牌上展示品牌信息。例如,在西单北大街的 10 个户外广告牌上展示品牌信息,到达率是由通过这些广告牌车辆的汽车百分比决定的。如果在西单这一区域的注册车辆是 10 000 辆,而交通记录表明 24 小时内有 10 000 辆车通过一个或多个广告牌,则到达率我们认为是 100(100%)。用户外广告的术语来说就是"100 展示"。(不过,交通记录有时会把同一辆车多次记录,即重复)。

网络广告的到达率是以受众的点击率来计算的。一次点击率即为一次信息接触,这对于网管来说非常容易掌握。但不容易掌握的是网络受众的区域分布,因为互联网的隐蔽性很高。因此网管们不得不要求注册用户填写他们的真实信息以便于掌握受众的分布。

在直邮广告和电话营销中,到达率的计算比较容易,它可以根据直邮广告的发送或电话营销中打电话给多少家庭来判断到达率。该给多少客户发送直邮广告或者打电话则取决于一个公司对自己市场的识别。例如中国人寿推销其保险产品,如果在所在区域共有 10 万个家庭,而中国人寿打电话给其中一万个家庭,则到达率为 10。在确定直邮广告的到达率时也采用相似的办法,将邮递总数除以家庭或公司自己界定的区域受众。

很少有一个品牌可以找到一个媒体对其目标消费者的到达率是 100 的,即便是收视率再高的央视或其他中央级媒体。因此大部分媒体策划项目包括了同时运用多个媒体,即我们通常所说的"混媒传播"。即便是这样,到达率也很难通过不同媒体的到达率简单相加。例如在一个给定的覆盖区域,电视到达率是 60%,报纸是 40%,但并不意味着使用这两种媒体就会达到 100%,因为存在着重复。重复就是两个或多个媒体的重复覆盖。在汶川大地震爆发期间,许多观众就是一边看电视、一边上网、一边听广播来获得信息,而这些不同媒体所传达的信息有很大一部分都是重复的。重复不一定都会带来负面影响,因为重复也会加深受众的印象,但是也有相当一部分重复的信息是无效的。因此,怎样来组合不同的媒体就成为了媒体策划中一个非常关键的问题。而整合不同的媒体也是整合营销传播的一个重要环节。

另一个相关的术语就是**目标到达率**,即在品牌的目标市场上传播工具受众的百分比。例如,汇源果汁在中国果汁的市场份额是13.95%,那么,目标到达率就是媒体对于这13.95%的受众的影响有多大。营销人员对目标到达率的概念更感兴趣,是因为目标到达率能够更好地反映销售业绩。在特定媒体所到达的所有家庭和企业中,有些受众既不是消费者也不是潜在消费者,如果将精力花在这些受众身上就会事倍功半。因此了解目标到达率也是媒体策划重要的一环。要识别目标到达率首先要识别媒体受众中的品牌目标消费者。例如,如果"凡客诚品"这一休闲品牌服饰想在《读者》杂志上做广告,以此来掀起大家对一个新库存管理软件系统的兴趣,它可能会说它希望广告到达年销售额500万元或更多的零售店经理那里。《读者》杂志有600 000个读者,然而只有200 000个是符合要求的,因此这个杂志对于凡客诚品来说目标到达率只有1/3。

目标到达率的计算是很重要的。因为它表明了一个公司实际投入在某个媒体上的回报。媒体浪费则是指到达的受众既不是消费者也不是潜在消费者。这是媒体策划人的主要担忧之一。有一句著名的广告语是:我所付的广告费用有一半都是浪费了的,可惜的是,我不知道哪一半被浪费了。这指的就是广告投入给了那些既不是消费者也不是潜在消费者的受众。在通常情况下,营销人员都必须为到达的所有受众付费,而不管有多大百分比的读者是品牌的目标市场。

那么,多大的到达率才算是足够?因为多数情况下不允许花费那么多成本来使信息百分百到达目标市场,也不允许到达目标市场的信息出现太多浪费。因此,到达率应该到达具有成本—效益的百分比。在任何目标消费者中总有一部分人是需要花费比其他人更多成本才能够到达的,因为他们的媒体利用率很低。相反,那些经常接触媒体的人就很容易到达。

二、暴露频次

暴露频次是指在一个特定时期内,那些可能达到的受众有机会暴露在一个品牌信息之下的平均数。如果同一项新闻用电视和报纸同时披露而正好都被一个家庭所接受,则这项新闻的暴露频次是2。

为了确定一个信息被暴露的情况,大部分的媒体策划要求暴露频次多于1,即至少同时采用两种媒体来进行组合传递信息。这是因为:从目前对于暴露频次的研究来看,有以下情况值得注意:(1)大部分媒体对于信息的暴露频次并不能足以引起受众注意。根据美国盖普洛、尼尔森、罗宾森等公司的调查,户外媒体的暴露频次在所有媒体中是最高的,而其他媒体对于信息的暴露频次并不太理想。(2) 另一方面,从受众对于信息暴露频次的要求来看,观众对两次以上出现的广告即感到厌恶,因为这破坏了他们所观看的电视节目。主要逃避的方式就是在出现广告的时候去做别的事情或转到别的频道。电视广告与报纸广告相比较受欢迎。报纸广告注意的百分比更低,这也就要求对于一个要暴露的信息需要运用多个媒体。(3) 多次暴露可以增加受众理解信息的机会。越复杂的信息则越需要通过多次暴露来充分展示。用不同媒体来进行多次暴露可以增加人们记住信息的机会。

与到达率相似,媒体策划者们对暴露频次也必须思考一个问题:**多少暴露频次才算足够**。一个经常被引用的准则是**有效暴露频次**,即一个信息要产生影响或达到一定关注水平而需要的观看次数,该数字通常在 3 到 10 之间,也有一些在这个数字额度之外。适当的暴露频次是具有成本—效益的,并能影响消费者的态度和行为。而确定这个成本与效益之间的平衡最好的办法是追踪消费者的反应,来检验各种频次水平。

影响这种暴露频次水平的因素有:(1) 信息自身的吸引力。一些富于创造性的信息或是一些受众会感兴趣的信息则不需要太高的暴露频次;另外,一些特别复杂的信息也不需要很多暴露频次,例如银行推荐的"免费活期存款"的业务的介绍往往只需要消费者集中注意力一次就可以了,而这种产品通常具有很高的价值,消费者会主动地去加以了解。(2) 媒体自身的关注价值。户外广告所引起的关注度是最高的,因此它容易产生较高的暴露频次。(3) 目标消费者需要和渴望了解品牌的水平。一些产品种类就是比其他一些产品更容易引起关注,例如名牌产品或刚上市的产品等。(4) 口碑营销的影响。口碑营销在很大程度上会影响信息。如果口碑营销是负面的,那么就需要更多的暴露频次来帮助人们克服负面信息的影响。

媒介暴露频次与到达率的关系见图 11-1。

三、毛评点

到达率和暴露频次是内在关联的概念,两者结合产生了叫做毛评点的量度。**毛评点(GRP)是将到达率和暴露频次相结合的量度,它是由到达率和暴露频次相乘所得的数值**。它也表明了媒体策划的影响力,GRP 值越高,影响力越大。例如,央视春节联欢晚会的到达率为 80,暴露频次为 3,则它的 GRP 为 240。如果 GRP 超过 100,则表明有重复发生,许多家庭不止一次看到广告。通过比较媒体策划的结果,媒体策划人或财务经理可以确切地知道投入多大的力量来投放一个新产品或增加品牌关注水平等。所以一个典型的

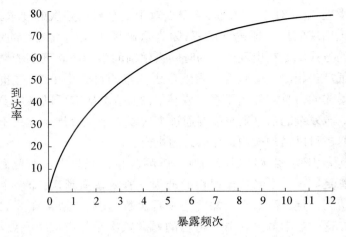

图 11-1 媒介暴露频次与到达率的关系

媒体目标是以某个 GRP 值表示的:"在头三个月用 3 000 的 GRP 来引入新品牌。"

目标毛评点(TGRP) 是指针对目标消费者的毛评点数量。TGRP 提供了一个更为精确的、描述品牌媒体投入中所得到回报的方法。TGRP 的数值一般小于 GRP 值,而在这两者之间通常有被浪费掉的 GRP 的数值,这个数值要尽量小,才能达到尽量好的媒体策划效果。计算 TGRP 的方法通常是将目标市场做一个界定,再在此范围内进行到达率和暴露频次的计算。

有了到达率、暴露频次和毛评点,我们就可以确定在选择一项或多项媒体时的定位。毛评点越高的媒体其广告投放的效果就越好。

第三节 制定媒体策略

一、影响媒介策略的因素

媒体策略是关于如何通过各种媒体组合选择来实现媒体目标。每一种媒体目标都可以有多种媒体组合来实现。影响媒体策略的因素主要有以下几种。

1. 所销售的产品种类

低参与性的产品如洗涤剂、纸巾或洗发水等,策划人应该考虑更具侵入性的媒体。相反高参与性的产品如奢侈品、电脑等高科技产品等,则应该用印刷媒体等低侵入性的媒体,这样读者可以选择自己喜欢的故事做广告。

2. 消费者的购买决策过程

消费者的购买过程通常有一个 AIDA 的过程,AIDA 即注意(Attention)、兴趣(Interest)、渴望(Desire)、行动(Action)。在引起注意和兴趣的阶段,选择大众媒体是比较有效的,例如受众购买汽车或电脑等产品,通常要通过大众媒体来得到所需要的信息,从而引起关注。但到了决策与购买阶段,则人际传播媒介和交互式媒介可以起到重大作用。因为越是到购买阶段,越是需要传递个性化的信息。越是个性化的信息和媒体产生的影响力就越大。虽然个性化媒体采用成本高,但是与受众的购买结果比较起来,所产生的利润还是可观的。如图 11-2 所示,媒体的交互性越强,产生的影响就越大。

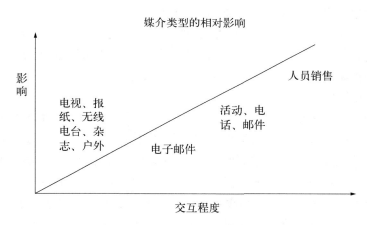

图 11-2 媒介的交互程度对于受众的影响

3. 媒体对消费者的影响程度

一般来说,一种媒体有特定的消费群体,例如对妇女和老年人的影响比对其他群体大;广播对于出租车司机的影响较大;互联网络对于受教育程度高的群体影响较大等。媒体对于消费者的影响力越大,所承载的广告影响力也就越大。因此一种媒体对于消费者的影响程度也是制定媒体计划的重要因素。

4. 媒介对于信息的暴露次数

这一项也是媒介管理者在策划中经常考虑的因素之一。如果一种媒体对于消费者是有影响力的,那么,信息对于消费者的影响力就越多,而消费者被动所受到信息的影响就越大。通常来说,电视广告播放得越频繁,消费者对被动接收的信息印象就越深刻,而可能产生的购买决策性也就越大。一个广告播放 80 遍与播放 8 遍所产生的效果肯定是不一样的。

5. 广告在媒体中所出现的时间

这是媒介采买者非常注重的一个要素。对于电视来说,在黄金时段播出的广告会比在其他次要时段播出的广告费用高出很多。因此这段时间广告的售价也相对高出很多。2010年广告标王被蒙牛集团以3.433 4亿元拿下,显示出在黄金时段播出广告的重要性。

二、制定媒体策略的具体方案

1. 确定媒体组合

在媒体策划和购买过程中,为一个品牌选择媒体的决策称为媒体组合。确定媒体组合是一个策划人在制订策略时的重要挑战。它包括两个基本决策:其一,用什么媒体;其二,每种媒体的比重。媒体组合没有最好的,只是根据品牌的要求来制订不同方案而已。如果当媒体目标是使到达率最大化时,就要运用多种媒体。这其中又有几个概念需要了解。

(1) 媒体权重。

设想一个产品的购买是一个主体,而决策却受到另外一个主体的影响。例如麦当劳是小孩都爱吃的食品,但是父母却经常认为麦当劳是垃圾食品而不愿给孩子购买。因此在针对麦当劳品牌做媒体策划时很可能会有一部分媒体投放针对父母,一部分媒体投放针对孩子。在这两种投放之间寻找一个平衡点而获取最大的利润。媒体权重的多少可根据媒体投入或到达率与暴露频次加以确定。对于一些品牌,媒体权重是以一定百分比销售额为基础的。例如,如果在北京麦当劳的销售量是武汉的麦当劳销售量的4倍,那么分配给北京地区的媒体销售将是分配给武汉地区的四倍。但是基于销售额确定媒体权重还有一个问题需要考虑到,就是市场与市场间媒体成本不同。如在北京地区媒体广告的千人成本是50元,而在武汉千人成本是100元,那么将千人成本与媒体投放成本相乘,在北京地区投放4倍于武汉地区的广告仍然能够得到更多的销售和利润。

(2) 媒体集中度。

媒体集中度是受策划集中程度影响的。一个集中的媒体组合比一个分散的媒体组合的暴露频次更大(这是以牺牲到达率为代价的)。一个集中的媒体整合比分散的媒体整合能使用更少的媒体和传播工具。媒体集中组合通常用在目标受众比较明确的时候。因为不同群体的受众有许多他们自己的特征。例如当目标受众为"18至35岁的白领女性"时,媒体集中组合就能起到作用。这时可以采用互联网、手机短信等媒体对这一受众群来集中进行宣传。而当目标群体定位为30至45岁的家庭妇女时,电视媒体、互联网络和杂志则能够起到很大的作用。在确定集中媒体时的另一个因素是信息制造成本。运用越少的媒体意味着需要制造的信息越少。如果广播、电视、户外广告和杂志进行组合,则必须要有四种完全不同的信息模式。对于有限的预算来说,这样无疑耗资巨大。如果能集中将资金投入到更少的媒体上,则能得到更多的促销支持,即更好的时间与位置。不过,有的媒体策划者认为不同的媒介组合所传递的信息比一种媒介多次传递信息的效果要好,当然,是否需要整合多种媒介应该看传递信息有无这种必要。如果一个信息很简单,有高水平到达率(而不是暴露频次),则分散媒体组合可能更为合适。但是当一个品牌信息相对复杂,可能会要求集中的组合,因为更高的暴露频次给予目标消费者更多机会了解信息。而从媒体的角度来说,印刷媒体更适合于复杂的信息,而广播、电视等电波媒体更适合于简单而且暴露频次多的信息。

(3) 整合营销传播组合因素。

对于整合营销传播来说,合理地组合各种媒体是媒体策划的重要部分。因为整合营销传播就是有效地"整合"各种营销传播工具使他们协同作战从而达到最好的传播效果。但在如何选择和组合媒体时也有很多因素需要考虑,恒美广告公司的媒体执行官认为:"只计算千人印象成本或其他具体数字已经不够了,我们也需要定性地了解不同媒体工具的优劣,比如媒体的权威性或影响力。"在这个水平上选择媒体不仅要基于对各种媒体的传播功能非常了解,也要对不同媒体间的配合有所了解。媒体人员通常需要制定一个详细的销售目标,其内容包括:针对谁来进行媒体策划、需要媒体达到什么样的效果、公共宣传以及新闻发布是针对谁、要做什么程度的产品销售活动等。

2. 计算媒体成本

在计算媒体成本中有两个概念是必须要了解的,一个是千人印象成本,一个是单位反应成本。以下我们来分别叙述这两个概念。

(1) 千人印象成本。

由于每个传播工具的受众数量不同,计算它们的单位时间成本或者单位空间成本是不正确的。必须要结合媒体到达目标受众所花费的成本来计算才是合理的。因此媒体策划人使用叫做"千人印象成本 CPM"的概念,即传播工具到达 1 000 个受众所要的花费。CPM 的计算公式为:

$$广告单位成本 \times 1\,000 \div 受众 = CPM$$

假设一条 60 秒钟的广告想要在湖北地区投放,在湖北电视台的广告费用要 8 000 元,而在湖北卫视则要 10 000 元。一开始你可能会认为在湖北电视台投放广告比较划算,因为在同样时段它的广告费用相对低廉。但营销策划人还必须知道在广告播发时每个电台的受众有多少人,假设湖北电视台的受众有 30 万人,而湖北卫视台的受众有 50 万人。具体计算如下:

	湖北电视台	湖北卫视
60″广告费	8 000 元	10 000 元
受众	300 000	500 000
CPM	8 000×1 000÷300 000=27	10 000×1 000÷500 000=20

从二者的比较来看,同样一则广告在湖北卫视投放比在湖北电视台投放更为有价值,前者的 CPM 比后者的 CPM 要低。

(2) 单位反应成本(CPR)。

任何营销传播计划的最终目标是使目标消费者按照某种方式做出反应。因此,最好的方法是比较不同媒体的成本效益。无论什么媒体类型,都应以单位反应成本为基础,即将媒体成本除以反应数量。这种比较是假设所有被使用的媒体信息,其创造性成本和提供的产品是不变的。举例来说,假如一家餐馆在报纸上做广告花费了 1 000 元,30 000 个家庭中凡有订阅或购买该报纸的人都看到了该广告,但是在这 30 000 个家庭中只有 5 000 个是潜在消费者,那么表示有一大半的广告费用是浪费了的。由于无效的到达率太高,在餐馆所有者决定不在当地报纸上做广告之前,有几个问题需要思考:(1) 广告产生了多少反应?(2) 每个反应的成本是多少?(3) 其他媒体是否更具有成本效益?第一个问题的答案是 90 个家庭做出回应。第二个问题的答案是餐馆将广告成本 1 000 元除以反应数 90,为 110 元。那么,这则广告的单位反应成本是 110 元。

如果要比较这则广告在报纸上投放与在其他媒体上投放有什么区别,可以按照同样的方法。首先将广告在其他媒体上投放的金额计算出来,再测定出多少受众对此广告产生反应,最后将媒体投放金额除以产生反应的受众的数量则为这则广告在其他媒体上投放的单位反应成本。以此比较,单位反应成本低的媒体是最适合刊载或播出这则广告的。

第四节 确定媒体的投放计划

在媒体策略规划完成以后,如何进行具体的媒体投放成为一个战术问题。在何时、何地进行媒体投放也成为重要的技巧。有三种媒体投放计划值得考虑:间歇性媒体投放、持续性媒体投放和脉冲式媒体投放。

间歇式媒体投放是指在时断时续的时间内进行信息传递的投放策略。这种策略对于销售额呈季节性波动的产品是很好的,而且当预算很有限时也会被用到。它既能保证有充足的信息冲击性、也能够适当地节省费用。

持续性媒体投放,即在一年中的每个月投入相同力度的媒体。持续性投放是在预算较多和全年销售额较稳定的情况下使用的。它可以使品牌保持一定的关注度。当消费者的品牌购买决策过程时间较长,而潜在消费者需要持续的品牌提示时,持续性媒体投放比较奏效。

脉冲式媒体投放是全年持续进行媒体投入,同时又周期性地增加力度,它可以看作是间歇性媒体投放和持续性媒体投放的结合。根据它的销售策略和在旺季或淡季不同的销售情形可以做成脉冲式的媒体投放。

三种媒体投放如图 11-3 所示。

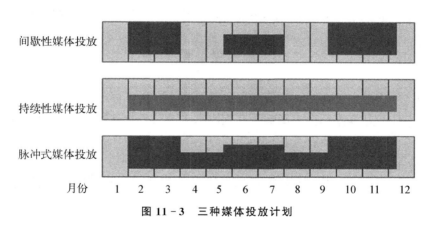

图 11-3 三种媒体投放计划

采用不同媒体投放方式的影响因素主要有以下几种。

(1) 产品的性质。一些日常消耗产品媒体会比较容易把握消费者的购买时间,例如防晒霜的媒体投放多在夏天,而润肤霜的媒体投放多在冬天等。一些大件物体例如汽车、家电等往往没有固定的媒体投放时间,因为公司不知道潜在消费者会在什么时候购买这些产品。

(2) 媒体投放也会受到营销传播信息类型的影响。一个关于形象的信息就要求媒体有持续一段时间的投入。而在品牌形象已经建立需要对一些特定产品进行促销时,往往采用在短期内集中攻击的方式。

(3) 媒体的特点。不同的媒体也会对信息的投放产生影响。电视比较适合做持续性的广告,而杂志或报纸等则适合做阶段性广告。户外广告则适合在某一段时间持续宣传该产品,而此项广告撤离后替换下一项广告时,之前的广告便不再有效应。因此,可根据营销传播的需求来选取每一时间段媒体投放的种类及时间。

最后,媒体投放并不是单一的,也就是说,并不是在一项媒体策划活动中只会简单地用到一种媒体投放方式。例如,在一些行业中,比如餐馆和电影院,它们的销售额每周都在变化,而到周末达到顶点。因此针对于它们的媒体投放形式从常年来看是持续性的,但从每周来看又是间歇性的。一些品牌的媒体投放是以天计算的,如早餐食品通常会利用早晨时间的间隙进行品牌宣传,因此从全年的角度来看这种媒体投放是持续性的,但是从每天的投放来看是间歇性的。再如事件营销,一些公司会在每年不同的时段策划一些大型的事件营销。这些事件营销的媒体投放从全年的角度来看是脉冲式的,但在事件活动的前后都要求会有媒体紧密跟随报道,甚至会动员不同的媒体来进行宣传,因此在这一具体事件发布的短暂时间内,媒体计划又是持续性的。

思 考 题

1. 什么是到达率?到达率与目标到达率的区别是什么?
2. 什么是暴露频次?影响暴露频次水平的因素有哪些?
3. 什么是毛频点?它和目标毛频点之间的关系是什么?
4. 什么是千人印象成本?它的计算公式是什么?
5. 请举例来说明"间歇性媒体投放"、"持续性媒体投放"和"脉冲式媒体投放"的区别。

第十二章 品牌与消费者

第一节 品牌——整合营销传播的终极追求

在现代营销中,品牌是一种非常复杂的现象。它渗透于整个市场营销的各个环节之中,所代表的不仅仅是一种单纯的营销关系,还具有深刻而广泛的社会文化内涵。

在20世纪初期现代广告形成之际,品牌现象就已经成为现代广告的一种策划方式。对品牌的探讨最早来自品牌形象的概念的提出。大卫·奥格威是品牌形象概念的最初倡导者,在20世纪60年代,他率先提出了品牌形象这个概念。他的看法是:"每一个广告都应看作是对品牌形象的贡献。品牌越相似,理性思考在品牌的选择中就越薄弱。威士忌、香烟或啤酒的不同品牌间并没有明显的不同,它们几乎一样。广告越能为品牌树立一个鲜明的个性,该品牌就越能获得更大的市场份额和更多的超额利润。"[①]不过值得注意的是,奥格威并没有完整地界定什么叫做品牌形象,只是认为它既是产品又非产品本身,与产品相联系又有区别。在他的论述中品牌与形象是作为两个概念提出来,然后再合成一体。

在这之后对品牌理论的发展有贡献的要数担任先知品牌战略咨询公司副主席、同时又兼任加州大学伯克利分校哈斯商学院教授的大卫·艾克。大卫·艾克出版了著名的品牌创建和管理三部曲《品牌价值管理》(*Managing Brand Equity*)、《建立强势品牌》(*Building Strong Brand*)、《品牌领导》(*Brand Leadership*)。艾克的研究主要集中在对品牌个性的探讨上。在对品牌个性进行系统研究中,首先提出了**品牌个性尺度理论、品牌个性要素理论以及品牌关系理论**。品牌个性理论就是要把品牌当作人来看待,这实际上是奥格威观点的延伸。他认为驱动品牌个性的因素可以分为产品相关特性和产品无关特性。他认为,品牌的产品相关特性包括产品类别、产品属性、包装、价格等;而品牌的产品无关特性包括使用者形象、符号、长短、广告风格、公司形象、

[①] 〔美〕大卫·奥格威:《一个广告人的自白》,中国友谊出版公司1997年版,第89—90页。

名人背书、赞助事件、上市时间、生产国、总裁等。其因素关系如下表所示。①

表 12-1　品牌个性驱动因素（笔者已作改动）

品牌的产品相关特性	品牌的产品无关特性	
产品类别	使用者形象	盈利状况
产品属性	公司形象	公益形象
包装	广告风格	生产国
价格	广告中的名人形象	总裁和员工形象
货架		
产地	危机、赞助等事件	媒体传递信息

艾克进一步提出了**品牌即品牌关系**这一命题，认为品牌形象不仅仅是产品或者服务形象本身，还包括了产品或者服务的提供者和使用者的形象。在此基础上艾克建立了一个"品牌—顾客"的关系模型，这些已经与我们今天所提到的整合营销传播中"品牌是产品与顾客建立的一种长期互动的关系"的说法非常相似。随着品牌理论的发展，品牌的概念也在不断发展和完善。在下文中，我们首先来澄清对品牌概念的一些不同理解。

对于品牌的概念至今众说不一，有很多感性的说法，诸如：

品牌是质量和信誉的象征。

品牌就是一种类似于成见的偏见，正如所有的偏见一样，对处于下风的一方总是不利的。

品牌是一种无形的速记形式，主要功能是减少人们在选择商品时所需花费的时间和精力。

品牌包含着一个提供功利性的产品，再加上一个足以让消费者掏钱购买的价值感。

以上各种说法都触及品牌的实质，但缺乏理性和学术的概括。我们从中可以看到在对品牌的理解中，涉及了几个相关概念：产品、名称、商标、情感。我们对这几个概念分别加以剖析。

营销学大师科特勒认为，产品是人们为留意、获取、使用或者消费而提供给市场的一切东西，以满足欲望和需要。其外延包括了"有形物体、服务、人员、地点、组织和构思"。按照这个界定，产品包含了三个方面的内容：核心要素是解决具体问题的使用价值；表现形式即有形产品，如质量、特点、样式、商

---

① 转引自卫军英："品牌个性驱动因素"，《整合营销传播：观念与方法》，浙江大学出版社 2005 年版，第 81 页。

标、包装等;产品附加值诸如相关附属的服务和利益。

与品牌相关的另一个概念是名称,可以分为产品名称和品牌名称。产品名称是人类的共有资源,一般不作为品牌名称或者注册商标使用,如汽车、电视、衣服等;品牌名称指的是品牌的文字符号形式,它涵盖了产品和公司的一些文化属性内容,是产品和企业多种特质的识别工具,也是方便记忆的工具。

商标就是企业组织运用文字、语音、色彩、字形、图案等元素来表征自己品牌的法律界定。商标一经国家商标认证机构注册确认,其拥有人就具有了各项使用权利,它受法律保护,在知识产权范围中,未经许可他人不可使用。商标具有排他性。

最后,品牌还包含了人们的情感因素。我们在看到奔驰汽车、LV 手袋时,所产生的联想要远远大于对这类产品的理性认识。所以汤姆·邓肯认为:"品牌即指所有可以区分本公司和竞争对手的产品的信息和经验的综合并为人所感知的内容。"①品牌包含了一定的真实可感成分,它是产品物质特性的体现。虽然品牌有包装、颜色、标志等,但对于顾客来说,更重要的应该是品牌存在于顾客头脑中的完整鲜明的形象。它存在依赖的是品牌传达给顾客的一系列与品牌相关的信息、经验和联系,所以从某种程度上,与其说品牌是一种真实的形象,不如说品牌是顾客心中的一种体验或感觉。任何具有品牌的产品,它所提供给消费者的不仅仅是单纯的功能价值,而且还有一种感觉价值。

随着对品牌的不同理解,大卫·艾克也在他的著作中提到了**品牌认同**的概念。他认为以往品牌认同往往被人们狭隘地理解,即简单地把品牌认同等同于品牌形象或者是品牌定位。品牌认同与品牌形象、品牌定位的区别在于:品牌认同是品牌管理人希望顾客乃至社会如何去看待这个品牌。所以相对于前两者而言,品牌认同是一个经过整合的品牌信息系统。笔者对于品牌认同的概念表示赞成,认为它代表了构建品牌所要追求的目标。唐·伊·舒尔茨在他的《论品牌》一书中也提到过,品牌不属于消费者,它仍然属于品牌管理人所建构的在顾客心目中的形象。

在上文中我们论述了品牌各种各样的内涵,可以挖掘出它同顾客之间不可或缺的联系。想要在顾客和品牌之间建立良好的关系,就必须借助于可以交流的多重传播职能,这正是整合营销传播的特征和职责所在。汤姆·邓肯曾经将品牌关系确定为整合营销传播的核心价值追求。在邓肯的观念中,几

---

① 〔美〕汤姆邓肯:《整合营销传播:利用广告和促销建树品牌》,中国财政经济出版社 2004 年版,第 13 页。

乎所有整合营销传播的基本要素都是围绕着这个中枢而形成的。而我们也赞同这样一种观点，即整合营销传播实际上就是对有关品牌资源的整合。整合营销传播是多种媒体的协同作战，而这种媒体的交流并不是单向和短暂的，而是双向和持续的。品牌的建构并不是一次两次的传播能够形成的，而是需要多种媒体长期地与消费者沟通。因此，只有整合营销传播才能够完成对于品牌的传播。

我们再来回顾整合营销传播的定义，它是"以受众为导向、战略性地整合各种营销渠道、注重对绩效的测量以达到与顾客建立长期品牌联系的观念和管理过程"。这里，与顾客建立长期品牌联系是整合营销传播所要追求达到的目标。整合营销传播是一个"品牌传播"的过程。"品牌"的建立是 IMC 的最终目的，IMC 并不是通过一两次营销事件仅仅与顾客建立短暂的关系，而是要通过长期积累与顾客建立稳固的、双向的互动关系。品牌不仅仅是一种形象的诞生，而是顾客与产品间建立感情的一种征兆。简而言之，品牌是一种产品在顾客心目中的品牌认同，而这种认同则是通过整合营销传播的多种媒介协同作战、持续双向交流而形成的。

第二节 品牌与"受众"

从整合营销传播的角度来看，整合营销的终极目的就是在顾客和品牌间建立一种长期的、互动的、稳定的关系，而这也正是品牌的核心作用——与顾客或相关利益者建立一种特殊关系。我们在这里提到"受众"，是因为与品牌构建有关系的并不仅仅是顾客，还包含顾客在内的其他各种角色，例如股东、员工、媒体等。汤姆·邓肯和凯伍德在 1996 年将整合营销传播定义为："IMC 是一个为了创建和培养有效益的品牌与客户间的关系以及品牌与其他股东之间的关系而进行的控制和影响各种信息以及促进有目的沟通的战略性的操纵过程。"唐·伊·舒尔茨在 1998 年将整合营销传播定义为："整合营销传播是一个可用来计划、发展、执行和评估与消费者、客户以及其他目标相关的外部与内部受众相联系的可协调、可测量、可劝服的品牌传播项目的战略商业过程。"这些定义都指出：与品牌构成联系的不仅仅是顾客，还包括潜在客户、股东、员工以及相关的所有外部与内部受众。唐·伊·舒尔茨在他的定义中将与品牌联系的人统称为"受众"，就是要区别于消费者的概念，因为所有与品牌产生联系的人都可以被称为受众。在一些书籍中，受众也被称为"相关利益者"或"利益关系者"。在这里我们统一用"受众"这一术语加以表述。

那么,品牌到底与哪些受众产生联系?

一、品牌与顾客关系

在所有的相关利益群体中,顾客处在品牌关系的核心地位,是品牌最重要的相关利益群体。顾客作为营销终端,他们对品牌的支持与否直接决定了品牌能否获得销售与赢利。现代市场营销把顾客需求作为营销出发点,也是基于这一认识,因此整合营销传播中首先要建立的就是品牌与顾客之间的关系。

由于顾客本身处于不断地变化和重组之中,来自不同渠道的各种信息无时不在冲击他们,因此要与顾客建立良好联系,就必须保持流畅的传播反馈渠道,通过与顾客的互动的沟通来了解顾客的需求并且把握顾客的关注焦点,对顾客的问题及时做出反馈。"沟通"成为建构品牌与顾客关系的重要手段。

二、品牌与员工关系

在传统的营销传播过程中,公司或者品牌大多数关注于外部关系,很容易忽视内部关系,而一些研究发现,与员工关系的处理往往比其他关系更为重要。20世纪80年代,伴随着品牌形象理论的深入,一种新型营销传播形式CIS开始流行,内部关系被提高到一个新的层次。所谓CIS即"企业形象识别系统"(Corporate Identity System),由企业理念识别系统和企业视觉识别系统共同构成,强调从企业经营理念到企业精神文化,从员工行动到企业活动,树立起高度统一而又富有个性的企业形象。并通过对内对外的一致性传播,在企业内部认同的同时,实现消费者对企业形象的全面认同。它将内部传播与外部传播放在同等重要的地位,而整合营销传播的实践也发现,重视员工的感受、与员工进行及时有效的沟通,对于塑造企业内部文化、构建品牌形象至关重要。海尔集团的掌门人张瑞敏曾经说过:"如果把企业比作一条大河,每一个员工都应该是这条大河的源头;员工的积极性应该像喷泉一样喷涌出来,小河是市场用户。员工有活力必然会生产出高质量的产品,提供优质服务,用户必然愿意买企业的产品,涓涓小流必然汇入大海。"[①]海尔的"源头论"强调一种奉献精神,每个员工都是企业的源头,也是一个微型市场,拥有了代表市场的索赔权利,同时也具有了高度的市场责任。这种被称为"市场链"的模式给海尔带来了新的活力。这个目标使海尔的发展与海尔员工的个人价值追求完美地结合在一起,为海尔创造了巨大的价值。

---

① 卫军英:《整合营销传播典例》,浙江大学出版社2008年版,第89页。

一般来说,员工关系涉及两个方向的交流,其一是员工和公司之间的内部交流;其二是员工与顾客以及其他受众之间的外部交流。这两种交流都非常重要。从内部交流来看,只有当员工真正了解了他们的工作,感受到自己得到公司公正的待遇,体会到他们是公司队伍中的一员,他们才可能满腔热情地投身工作,并为顾客提供一流的服务。从外部交流来看,员工传达的信息对顾客的影响是十分显著的。整合营销传播鼓励并促进顾客与公司进行交流,这就意味着要有更多的顾客与公司员工进行沟通。如果在这一环节出现障碍,品牌就会为此付出巨大代价。

三、品牌与其他受众

除了顾客和员工外,其他相关利益群体也会对公司发展产生很大影响。在传统营销传播中,维持与其他相关利益群体的关系,并不属于营销中的任务,但是整合营销传播认为,这些相关利益群体或多或少会从不同方面对公司或者品牌发生影响,必须加以重视。

与品牌相关的受众之一是供应商和分销商。它们分别代表公司及其品牌流转的上游与下游,直接关联到公司或品牌存在的可能性,因此近些年在利益相关群体中的地位显得越来越重要。一个品牌如果无法处理好它与供应商的关系,那么不仅原材料无法得到应有的保证,而且还会受到来自下游或者终端的怀疑。相反,与供应商之间的良好关系不仅可以保证供应链的顺畅,而且来自供应商的美誉也会增加自己的品牌效应。比如,在英特尔的品牌活动中,宣传的主题就是"一颗奔腾的心",这时候采用英特尔作为中央处理器的品牌电脑,自然会受到顾客和其他利益相关者的认同。

处在下游的分销商也同样重要。分销商是指那些专门从事将商品从生产者转移到消费者的活动的机构和人员,包括商场、百货公司、批发站与一些私营批发商等。与代理商不同的是,分销商的经营并不受给他分销权的企业和个人约束,它可以同时为许多制造商分销产品。分销商的重要性在于它不仅仅是单纯的销售渠道,更重要的是它直接联系着消费者终端,是品牌和消费者实现接触的关键链条,本身就是品牌传播沟通的主要渠道,所以必须保证这个渠道流畅。在与分销商关系的处理方面,宝洁公司堪称典范。宝洁公司自从进入中国以来,一直以来都在构建与分销商良好的战略伙伴关系,在分销商的基础设施、管理水平和员工素质方面投入了大量资金和时间,而这种投入也带来了很好的效果。1999年,宝洁公司推出了一个具有极大创新意味和挑战性的"分销商2005计划"。该计划将分销商的未来发展定位做了一个规划:分销商应该为上级和下级合作伙伴提供增值服务,分销商以后的盈利来源不是产品买卖之间的差价,而是通过提供增值服务来赚取合理的佣金。在此期间,宝洁公司一方面建立专职的零售客户直营队伍和相关系统,以取代分销商直接与客户合作;另一方面,宝洁公司也为了维护分销商的利益,通过取缔、合并等方式将全国几百个分销商整合到一百多个左右,保证大部分分销商的经营热情,并在 2000 年推出了分销商一体化生意管理系统 IDS(Integrated Distributor System)。

与政府、媒体的关系也应该受到重视。因为政府具有政策性的监督调控能力,媒体可以直接影响社会舆论,公司或品牌为了获得它们的支持往往主动采取措施,以保证这种关系处于良性状态。通常来说,企业都比较重视与政府和媒体建立长期的友好的关系。

股东、投资机构既是公司的投资者,也可以看作是品牌的拥有者,它们对品牌的关注与品牌持有人一样。

竞争者也应该被看做是利益关系者中的一个。竞争者除了对抗性竞争之外还共同拥有维护市场的责任。

另外一些特殊利益群体往往没有受到足够的重视,例如社区、环保等。其实这些相关利益群体的合作与否,也同样会影响到公司及其品牌关系。事实上,品牌与受众的关系远远不仅于此,品牌与任何一个顾客接触点(Contact Points)都有着紧密的联系。有时候,哪怕一点点微小的交流都会影响顾客对于企业的印象。一位资深广告人曾经举例说:如果我打电话到一个公司,铃声响了 5 声还没有人接,我就会怀疑这家公司的信誉,也许这是一家骗子公司,至少他们对客户不重视。而事实上,也许是碰巧前台小姐去了洗手间,或者是正在另一个电话上而耽误了这一电话。而这一偶然事件很有可能就此损失了一笔大的生意。

综上所述,顾客和其他受众之间的关系构成了品牌关系的内涵,维护品牌关系也就是维护品牌与顾客和其他受众之间的关系。在整合营销传播中,一切沟通信息都要保证有利于这种关系的建设。因此,与传统营销中把目标设定在目标顾客上有所不同,整合营销传播所关注的是品牌与所有相关利益者之间的关系。

第三节　品牌研究的误区

在过去几十年中,人们对品牌的研究存在一些误区。正如人们对于品牌的理解不同一样,对于品牌的研究也存在各种不同的思路,有些可能会导致人们产生一些疑惑。唐·伊·舒尔茨在他的《论品牌》一书中阐述了各种各样的误区。他的核心观点是:没有什么魔方或者灵丹妙药可以用来为企业创立品牌。无论从事广告、公共关系或者赞助活动,导致品牌最终取得成功的绝不是哪一件事情或者哪一种方法。今天,品牌成功的真正关键在于各个方面的协同合作,在于各种活动、努力以及产品和销售渠道等因素的整合。① 树立和维护品牌靠的是集成整合的方法,而不是依靠单一的某一个因素、某一种方法、某一个广告或者是投机性的新闻发布会。一个成功的品牌得以创立和维持下来靠的是各个方面的综合运用与一体化运作。

下面,我们将这些误区加以归纳和总结。

一、误区一:对"谁拥有品牌"的争论

谁拥有品牌是在品牌研究中出现最多的疑问。一种说法是认为公司拥有品牌,并且有责任去尽可能培育、发展和优化品牌。第二种说法是宣称顾客拥有品牌,因为只有顾客才能认同品牌,并且为品牌带来效益。

唐·伊·舒尔茨认为:争论谁拥有品牌是毫无意义的。这种争论混淆了所有权和权益的关系,并忽略了品牌其实是在为双方创造价值这一焦点问题。从严格的字面意义和法律意义上讲,品牌是为持有商标的公司所拥有。作为所有者,它们可以整体出卖品牌。例如,2001 年百时美——施贵宝公司把伊卡璐品牌出售给宝洁公司,赚取了 49.5 亿美元。又如可口可乐欲以 179 亿港元收购汇源果汁。在某种程度上,品牌管理者对于品牌有出售、转让的权利。

但是,品牌管理者并不能为所欲为地处理品牌。唐·伊·舒尔茨的意思是,品牌管理者对于品牌的处理也必须考虑到顾客的需求,而不能够按照自己的主观意愿去处理品牌。例如,雪佛兰(Chevrolet)汽车的营销者因为给一款新型雪佛兰汽车命名为诺瓦(Nova)而导致这款汽车完全滞销于市场,因为在西班牙语中,"NOVA"的意思是"不走",而这对汽车来说是一个致命的问题。

另一种观点是"顾客拥有品牌"。这种观点认为:既然品牌要充分考虑顾客的需求,品牌就应该能反映顾客的喜好、理念、对于该产品的联想等。这种说法带有一定的理想色彩,顾客理解品牌的象征意义,购买并使用产品,使他们能够把品牌和自己的经历、感知、愿望和需要联系起来。品牌把顾客带到成功、幸福和爱慕的梦幻之地。例如,一支价格 500 元的口红与一只价格 50 元

---

① 唐·伊·舒尔茨:《论品牌》,人民邮电出版社 2008 年版,第 3 页。

的口红虽然在品质上并没有什么区别,但是顾客对两者的感觉完全不同。从这个角度来说,顾客似乎拥有了对于品牌的体验与认同。但是,顾客所拥有的并不是品牌的经济价值,因此,顾客对于品牌的拥有权仍然是有限的。

唐·伊·舒尔茨认为:有效传播品牌的并不是广告,而是人。目前在任何一家面向顾客的企业里,都是传播品牌经验的内部人员在起作用。正是那些"没有受过品牌业务培训的营销商"在驱动品牌的销售和利润节节攀升。他们的责任心以及他们向顾客传达的经验感受在塑造和传播着品牌。这些内部人员赋予品牌以特征和个性,正是品牌的这些特征和个性使得很多顾客成为回头客。因此在今天,品牌的个性更多的是由活生生的员工如何为顾客服务来决定的,而不是通过杜撰惊天动地的广告效果来实现的。唐·伊·舒尔茨曾经对品牌做了一个小结:**品牌从内部开始,它始于企业员工及其责任心和热情,而不是始于外部环境中的某种因素、广告噱头或者捏造的特征**[①]。

从整合营销传播的角度去考虑,再联系我们在上文中阐述的"品牌与受众"的种种关系,可以推出的结论是:品牌是同时属于品牌所有者、顾客、内部员工以及其他相关利益群体的,任何一方对于品牌的发展都要做出贡献。品牌是共有价值观体现,品牌是在一系列相互关系的基础上创立起来的。在品牌业主享有品牌收益的同时,其他利益相关者也会得到好处。

二、误区二:品牌等于时尚

品牌与时尚有所区别。一些昙花一现的品牌看上去非常时尚,但是并不长久。美国的 Bartles、Jaymes 曾经创办起风靡一时的品牌,但是他们的品牌大起又大落,很快就消失了。相反,一些朴实无华的品牌却获得了长久的生命力。品牌的魅力就在于它拥有持久的能量。一般而言,一个成功的品牌可以年复一年的不断发展壮大,并能够带来持续不断的收入流。

在打造品牌的过程中,最难的一点就是要知道在什么时候你所拥有的产品或者服务值得你花费精力和时间去创造品牌,而什么时候这些想法只是昙花一现而已。任何品牌的成功在很大程度上取决于所开发出来的产品或者服务理念,以及已经建立起来的商业模式。它们推动品牌的发展并决定品牌的最终成功。品牌之所以成功,是因为顾客购买并拥有品牌。品牌存在于顾客的记忆当中,是他们生活阅历的一部分。对于已经视品牌为自己的一部分的人来说,品牌就是他们长期的、高价值的产品和服务。同时,品牌也是其所有

---

① 唐·伊·舒尔茨:《论品牌》,人民邮电出版社 2008 年版,第 28 页。

者长期的利润来源。

要使品牌获得成功,必须注意以下三大要素。

1. 确保"将要为之打造品牌的"产品或者服务是建立在成功的商业模式和合情合理的商业主张之上

打造品牌首先要分析一下商业模式。商业模式切实可行才有可能打造品牌。商业模式即"Business Model",也就是我们通常所说的营销策略。一个好的商业模式被认为是成功的一半。红豆集团打造的居家连锁商业模式以创新的连锁模式、一站式销售、亲民的平价策略在居家行业掀起一场"革命",红豆也被行业内外形容为快速成长的居家连锁"巨头",这一切都是与它合理完善的商业模式密不可分的。长期从事商业模式研究和咨询的埃森哲公司认为,成功的商业模式具有三个特征。

(1) 成功的商业模式要能提供独特价值。有时候这个独特的价值可能是新的思想;而更多的时候,它往往是产品和服务独特性的组合。这种组合要么可以向客户提供额外的价值,要么使得客户能用更低的价格获得同样的利益,或者用同样的价格获得更多的利益。

(2) 商业模式是难以模仿的。企业通过确立自己的与众不同,如对客户的悉心照顾、无与伦比的实施能力等,来提高行业的进入门槛,从而保证利润来源不受侵犯。比如,直销模式(仅凭"直销"一点,还不能称其为一个商业模式),人人都知道其如何运作,也都知道戴尔公司是直销的标杆,但很难复制戴尔的模式,原因在于"直销"的背后,是一整套完整的、极难复制的资源和生产流程。

(3) 成功的商业模式是脚踏实地的。企业要做到量入为出、收支平衡。这个看似不言而喻的道理,要想日复一日、年复一年地做到,却并不容易。现实当中的很多企业,不管是传统企业还是新型企业,对于自己的钱从何处赚来,为什么客户看中自己企业的产品和服务,乃至有多少客户实际上不能为企业带来利润、反而在侵蚀企业的收入等关键问题,都不甚了解。

2. 确保产品或者服务与其竞争者相比有一个更有意义的价值主张

广告标语、口号等虽然好,但并不是广告收入的全部回报。如果产品或者服务既没有区别于其他竞争对手的价值主张,又没有长期的使用价值或者顾客需求,那么,很可能无论花多少资金或者赢得多少荣誉,品牌都不能够最终建立起来。例如,红豆居家产品系列以"HODOHOME"为商标,以"打造中国主流生活方式"为标语,以"休闲、自然、乐活"为推广主题,以"提供居家生活服饰一站式购物场所及服务"的品牌为核心价值理念,倡导"平实、平和、平价、平民"的消费理念,就深受老百姓的欢迎。

3. 确保品牌能够把真正重要的东西传达给顾客

除了将品牌的理念传达给消费者,还必须做到通过合适的渠道和方法日复一日地与消费者建立长期联系。品牌是建立在一个坚实的基础之上,那就是人们能够长期买进、信任、做出回应并高度重视的主张。这是区分品牌与其他时尚潮流的最基本方法。根据现代社会生活节奏加快的特点,红豆居家特别强调"一站式购物",只要在红豆居家的一个店铺中,消费者就可以选到满足居家生活所有服饰类用品和大部分生活用品,而且还强调价格绝对是物超所值的平价,而不是高高在上,让普通老百姓也享受到居家生活的高品质。四五十人的设计团队,保证了红豆居家的产品丰富多样,款式的快速翻新。这些具体的做法使老百姓感觉到购物的方便和可靠,从而对红豆居家产生持续的情感依赖。

如果产品、服务、理念、概念、设备等都不能满足以上三个要素中的至少两个的话,不论在宣传、促销、公关、广告或者其他方面花费多少资金,都不可能打造一个持续发展的品牌。

三、误区三:品牌与定位的不同

"定位"是广告学中的一个很重要的术语。该理论在过去20年间发展出来。按照最初的设想,定位基于人类思维的刺激—反应模式,它来源于巴甫洛夫、斯金纳、马斯洛以及20世纪早期其他一些心理学家的研究成果。应用在营销学中,最初的定位理论认为:人的大脑会为每样东西预留一定的通道和空间,因此它也会为产品、服务和品牌预留空间。品牌所有者通过广告或者其他营销传播活动让自己的品牌占满消费者的大脑,这样,营销商和品牌就无懈可击了。他们认为,人的大脑一旦被这些品牌填满了,其他的品牌就没有位置了。他们还认为人的大脑没有消除功能,因此,他们向营销商保证:只要消费者还活着,他们的品牌定位理论就是成立的。这样看来,定位似乎是一个绝妙的概念:运用广告和营销传播手段让品牌进入消费者的大脑之中,牢牢占领消费者大脑中的部位,就可以创造出一个终生受用的顾客,营销就此得到永无止境的回报。这个理论刚好与当时其他的一些理论不谋而合。大量的广告轰炸,不断重复的电视商业炒作,无处不在的产品分销系统和某类技术或者产品上小小的革新赋予了品牌以存在的理由。这样我们就很容易理解,为什么大部分广告咨询公司和品牌专家都毫无疑问地将定位理论作为其咨询工具之一。

对品牌所有者来说,定位就是思考和梦想品牌及品牌塑造的最好方法。但是,如果要投入实际应用并赚取利润的话,光有"定位"是远远不够的。今天的认知科学认为,定位的基本假设是不正确的,它所面临的最大问题是:它聚焦于企业内部的日常事务性活动,阻碍了营销商将精力集中于人和利润之上;还有,当品牌营销商全面包围了竞争对手或者占领了某个位置以后,品牌的成功与否就取决于人们是否购买营销商的品牌,而不再取决于营销商自己。只有当人们购买营销商的产品和服务时,才能为企业创造销售额和利润。所以,品牌和品牌管理中最重要的因素是顾客,还包括员工。遗憾的是,企业的定位惯例迫使营销人员、销售人员、分销人员、后勤人员以及其他所有面向顾客的员工都把注意力放在竞争对手身上,而不是放在顾客身上。例如我们怎样才能打败竞争对手。与普通品牌相比,我们的优势在哪里等。

努力地去了解竞争对手并没有错,但这并不是最重要的,因为你对竞争者的所作所为无能为力。把维护外部系统作为企业内部工作的核心,这往往是不可行的。这也是很多品牌管理人员曾经被层出不穷的品牌竞争性定位理论弄得晕头转向的原因。那么,有没有更好的方法可以让品牌找到更合适的位置?

对于定位学说最好的批判是以顾客为导向的营销传播观念。定位理论最早产生于与"皮下注射"等理论的年代,大众传播学中也充斥着强大效果的"枪弹论"。营销学深受影响,相信只要登广告者或者营销商不停地向消费者或者顾客灌输相同的信息,只要次数足够多,这些信息就可以对被灌输者产生作用。但整合营销传播认为:不应该考虑营销商对于品牌的看法,而应该考虑真正与品牌有关的顾客对品牌的看法。这些顾客如何接受、回忆和使用品牌信息才是关键。在营销传播过程中,消费者是积极的参与者,他们使用不同的方法处理关于产品和服务的各种信息。整合营销传播认为:真正重要的是消费者如何处理信息,而不是营销管理者发送了多少信息或者营销商在媒体上投入了多少资金。

曾在美国博士富康广告公司(Foote, Cone & Belding, FCB)工作的一位研究员理查德·伍甘(Richard Vaughn)曾经提出了一个"思考—感性—行动"模型(见表12-2)。这个矩阵涉及四个元素。纵轴表示产品和服务在消费者心目中的重要性。高涉入(High Involvement)表示这项产品和服务对消费者来说是重要的,需要仔细考虑是否购买以及如何购买等问题。低涉入表示这项产品、服务、概念、想法、品牌等对消费者来说不是很重要,消费者不会花很多时间和精力去深思熟虑。横轴涉及两个元素:理性和感性。理性

(Thinking)和感性(Feeling)就是消费者决策的过程。理性是指消费者对不同的方案进行比较,通过仔细思考做出决策。感性是指消费者在决策的时候更多地依靠自己的情感和对产品或者服务的感觉。伍甘矩阵将理性、感性和高涉入、低涉入进行两两交叉分析,就构造了表12-2中所施的矩阵:(1)思考—感知—行动;(2)感知—思考—行动;(3)行动—思考—感知;(4)行动—感知—思考。该矩阵列出了消费者在进行品牌决策时可能涉及的所有情形,也为我们列举了分析产品、服务和品牌的模式。显然,有些品牌适合于思考—感知—行动模型,有些则适合于其他模型。传统的定位方法认为:所有的消费者、产品或对顾客的服务在本质上都是同质的,品牌传播所做的不过是通过不断地向人们灌输信息以达到占据人们大脑中的某个位置的目的。而笔者认为,相比这种传统的方式,伍甘创造的思考—感性—行动模型提供了更好的品牌传播路径。

表 12-2 伍甘的"思考—感性—行动"模型

	理 性	感 性
高涉入	信息诉求(思考) 模型:思考—感知—行动 产品:汽车、房子等 策略:展示、具体细节	感性诉求(感知) 模型:感知—思考—行动 产品:珠宝、化妆品等 策略:执行结果
低涉入	习惯形成(行动) 模型:行动—思考—感知 产品:饮料、家庭日常用品等 策略:提醒	自我满足(反映) 模型:行动—感知—思考 产品:香烟、饮料、糖果、口香糖等 策略:吸引注意力

与传统的过分简单的定位方法相比,理解消费者如何处理、获取、存储信息,弄清楚他们所采用的品牌认知方法,这对品牌认知的研究更加有效。认知过程至少要鉴别清楚人们目前的心理状态以及他们的大脑是如何处理和存储信息的,品牌应充分考虑消费者的真正想法、感受和行动。

四、误区四:品牌具有深奥的符号和象征意义

这是一些走在品牌研究前沿的学者们所容易走入的误区。近年来,在美国研究品牌的学者中出现了一些说法,例如"品牌是功能性的、抽象的、具体的、深奥的",还出现了一些研究品牌非常深奥的书籍,例如提出打造品牌的象征意义、语言学意义、符号学意义、情感品牌、联合品牌、时尚品牌、品牌作为原型的作用等。对此,唐·伊·舒尔茨进行了批判。他认为:当今出现了许多对品牌剖析夸张的办法,他们通过人类学、社会学和传播学的方式,采用一些

复杂的研究方法对品牌研究剖析,其实是迷失了品牌的基本功能。从本质上来说,品牌是市场营销组织用来赚钱的手段,做品牌肯定是一种投资。品牌必须给所有者带来利润。制定时髦的、复杂而深奥的广告策略一般来说只能给品牌妄语者带来利益,而不会给其他人好处。

从营销传播学的角度来说,品牌拥有一个简单的实质,就是**反映买者和卖者之间的某种关系**。而这种关系又可以通过多种形式表现出来。不过,由于这种关系正在被误解,所以我们要从"关系营销"的概念来追溯这种关系。

"关系营销"一词起源于芬兰赫尔辛基商学院的克里斯庭格·格罗鲁斯(Christian Gronroos)和瑞典斯德哥尔摩大学的埃瓦特·古莫森(Evart Gummeson)。关系营销是当今服务营销的基础,最终也形成了客户关系理论的基石。这种理论的假设前提是:服务行业不同于产品制造行业,它的价值主要是通过雇员向消费者传达的。如果把消费者引入品牌等式当中,那品牌就有了各种各样的新意义。格罗鲁斯与古莫森认为:在服务营销中,消费者更多的是依赖于他们本身与营销人员或者是传递品牌价值的人员之间的关系而非"物质产品"本身。从20世纪80年代到90年代中期,格罗鲁斯和古莫森以及他们的支持者们一起提出了"关系营销"的基本理论。从此,关系营销理论的发展非常顺利,直到20世纪90年代中期,由技术专家们提出的新"客户关系管理"(Customer Relationship Management,CRM)理论的出现,才阻碍了它的进一步发展。这是一个由几家软件开发商开发的优化销售活动的销售人员配置模型和接触管理软件模型,但这个模型混淆了"关系营销"的概念,它赋予了关系以某种特殊的意思,使人们对关系产生了歧义的理解。

营销商们接受了关系营销的理念,却忽略了其实质,即"关系营销"是建立在人与人之间的接触、沟通、对话和持续不断的感悟之上,而不是单由营销商们策划和上演的独角戏。它的初衷是一种人际关系。但人和品牌之间的关系逐渐上升为一种"品牌关系",这是一种经纪商的、物质上的或者情感上的约束,正是这种约束把买卖双方联系在一起。这种关系中最关键的考虑因素是互惠互利,即买卖双方都能够从中受益。这种关系必须在品牌与客户的实践中获得,而不能够通过计算机和软件来生成。

那么,这种关系究竟是怎样一种状态?芬兰Vectia公司首创了一种"拉链理论"(Zipper)。[①] 之所以称为拉链,就是因为它能够把顾客和营销商联系在

---

① 转引自唐·伊·舒尔茨:《论品牌》,人民邮电出版社2008年版,第87页。

一起。拉链理论从营销商对顾客的利益与价值需求的了解着手。在拉链理论中,他们把这一点称为"他们是怎样创造价值的",简而言之,就是要设法去了解和感知顾客是怎样解决问题、满足自己欲望和要求的。知道了这些,营销商就可以尽全力调整它的供给、解决方案、人力,以帮助顾客创造这一价值。这是一种需求导向型的方法,这种方法的理念是:营销商和品牌提供的价值都是建立在客户的欲望和需求基础上的,而不是以营销组织能够提供什么或者希望出售什么为导向。客户价值创造的过程像一个拉链。

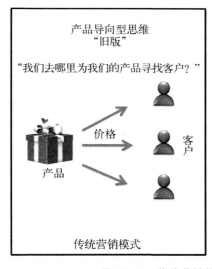 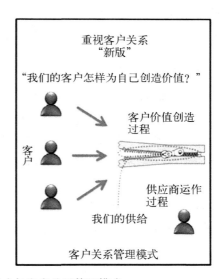

图 12-1　传统营销模式与客户关系管理模式

拉链理论和其他理论一样,都存在同样一个问题,就是营销商必须使品牌的客户基础理性化、合理化。因为并不是所有顾客的兴趣、爱好欲望或需求都可以通过品牌来满足。因此,想尽快创立一个适合每一个人的品牌是不可能的。营销商们必须非常清楚自己的品牌受众。在与自己的品牌受众交流而壮大自己的品牌的过程中,可以采取以下措施。

(1) 找到更多认同该品牌定位并且知道这个品牌在市场上的运作方式的人。换言之,就是通过沟通把品牌介绍给更多的消费者,以扩展顾客基础。或者使品牌超越传统的地域疆界,在其他地方寻找相似的客户群体。

(2) 不断地改变你的品牌或者品牌传播方式,以便吸引更多的顾客。要做到这一点就要提高产品质量,建立产品与顾客的新关联点,开发产品的新性能和特点,也要避免不断修复品牌。

(3) 把品牌延伸扩展到新的相关领域。如宝洁除了做日化品之外,还将自己的产品开发到化妆品等领域。对品牌延伸最大的挑战就是：必须超越品牌原先的领域向相关的领域拓展，发挥品牌核心关联区的杠杆作用，而不能够破坏或者冲淡品牌的影响力。欺诈性的炒作是多半要失败的。

（4）推出一个完全不同的品牌，以满足市场细分或者不同销售渠道的需要。因为这些顾客群体和销售渠道都是原来的品牌不能或者不便服务的对象。例如，欧莱雅就是在高档商场出售高端价位的产品，而廉价产品则在一些小商店或者药店售卖。另外，还有许多隐蔽的品牌，它们使得制造商们能够按各种不同的价位来出售它们的产品。在使用这种方法时，必须小心避免对不同的顾客群体和销售渠道产生干扰和破坏作用。

五、误区五：品牌是一种创意

对品牌所有者来说，"创意"既是好事也是坏事。它可能会花费品牌所有者大量的资金，但是有时候也会给品牌所有者带来丰厚的回报。显然，品牌管理者和所有者的主要任务就是要分清楚什么是好的创意，什么是不好的。但是要做到这一点很不容易。创意具有很强的主观性，特别是当它被用于产品的开发、命名、设计、包装、说明、录像以及具有创造性的相关活动时。创意不但与文化、背景、创意产品的开发者的经历密切相关，而且高度依赖于这些因素，甚至可以说这些因素决定了创意。

我们来回顾一下20世纪后半期的著名撰稿人和富有创造性的导演斯坦·坦嫩鲍姆对创意所做的描述，他把过程描述成"受控制的创意"，意思是创意的实施应该针对打算促销的产品、服务以及目标顾客。创意产品不应该把注意力集中在促销项目的传播活动中，用斯坦的话来说："除非卖出了东西，否则就不是创意。"[1]在他看来，现代广告、营销传播和品牌塑造令人唾弃的地方是为了创意而创意，为了吸引人们的注意力而故弄玄虚。

斯坦的观点是正确的。之所以要开发品牌有两个原因：使品牌所有者受益和使品牌使用者受益。在评价品牌和品牌打造工作中的创意因素时，我们应该问的第一个问题就是：这个创意是否有助于品牌的树立和产品的销售？能带来效益的创意才是好的创意。如果创意对塑造品牌和推销产品没有帮助，那就应该立刻将工作中心转移到其他方面。营销的最终目的是销售产品并且让顾客满意，而不是炫耀自己的创意。

在品牌创意中要注意以下问题。（1）谨防为了创意而创意。品牌必须具

---

[1] 转引自唐·伊·舒尔茨：《论品牌》，人民邮电出版社2008年版，第107页。

有某种象征意义——能够代表产品与客户有内在关联性、让顾客不得不为之心动的某种东西。品牌应该代表一些理念或价值,这种理念或价值必须是经久不衰的。例如风靡于2009年和2010年的"优乐美奶茶"广告请著名歌星周杰伦作代言,广告中的经典名言是"我是你的什么?你是我的优乐美啊!原来我是奶茶呀?这样,我就可以把你捧在手心了。"第二次该广告的版本为"浪漫是什么滋味?浪漫就像优乐美奶茶。你永远是我的优乐美啊!嗯,我闻到了你的浪漫。"该广告成功地将优乐美奶茶与浪漫、优雅、快乐、美丽等理念联系在一起,缔造出优乐美奶茶与其他奶茶的不同。如果是为了创意而创意,就不可能为顾客的需求而努力。

(2)创意必须是原创,而不是从别人那里抄袭的二手货。汇源果汁在2010年春节期间央视黄金时段广告为"幸福源泉喝汇源",并邀请了影星袁泉来作代言,成功地将汇源果汁与袁泉的形象联系在一起,新颖而别出心裁。

(3)创意必须简短、清晰、容易理解。要求创意人员开发不需要任何解释的创意。著名的恒源祥品牌在多年的广告中坚持简短的一句话"恒源祥,羊羊羊",让人非常清晰地理解恒源祥产品与羊毛的关系,是一个让受众印象深刻的广告。

(4)要谨防额外的费用。一些广告拍摄得非常美妙或惊心动魄,但广告一放过去,顾客并不能记住广告宣传的是什么产品,他们只是被美妙的广告词或是镜头所打动。额外的费用对于品牌的塑造并没有任何好处,要记住品牌所追求的最终目标是实现经济效益,而不是仅仅打动受众。

(5)防止设计的困惑。很多广告将色彩涂抹得非常炫目、字体非常突出、服装非常美丽、模特儿也很引人注目,但这些表面上的精雕细琢往往并不能为品牌带来什么收益,反而有时还会混淆受众的视听,让他们并不清楚品牌的真正用意。例如很多广告找了名人做代言,但是在广告拍摄中过于突出名人的举止和言行,而忽视了将品牌凸显在重要位置,广告的作用往往是使观众记住了名人,而忘记了名人所要代言的品牌。

关于品牌研究的误区应该还有很多。我们在这里仅仅列出几个有代表性的研究领域。总而言之,我们赞同唐·伊·舒尔茨的观点:品牌成功的真正关键在于各个方面的协同合作,在于各种活动、努力以及产品和销售渠道等因素的整合,而不仅仅是哪一次的广告或者投机性的新闻发布会。树立和维护品牌靠的是集成整合的方法,是依靠全体员工从内到外协同一致的长期的努力,不是仅仅靠一个创意在一夜间打造成功。时髦的、复杂而深奥的广告策略只是故弄玄虚。品牌必须真正以消费者为中心,脚踏实地地通过与消费者的不断沟通以及提供令人满意的产品和服务而获得。

第四节　品牌研究方法

品牌研究方法多年来一直引起学者们的关注和探讨。品牌研究方法与广告效果测量一样,曾经引起了很大争议。争议的焦点在于品牌研究方法应该采用态度研究的方法还是采用行为研究的方法。关于这两种方法,我们从现代广告学的这两种研究方法开始介绍。

1961年以来出现了两种新的广告模型。它们的出现加速了广告业观念的发展,也对品牌和建立品牌产生了深远的影响。一个被称为"效应层次模型"(Hierarchy of Effects),由罗伯特·拉维奇(Robert Lavidge)和盖瑞·斯泰纳(Gary Steiner)提出。这是关于广告如何运作的假想模型,是当今所有广告理论的渊源。还有一个被认为基本上是与"效应层次模型"类似的模型,由罗素·科里(Russel Colley)提出,称为"叠码模型"。这两个模型都假设:当顾客主动去或者被吸引去购买某种商品或者服务的时候,就会出现某种可以识别的态度转变。因而该假设认为:人们会顺着某一特定路径去决定他们需要什么或者想要什么,并识别出能够满足他们需要的产品或者服务。根据这个假定,如果广告商了解了顾客的心理演变过程,就能够通过广告影响消费者运动的方向和速度,进而影响消费者的购买行为。因此,营销人员通过在适当的时候进行适当的广告投入,就可以操纵顾客并影响他们的采购行为。

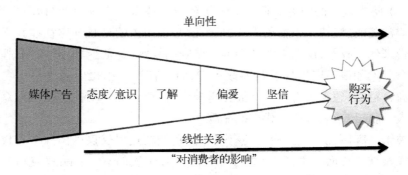

图 12-2　传统效应层次模型的沟通观点[①]

从以上的效应层次模型可以看出,顾客就是这样一步一步朝着购买行为前进的。实际上,广告商也就是利用广告引导顾客完成这一过程。因此,面向顾客或潜在顾客的广告越多,顾客出现购买行为的时间也越快。同时,购买决

---

① 资料来源:唐·伊·舒尔茨:《论品牌》,人民邮电出版社2008年版,第54页。

策也更可能使广告商受益。营销商愿意看到的是：一旦广告开始和人们沟通时，人们是不会逃避、改变主意或者反悔的。他们假定人们就像巴甫洛夫实验室的小狗一样，只要被施加了某种刺激就会产生反馈，而这种反馈像条件反射一样是不经过思考的。这是一种态度研究方法，认为广告效果是与顾客的态度直接联系的，只要顾客对某件商品产生了积极的好奇的态度，营销商们就一定会从中赢利。

事实上，顾客的态度与是否产生购买行为是两码事。1961年，研究者们用绩效模型成功地证明了广告与销售之间并无直接联系。虽然效应层次模型和叠码模型看起来都像是绩效模型，但事实上它们不是。研究者发现，广告只能使消费者的态度发生改变，但并不能影响到销售情况。一方面，模型的最终目标是消费者的购买行为；另一方面，对广告效应的评价体系总是缺少了这一有影响力的指标。因此，大多数广告商们曾一度认为他们所做的工作仅仅是促进消费者的行为沿着态度转变的方向发展，直到产生实际的购买行为为止。他们认为广告之所以未曾奏效是因为有太多的"干涉变量"，例如太多的产品库存问题、竞争对手的低报价，还有销售环节的一些问题等。这些变量会影响到产品或者服务的销售量，并使他们不能够完成完整的销售环节，因此广告商只应承担"沟通"这一环节的责任，而不承担任何销售责任。

但是，从广告的最终目的来看，广告是要为商家带来销售结果的，而不仅仅是引起人们对于广告本身的兴趣。正如品牌是应该为其所有者带来销售额和利润的，而不是给研究者造福。因此，行为主义研究者们开始倡导一种行为研究的模式。他们认为应采用定量的研究方法来测量广告为营销带来的实际利润和效益。他们搜集一些实实在在的、能够说明广告宣传与企业销售业绩的关系的数据。在20世纪60年代中期，他们做了大量的调查，但由于技术的障碍，还不能够处理所有的行为学数据资料记录。而今，大量的行为学数据资料在市场上泛滥成灾。一些营销组织天天被淹没在市场的消费者实际上做了什么或者已经做了什么的行为学数据资料当中。销售点的采购量、频繁的购物者、培养顾客忠诚方案、可追踪的票据等充斥着整个市场。越来越容易获得的行为学数据资料造成了市场营销业、广告业和品牌业的分裂。因此，营销组织中形成了二分法——究竟应该用态度模型还是行为模型来建立品牌的解说模型、说服模型还是相应模型成为品牌研究者们面临的最大问题。如果运用态度模型，营销者就可以了解顾客对品牌的感受，进而知道应该做点什么来改变他们现有的看法，但是这些感受很可能与购买行为无关；如果运用行为模型，营销者就能够知道消费者做了什么和购买了什么，但是营销者根本不了解他们为什么这样做。

　　本书的观点是：两种研究方法都是必须的，就像是传播学当中定性研究方法必须与定量研究方法同时存在一样。唐·伊·舒尔茨提出的"品牌互惠矩阵"的内涵是：消费者在市场上的各种行为数据模型与品牌对于消费者的重要性的态度模型数据是相互关联的。当把两者联系到一起并且找到平衡时，品牌研究才得以成功。具体而言，品牌所有者们可以感性地创造出某一个广告来吸引消费者，但不要将顾客的态度数据和未来的购买行为联系在一起；同时，如果能够得到相关行为学数据资料的话，应该去利用它，把钱投到有把握的行为学数据资料上，这样才能为品牌赚取更多的利润。

思 考 题

1. 品牌与哪些受众产生联系？请分别阐述他们的关系。
2. 品牌研究所产生的误区有哪些？请阐述你印象最为深刻的。
3. 效应层次模型的理论是什么？它对于广告研究有什么贡献？
4. 叠码模型的理论是什么？它对于广告研究有什么贡献？

第十三章 公 共 关 系

第一节 公共关系基本含义诠释

公共关系(Public Relations)是指某一组织为改善与社会公众的关系,促进公众对组织的认识、理解及支持,达到树立良好组织形象、促进商品销售的目的的一系列促销活动。它本意是社会组织、集体或个人必须与其周围的各种内部、外部公众建立良好的关系。

公共关系首先是一种状态,任何一个企业或个人都处于某种公共关系状态之中。同时,它又是一种活动,当一个工商企业或个人有意识地、自觉地采取措施去改善和维持自己的公共关系状态时,就是在从事公共关系活动。另外,作为公共关系主体长期发展战略组合的一部分,公共关系的含义是指这种管理职能:评估社会公众的态度,确认与公众利益相符合的个人或组织的政策与程序,拟定并执行各种行动方案,提高主体的知名度和美誉度,改善形象,争取相关公众的理解与接受等。因此,审视公共关系的定义,可以从上面三个方面入手。

公共关系的结构是由组织、公众、传播三要素构成的。公共关系的主体是社会组织,客体是社会公众,联结主体与客体的中介环节是信息传播。这三个要素构成了公共关系的基本范畴,公共关系的理论研究、实际操作都是围绕着这三者的关系层层展开的。

(1) 公共关系主体——社会组织。公共关系的主体是社会组织。尽管有些个人,如在竞选中的候选人、国家公务员、社会名流等,为了某种特殊利益也举办公关活动,但他们在从事公共关系活动时,不是以自然人的身份,而是以法人的面目出现的。全面研究组织是社会学的课题,而公共关系学主要是从公共关系活动的角度,对组织相关的性质进行一些必要的分析。

(2) 公共关系客体——公众。公共关系也称作公众关系,因为公共关系的工作对象就是公众。要做好公共关系工作,就必须了解和研究公众。在公共关系学里,公众与"大众"、"群众"是有区别的。它不是泛指社会生活中的所有人或大多数人,也不是泛指社会生活中的某一方面、某一领域的人,而是具体地称为"组织的公众"。公众与组织之间必须存在着相互影响和相互作用。根据公众与组织的所属关系分类,可将公众分为内部公众与外部公众。员工是组织直接面对而最接近的公众,是组织赖以生存与发展的细胞,是组织内部公众的主体。一般来说,在组织的外部公众中,消费者公众、传播媒介公众、社区公众、政府公众、竞争者、组织的股东和其他利益相关者等对组织的发展都很重要。

在营销传播中,我们更多地将公共关系当作一种活动来探讨。为了保持与组织所有重要股东的良好关系,公关活动包括各种"关系"的活动。表13-1列出了"公众"的范围或者是受众,他们被作为不同种类的公关活动的目标,从政府官员到公司雇员、金融团体和媒体。这些专门领域的技术可能是在公司内部发展,但也可以从公关代理处得到。一些公关代理公司提供整套的活动,几乎囊括所有的宣传和媒体关系。一些代理公司则专注于特定的沟通领域,如营销公关和政府关系。代理公司也可以专注于特定的产业,如电脑、汽车、制药等。

表13-1 公共关系活动及其受众

活动	描述
公关宣传	支持产品、品牌沟通、促销(品牌的公关宣传)活动,这些主要以顾客和潜在顾客为导向
媒体关系	把信息传递给能为组织引起公众关注的媒体的活动,与重要的报道者和编辑建立信任关系的活动
公司的沟通	由高级顾问负责,以公司形象、信誉管理和给高级管理者战略建议为重点。具体责任包括: 事件管理:管理公众意见和给高层管理建议的功能; 社区关系:包括了本地社区的成员并强调他们所关心的事情的活动; 政府关系:针对立法者、政府主体和管辖机构的信息活动; 行业关系:强调公司所在的竞争行业的关注点的活动
员工关系	保持员工知晓和鼓励他们士气的内部沟通活动(也可以是内部营销活动);员工关系也包括劳动关系活动
财务或投资者关系	为财务团体提供的信息活动,这些团体包括投资者、分析专家和关于财务的新闻界
危机管理	如何面对危机的总体计划,它强调所有相关的利益者——大众、员工、社区、媒体、投资者

第二节 营销与公共关系

由于公共关系涵盖的范围相当广泛,因此营销沟通人员更注意公共关系中与营销问题密切相关的一面。这种辐射面相对比较狭窄的公共关系通常被看作是营销传播的基本工具,它与广告、销售促进、人员推销以及直接营销等形式,都是营销组合的基本构成因素,我们把这种直接与营销相关的公共关系称为**营销公共关系**。营销公共关系,我们可以理解为运用不付费的媒体传递品牌信息,并对顾客和潜在顾客产生积极影响。

很多公司把营销和公共关系分开对待。在美国有一种流行的说法叫做"营销帝国主义",即在整合营销传播里,公共关系会成为营销的附属。在现实很多公司中也有类似情况:营销的预算远远大于公关的预算。而另外一种说法是,在营造品牌的过程中,公共关系与营销具有等同的作用,公关的效果不可轻视,也不可隶属于营销。在这种关系中,我们把公关称作"品牌的公关宣传"。在本书中,我们赞同由汤姆·邓肯博士提出的"品牌的公关宣传"的提法,将公关看做是与营销并列的一种到达品牌传播的途径。

以下首先来探讨一下在品牌构建中公共关系的作用。

一、公共关系的作用

1. 在媒体广告之外激发市场

对于整合营销传播来说,除了采用广告、直销、促销等营销手段来达到营销效果之外,公关也是必不可少的一种途径。例如,许多企业在发布广告的同时,利用新闻发布会等公关手段来进行辅助宣传,对广告作用有所提升。有时候借助营销公关可以只运用少量广告或者不用广告就达到介绍产品的目的。例如微软公司在推出它的每一个新技术平台的时候几乎都是采用公关形式而很少借助于广告进行传播。

2. 形成舆论影响、树立品牌形象

公关手段最显著的特征之一就是对公众的舆论影响。这种影响主要是从两个方面发生作用的:一是引起公众关注,形成一种有利于企业或者品牌的媒体倾向和社会舆论;其二是向具有影响力的舆论领袖提供有价值的信息,再通过他们的示范引导大众。对于一个企业来说,最终的目的在于树立企业和品牌的形象,而公关的作用也在于此。

1992年6月7日,三桅快速帆船"轩尼诗精神号"(Spirit of Hennessy)抵达上海黄浦港,揭开了轩尼诗在中国公关促销活动的序幕。接着,公司通过举办轩尼诗画展、轩尼诗影院和各种文化评奖活动,树立了文化传播使者的形象,从而顺利地打入中国市场。

3. 加强与利益关系者的交流

在整合营销传播中,"沟通"是一个非常重要的因素。这种沟通不仅仅是与客户的沟通,同时也要与员工、潜在消费者、股东、竞争者等各种利益关系者进行沟通。策划成功的公关活动可以起到与顾客有良好沟通的作用,而沟通措施不当则会加深消费者对于企业或组织的误解。

1998年2月,春节的喜庆气氛还没消失,四川长虹彩电却在济南商场栽了跟斗——被七家商场联合"拒售"。这意味着长虹将在济南失去市场。为什么"拒售"?商家一方理由是"售后服务"不好。而长虹方面说每天有四辆流动服务车在市内流动维修,济南消费者协会也证实没有关于长虹的投诉。这究竟是怎么一回事?一时间公众议论纷纷,多家媒体也作了追踪报道。长虹董事长在事发后立即率领一班人马前往济南与七大商家进行斡旋,双方均表示"有话好好说",争取及早平息风波。经过一段时间的谈判,双方各抒己见、坦诚协商,矛盾得到了化解。长虹的行为正确引导了公众舆论,防止了公众因误导而诱发的不利于长虹的联想。

而不好的沟通则会导致危机更为深入发展。2005年,雀巢公司在出现奶粉"碘超标"事件以后,在媒体的追踪下,一开始其发言人仓促应对,面对质疑答非所问,甚至试图逃避采访,态度怠慢,对公众及媒体的质疑不予理睬。最后,在公众的一致谴责下,雀巢公司不得不转变傲慢的态度,主动向国家有关部门"登门认错"。政府监管部门没有选择沉默,媒体集中的追踪报道也让雀巢公司感到万分狼狈,公司不得不宣布对这一批次产品进行召回。雀巢公司为此次事件付出了昂贵的代价。如此看来,在企业面临危机时,应该在第一时间迅速与公众进行坦诚的交流,才能将损失化为最小。

二、公共关系的运作手法

1. 公关宣传

公关宣传是营销公关最常用的手法。一般企业公关人员的日常工作就是为自己公司或者客户撰写相关新闻,并且保持与新闻媒体的良好关系。公关宣传是营销公关的重要内容,主要提供有关企业的正面信息,目的是实现营销需要和提高自身形象。公关宣传一般选取具有新闻价值的事件,这些事件大多受到社会普遍关注,公关宣传以新闻报道形式出现,因此媒介在对这些事情进行报道时并不收取任何刊播费用。正因为这样,不少企业在营销公关中着力于策划一些经过精心安排的事件,通过一系列的宣传报道以达到连续效应,这种做法被称为"传媒炒作"。传媒炒作是公关宣传手法更加集中、更为高超的使用方式,即利用集合式报道、立体动态地对某一具体事件进行详尽的全面报道,其社会效应和影响程度是一般营销传播难以比拟的。

公关宣传活动又被称为"主动性营销公共关系"。与广告和其他营销沟通手段一样，营销导向型公关宣传的基本目的是通过两种方式增加品牌资本：其一是树立品牌认知；其二是在消费者心目中建立强有力的、正面的品牌联想以改善品牌形象。主动营销公关的效果在很大程度上要归功于可信度的创造。广告、销售推广和人员促销的可信度经常要受到消费者的怀疑，因为消费者在接受过程中有一个预置的接受前提，就是认为其动机是试图说服消费者产生购买行为，从中获得相应的利益。相比之下，通过新闻媒介的报道和其他具有公信价值的传播形式，消费者则很少怀疑其动机，因此容易让消费者感觉其比较公正可信。而且，公关宣传活动经常会涉及一些公益活动，这些公益活动能够让消费者树立对于品牌的良好印象，建立与各种利益关系者的良好关系。

娃哈哈集团公司前身本是一家隶属于区教育局的校办企业，为了表达自己对教育事业的支持，多年来一直捐资教育事业，从而受到了社会的普遍赞扬。通过这些活动娃哈哈树立了自己良好的品牌形象，这种品牌形象帮助它与众多的消费者形成了稳定持久的关系。

2. 危机公关

当企业在经营过程中遇到问题时，危机公关往往能够成为扭转危机的解决之道。如果不尽快解决营销中出现的问题，往往会影响企业与社会以及相关利益者之间的良好关系，对企业的市场或者形象造成直接或者间接的威胁，即便是一些声名卓著的企业也不例外。因此出现问题后公司必须采取相应的公关手段进行处理。

危机公关的任务是尽快地采取一系列措施与社会公众进行良好的沟通，达到社会公众的谅解。危机公关又叫做"被动型营销公共关系"。由于被动型公关针对的往往是外在环境中的突发事件，其大多数是在没有预测和不可控制的情况下发生的，因此对企业公关能力和公关人员的素质要求更高。公关活动中的各种手段在被动型公关中都体现得十分充分，不仅要处理与媒介的关系，扭转有关新闻报道中的负面影响，而且还要与有关利益群体和社会组织进行良好的沟通和协调，例如政府、顾客等。在被动型公关中，最重要的问题就是如何对待企业与社会公众之间的关系。当危机事件发生后，企业利益和公众利益都不同程度地受到伤害。如果企业为了自身利益不顾社会和公众利益，势必要引起社会公众的抵制和不信任。如何处理被动公关不仅影响公关结果，而且从长远来看还影响企业的形象。因此只有积极主动才能转被动为主动。

中美史克的著名感冒药"康泰克"在 2000 年底遭遇了一场风波,由于内含国家禁用药物 PPA 而被勒令停产。为挽救不利局面,中美史克专门组织了应对危机的管理小组展开了危机公关。首先是危机管理小组发布危机公关纲领:向政府部门表态,坚决执行政府法令,暂停康泰克和康必得的生产和销售;通知经销商和客户立即停止康必得的销售,取消相关合同;停止广告宣传和市场推广。次日,公司召开全体员工大会,总经理向全体员工通报了事情的来龙去脉,承诺公司决不裁员。几日后,中美史克公司又在北京召开新闻媒体恳谈会,回答了记者提问,并且对新闻媒体的不公正报道没有过多追究。此后总经理频频接受国内知名媒体采访,努力争取媒体的正面宣传,为公司赢得更多的说话机会。紧接着,公司又开通 15 条消费者热线,培训了数十名专职接线员负责接听消费者电话,做出专业准确的回答以消除疑虑。在康泰克退出市场不到一年的时间里,中美史克公司独立承担了大约 6 亿元的直接经济损失。但是康泰克的危机公关手段却有效地维护了公司的品牌形象,使它安全渡过危机并为其复出打下了基础。9 个月后,中美史克推出新产品命名为"新康泰克",延续和发展了原来的品牌。在新产品上市之初,广告着力宣传消费者关注的信息,采用康泰克先生用放大镜仔细检查产品包装的创意,突出"不含 PPA"等信息要素。很快这个产品得到市场认可,中美史克走出了危机阴影。由此看来,正确的危机公关策略对一个企业的立于不败之地是非常重要的。

第三节 公共关系的策划过程

一个完整的公共关系步骤应该包括设定计划、确定目标受众、选择适当公关手段和评估四个过程。它与营销策划过程不同的是:**它的活动范围和影响辐射经常是超越营销本身的**,同时在公共关系执行中不仅包括了营销沟通的所有技术手段,而且有时候可能更广阔。通常情况下公司对公共关系的角色可能提出更高的要求,导致它对目标市场作出更宽泛的定义。

一、第一步:制定公共关系计划

这一步要做的工作包括背景调查:寻找关于公司的、市场的、竞争者的、产品或服务以及顾客的传统信息。公共关系所关心的主要是人们对公司或者一个特定事件的态度,而不是像广告或者其他促销形式一样,注重于人们对具体产品、品牌或者服务的态度。之所以这样,一个很重要的原因是这些态度可能会影响到企业形象或者产品的销售,所以态度调查尤其重要。态度调查能够帮助我们分辨哪些宣传活动需要利用或强调重要的内部优势和劣势以及外部问题和机会。

对于公众态度调查的研究可以实现几个方面的目的。

(1) 为公关策划提供信息。一旦组织确定了公众态度,就可以以此为依据着手制定计划来维持满意地位或者改变不满意地位。

(2) 发挥早期预警的作用。公关问题一旦出现就有一定的处理难度,并要花费相当的时间和财力。如果通过调查评估可以辨别潜在问题,就有可能在事态恶化之前进行有效处理。

(3) 可以保证内部支持力度。如果研究表明存在问题或者是潜在问题,公关或者相关部门就可以更加容易地获得解决问题所需要的支持。

(4) 便于改善沟通结果。对问题理解越透彻,就越能找准问题的关节点所在,并由此获得解决问题的途径和方法。

整个公共关系活动对于企业而言,是一项持之以恒的过程,需要一系列完整的政策和程序。这样才能够对各种问题和机会应付自如。因此公共关系活动必须涉及战略和战术两个层面。在战略上公共关系与其他营销传播形式一样,是企业营销战略的一个组成部分。它担负着塑造公司或者企业形象、为公司创造良好的运营环境、保持公司与顾客以及相关利益者的良性沟通的长期责任。在战术层面上公共关系是有效的营销传播手段,每一次具体的公共关系活动也都承担了相应的营销传播目标。

如何制定公关计划?一般来说,一份详细的公关计划应该包括以下几个问题:

(1) 公共关系是否建立在对公司经营态势的全面理解基础之上?
(2) 计划是否充分利用了市场调研结果和其他背景资料?
(3) 计划建立时是否对近期的新闻报道做了全方位的深入分析?
(4) 公共关系人员对产品的优缺点是否有充分理解?
(5) 公共关系计划是否描述了相关研究所得的中肯结论?
(6) 计划目标是否足够明确而且可以具体衡量?
(7) 计划是否清楚地描述了将进行哪些公关工作并能给公司带来什么帮助?
(8) 计划是否确定了活动效果的测量方法?
(9) 研究、目标、活动和评价是否在一起?
(10) 在计划的制订过程中公关部门是否时刻与营销部门保持沟通?

二、第二步：确定公共关系的目标受众

公关活动的一般对象是社会公众。公关所注重的是企业的形象，因此它的受众群范围比较大，不仅包括营销合作伙伴，还包括一些与公司没有密切关系的人，比如社区公众、政府、媒体、内部职员等。公共关系的目标群体与整合营销传播中的目标群体一样，不仅包括营销的对象，还包括公司在创建品牌的过程中与所有的利益关系者所建立的关系。因此，公共关系的目标受众应该是与营销沟通相关的所有受众。在这里，我们将它们主要分为内部受众和外部受众两大类。

1. 内部受众

内部受众主要包括：

(1) 企业员工。企业员工是公共关系以及营销传播最为重要的利益关系者之一。保持员工的士气和展现员工工作业绩，通常是公关计划的一个主要目标。一些企业往往忽视了与员工关系的维护，而将员工利益置于不顾，如此下去企业没有长久的生命力。为与员工保持良好的沟通，提高企业的生命力，企业可以采用内部报刊、橱窗、活动等方式形成企业内部文化，增加企业与员工之间的凝聚力。

(2) 社区团体人员。企业所在地区或者业务区域、员工居住区域人群，通常也是公共关系的目标。这方面的活动可以包括通过广告或者公益活动向社区做一些宣传，比如净化水源、整治周边环境、绿化和保护花木等。社区在这里的定义是比较宽泛的。向社区所做的一切展示，都旨在告诉人们企业一直关注大家的利益，是一个良好的社会公民。

(3) 供应商和客户。任何企业都希望自己在供应商和客户面前保持良好的形象。如果消费者认为一个公司形象不佳，很快就会放弃该公司的产品。企业可以经常举办一些吸引客户的公关活动。例如中国人寿举办有奖知识竞猜吸引长期购买人寿保险产品的客户以提高他们的忠诚度。

(4) 股东。股东的意见直接影响到企业的生存，因此与股东的关系也是很重要的。企业要与股东经常沟通，保持良好的互动性，企业要尊重股东的意见，及时向股东反馈信息。同时，企业也与其他的利益关系者(例如竞争者等)保持良好的关系，一个环节出现纰漏很可能就会出现大问题。

2. 外部受众

外部受众包括：

(1) 媒体。媒体堪称是最重要的外部受众，这是因为媒体作为大众沟通

工具,可以决定更加广泛的受众将看到什么或者听到什么,而且这种信息以新闻报道的形式体现出来,对受众具有显著的影响力。有鉴于此,企业的公关工作中,对媒体的工作是重中之重。一般情况下,企业除了与新闻机构保持良好的关系之外,还经常举行新闻发布会和记者招待会,并利用会议采访以及特别事件与之形成各种交流,以便新闻机构能够及时了解企业的相关活动。

(2) 教育部门。许多企业都对教育部门提供活动信息,尤其是一些有关技术革新、科研成果以及其他相关信息。教育部门之所以成为目标受众,是因为它们也像媒体一样,控制着对特定群体的信息指向,而这些群体又往往把教育部门发布的信息作为最具有信任价值的信息,并进一步传播开来。

(3) 政府。对政府的公关也是一项十分重要的任务。有时候一些来自政府的管制很可能使企业受到极大的牵制,利用相应的沟通和游说可以改变某种不利形势。比如企业因为假冒伪劣等侵权行为的影响,于是借助工商管理和质量监督部门协同努力,其效果比企业自己的努力要显著得多。一项企业成果如果能够得到政府的肯定和推广,那么市场扩展的速度也是一般商业行为所无法比拟的。

(4) 其他组织和商业团体。各种社会组织和商业团体,有时候虽然与企业没有关系,但是它们在传递信息的过程中却有自己的优势,比如妇联、老年人协会等。北京闪特捷先广告公司的"妈妈宝典"项目在推销其产品的过程中就是有效地利用了妇联的优势,来向全国推广它们的产品。由于妇联是非盈利部门,因此有妇联出面对其产品进行检验和推广就能起到事半功倍的效果。保持与这些组织的良好关系,可以帮助企业在相关环境中获得优势。

三、第三步:选择适当的战略和战术手段

这一步主要是对公关计划的实施。可以运用的公关工具很多,但通常情况下,可以选择的公关手段不外乎以下几个方面。

1. 媒介公关宣传

新闻是最重要的公关手段,在对公众的影响力和辐射范围上首屈一指,因此在公关措施中,如何处理好媒介公关意义重大。运用新闻媒介发布信息进行公关宣传通常有几种方式:新闻报道、新闻策划事件、新闻会议以及记者招待会、演讲和巡回活动等。

新闻报道是指将公司或其公关公司创作的自助新闻或人们感兴趣的故事,将其提供给媒体以产生品牌公关宣传,我们把这些称为新闻稿或新闻播送。新闻稿可以以印刷或者视频的方式出现。新闻稿要被接受和使用,必须

撰写得非常专业并且以一种专业的方式传递,还要符合新闻价值的基本标准。编辑们是否采用这则新闻,关键在于该新闻作为一个新故事在何种程度上符合新闻标准,或作为一个特写故事,在何种程度上具有人文兴趣视角。一旦故事被确定,必须以一种最简略的编辑方式撰写。

新闻策划事件是为配合营销而策划的一种特别的事件,如奠基典礼或者庄严的开幕式,都是为了得到媒体的报道和创造股东的归属感。

新闻会议、记者招待会等是公司管理者会见媒体代表并告知他们一些与公司相关的主要事件,用以宣传公司的产品、业务、宗旨等。记者招待会在很多时候也用在危机公关时,它是一种很好的企业与社会公众直接沟通的方式,能够帮助公司尽快澄清事实、表明立场和态度。

演讲和巡回活动是公司发言人选择在多个城市进行的一系列巡回活动,他们会与当地尽量多的媒体代表见面。理想的巡回活动包括在广播媒体上的直播等。演讲是在公众前的说话,通常由公关人员代笔。通常会邀请记者报道这些演讲,会为媒体提供演讲的流程和一些引证。

上述几种新闻形式通常可以组合使用,以期达到最佳效果。另外,也有其他媒体形式例如提供事实表、投递信件和新闻组件。有时候递送新闻稿件不太可能,因为记者们都想要一个与众不同的报道。在这种情况下企业可以向记者们提供事实表,方便他们编辑报道。投递信件则是递送给编辑或者记者的一份报道计划。它的目的是向记者们推荐一个报道设想,由记者们负责展开,投递通常会通过普通邮件、电子邮件或者电话来实现。新闻组件或报道组件是指由公关人员提供给记者的一组信息,包含一个主要的故事,如特殊事件或者一个新闻会议。这些组件包括背景信息、如传记、历史记录、地图、图片、讲义、网址等其他补充资料。

2. 公司广告

公司广告是一种延伸的公关职能,与一般商业广告所不同的是,它们并不直接推销任何产品或品牌,而是通过改善公司形象、对某一社会事件或者公益事业表明立场或者直接参与来推销整个公司。公司广告包括三种形式。

(1) 形象广告。它是对促销公司进行整体形象的广告形式,通常注重于宣传企业理念和企业定位。如海尔的"真诚到永远"、诺基亚的"科技以人为本"等。

(2) 倡导广告。它以社会热点、商业动态或环境问题为主题,通过宣传一种社会理想来宣传公司观点。倡导型广告本质上仍旧是在描述企业形象,知识并不那么直接而已。如农夫山泉的"购买一瓶农夫山泉,就为申奥捐献了一分钱"就是一则成功的倡导广告。

(3) 公益广告。公司通常以社会代言人的形式出现,或者与有关慈善和公益组织合作,通过宣传和赞助社会公益事业获得形象支持。比如在奥运会即将举办前夕,北京电视台推出了一系列的倡导广告,倡导受众要注重文明、注重社会形象、注意环境卫生、礼貌待人等。

3. 社会参与

社会参与能帮助企业迅速获得社会认可,提升其公众形象。社会参与内容十分广泛,它不仅仅指社区事务和社区建设,而且是更广泛意义上的企业与社会联系。赞助是企业社会参与的主要途径。在选择赞助和社会参与中,企业可以根据自己的性质选择适当的项目,既要对社会和公众有明显的帮助,又要产生一定的影响,以提升企业形象。例如在汶川大地震发生后,一些企业纷纷通过政府部门向汶川灾区捐款,派遣医疗人员实行救助,向灾区发放帐篷、食品等物质。这些企业由此提升了它们的公众形象,其行为获得了社会的一致赞许和认可。相反,一些无动于衷的企业则在这场灾难中暴露了它们对灾区人民的冷漠,其形象也一落千丈,遭到社会公众的鄙视。

四、第四步：对公关效果进行评估

公共关系执行与其他促销活动一样,必须考虑到执行效果。对公共关系进行效果评估,一方面是评价这一沟通要素对实现营销传播目标的贡献,另一方面也是对公共关系和营销传播整合中的管理需要。公共关系评估的目的就是取得关于公共关系工作过程、工作效益信息,作为决定开展公共关系工作、改进公共关系工作和制定公共关系计划的依据。通常来说,评估的方法主要有：(1) 自我评定法；(2) 专家评定法；(3) 目标管理法；(4) 舆论调查法。而目标管理法和舆论调查法是运用得较为普遍的方法。

所谓目标管理乃是一种程序或过程,它使组织中的上级和下级一起协商,根据组织的使命确定一定时期内组织的总目标,由此决定上、下级的责任和分目标,并把这些目标作为组织经营、评估和奖励每个单位和个人贡献的标准。目标管理指导思想上是以 Y 理论为基础的,即认为在目标明确的条件下,人们能够对自己负责。具体方法上是泰勒科学管理的进一步发展。

舆论调查法又可分为两种类型：(1) 比较调查法。即在一次公共关系活动的前后,分别进行一次舆论调查,比较前后调查的结果,从而分析公共关系活动的效果。(2) 公众态度调查法。即在一系列公共关系活动之后,对主要公众对象进行调查,了解他们对组织的评价和态度的变化,分析公共关系活动的效果。由于公众态度是评价公关活动最好的依据,因此对公众态度的测量不可忽视。而这种调查最好采取数据形式加以量化。

在此之外,美国公共关系研究专家 Raymond Simon 也曾提出一个公共关系衡量标准,这个标准主要针对公关宣传中媒体报道设计的。公共关系效果衡量标准:

(1) 整个活动期间形成印象的数量;
(2) 在目标受众中形成印象的数量;
(3) 在特定的目标受众中形成印象的数量;
(4) 在整个活动期间正面报道文章的百分比;
(5) 整个活动期间负面报道文章的百分比;
(6) 正面报道文章对负面报道文章的比率;
(7) 正面/负面文章的比例(按主题划分);
(8) 正面/负面文章的比例(按出版物或作者划分);
(9) 正面/负面文章的比例(按目标受众划分)[1]。

具体衡量公共关系活动效果的标准有很多,既有指标性的要素衡量,也有其他的方向性评价。为了真正确认公共关系活动效果,在评价中还应注意把认知评价与数据调查相结合,提出一系列的评价依据。这些评估依据主要有:

(1) 内部公众评价和反应。主要包括企业内上级领导对公共关系操作部门的评价、员工对公共活动的评价等。在公关操作中,整个机构的每一个层次都会对公关活动作出判断和评价。

(2) 媒体评价。媒体刊发了多少数量的正面报道与负面报道都可以作为具体衡量的量化指标。

(3) 营销结果评估。有些公关活动是与营销传播挂钩的,也就是说公关活动是一种侧面的营销宣传,因此销售结果就可以成为评估公关活动的尺度。这种结果不仅仅包括消费者的消费态度的转变,也包括实际的销量是否增加。

公共关系效果评价的方法很多,不论采取什么方法,根本目的都是为了确认公共关系在实施中有没有如期达到自己所设定的目标。由于公关的角色在不断变化中,有时也会加上一定的营销目的,因此评价标准应该根据实际情况来制订。

---

[1] Raymond Simon, Public Relations, Concepts and Practices, 3rd ed. New York: John Wiley & Son's 1984, pp. 291. 转引自卫军英:《整合营销传播:观念与方法》,浙江大学出版社 2005 年版,第 347 页。

第四节 案例分析：墨西哥湾石油泄漏危机公关评析

2010年4月20日深夜，英国石油公司在美国墨西哥湾作业的"深水地平线"号海上钻井平台发生爆炸，造成11人死亡。事发后墨西哥湾海底油井开始泄漏，成为了美国乃至全世界最大的环境污染和生态灾难之一。作为美国历史上最大生态灾难的始作俑者，英国石油公司面临来自社会、媒体以及网络上的批评浪潮。它的危机公关处理得如何？我们对事件的始末进行了跟踪以及综合各方面文献资料以后，对此次危机公关作了以下评论。

1. 英国石油公司应急措施采取及时、对公众采取诚恳态度

爆炸发生后几个小时，英国石油公司董事长亲自对死者家属表示慰问，并表示全力支持当时实施钻井作业的承包商跨洋公司做好善后处理。过了两天，钻井平台沉没，那时还不知道用于防止原油喷涌而出的防喷器未起作用，美国海岸警备队发言人称未发现原油泄漏迹象，但英国石油公司还是做了最坏打算，派出应急处置小组开赴事故现场。4月22日，当得知有原油泄漏之后，英国石油公司立即启动泄漏应急处置预案，并开始扮演主角，调集大量资源防止油污扩散。在这段时间，英国石油公司反应很快，调集资源很多，直到4月29日，美国海岸警备队说英国石油公司是"一个负责任的油污泄漏者"。英国石油公司早期公关危机的诚恳态度打动了受众，赢得了大家的好感。

2. 英国石油公司采用最新营销工具——搜索引擎来进行广告宣传，争取早日摆脱公关危机

在后期，英国石油公司购买了谷歌、雅虎搜索引擎的关键词，当用户上网搜索"oil spill"（漏油）时，会出现英国石油公司的链接，讲述该公司曾作出的业绩及贡献。英国石油公司此举是为了挽救因深陷墨西哥湾漏油事件而受损的形象。通过购买有关"漏油"关键词不仅可以让人们更为全面地认识公司，也可以减少诸如Facebook、Twitter等社交网站上批评的声音。此举动在树立公司的正面形象方面起到了良好的作用。

3. 整体而言英国石油公司的危机公关处理是失败的

美国媒体继续连篇累牍地对英国石油公司进行抨击。《华盛顿邮报》以《英国石油公司有着麻烦不断的历史》为题，指责英国石油公司长期以来无视相关安全和环境法规，使用年久失修的设备，为降低成本减少或拖延检查，文章甚至直接称英国石油公司类似做法为"环境犯罪"。美联社一则相关报道标

题为《漏油事实浑水般晦涩难懂》。《纽约时报》也以《漏油情况不明晰，令人对英国石油公司生疑》为题，报道认为，许多美国人对漏油事故的事实及相关数字仍然是一头雾水。该报当日还发表题为《英国石油公司到底还能不能正确行事？》的评论，称"英国石油公司的连续失败已使其得不到信任"。

使英国石油公司的危机公关最终失败的最主要原因来自公司与公众沟通的不畅。整合营销传播认为营销即传播，传播即营销。在公关策划中，公共关系的目标受众多种多样，无论是内部受众还是外部受众，营销策划者都需要与它们保持良好的沟通和联系，取得他们的信任和理解，双方无障碍的互相交流，才能达到良好的传播效果。总裁霍华德在后期采取了一些不负责任的态度，这激怒了受众。5月11日，英国《卫报》的一篇文章引用英国石油公司CEO海伍德的话说："墨西哥湾很大，与那里的水体相比，泄漏的原油和我们喷洒的驱散剂很少。"5月31日他反驳一些科学家所讲的海水表面以下发现大绺的原油，争辩说："看你怎样定义'大绺'，我们并不认为水面以下有大量油污。"这种不负责任、高高在上的态度显然会引起公众的敌对。5月31日，海伍德对电视镜头说："没有人比我更希望这事早点结束，我想要回我的生活。"这件事被美国人抓住不放，因为那些死难者、受影响的渔民、旅游业者的生活还能回来吗？他显然没有把自己的处境与那些受难者联系在一起。另外，海伍德曾有很多食言的承诺。5月中旬，他承诺英国石油公司将用"灭顶法"锁定这场灾难。"唯一的疑问就是什么时候。"然而，当"灭顶法"再度失效以后，市场已经失去了对英国石油公司和海伍德的信心。6月1日，英国石油公司股票市值跌去了15%。自漏油事件以来，英国石油公司整个市值已经蒸发三分之一。

除了高高在上的傲慢之外，公司的领导层也和民众缺乏沟通。英国石油公司的危机公关的处理模式包括：信息更新、回复、声明、简报、通知、发送、新闻稿发布、推送等，听起来不错，但缺少的是聆听、互动、讨论、对话、理解，而这些恰恰是最重要的。面对一些网站上大量的网友不满和责问，英国石油公司的决策层不知所措，因为他们的决策层和公关还不知道如何和网络上的网民打交道。英国石油公司的公关建议来自一个传统的公关公司，这个公司并没有与网络上人群对话的经验。因此在危机发生后的数天内，Facebook上抵制英国石油公司群组的快速增长，Twitter账户@HPGlobalPR短时间内出现了11万多的粉丝掀起了抵制英国石油公司的浪潮。英国石油公司也许没有想到包括Facebook和Twitter在内的网络媒体为英国石油公司的危机公关带来前所未有的挑战。在灾难、负面信息以及危机事件的传播上，网络媒体比报纸、电视等传统媒体的传播速度要快、广度和力度都要强。而这是导致英国石油公司危机公关最终失败的原因。

此外,英国石油公司被人们认为"擅长运用高科技来解决危机问题"。可是在危机公关中,英国石油公司对科技的强调超过了人文关怀。英国石油公司网站和新闻发布会总是向人们详细讲解他们目前所采用的科技手段和措施。好的危机公关要求清楚地介绍自己所采取的措施,但片面强调科技,不凸显人文关怀,显然会造成负面反响。而且关于一些有很大不确定性的技术措施未能给公众提前打好预防针,结果会导致公众一次一次地失望。无论使用了多么先进的新媒体手段,如果不去充分倾听消费者的诉求,不去考虑受众的心理,不真正低下头来与受众平等地交流,就不可能获得成功的危机公关。

思 考 题

1. 什么叫做"营销公共关系"?营销与公关是什么关系?
2. 在品牌构建中公共关系有什么作用?你认为哪一些作用是最重要的?
3. 公共关系与广告是什么关系?请举例说明。
4. 公共关系的评估方法有哪几种?你比较推崇哪一种评估方法?

第十四章　人　员　销　售

　　人员销售就是经常用来最终说服他人的、个人对个人的互动沟通。事实上人员销售是最早的营销传播方式。医生向病人推销药品、保险业务员向公众推销保险计划等都是人员销售。从某种意义上说,每个人都在做人员销售。

　　在传统的营销传播组合中,人员推销与广告、销售促进以及公共关系一样,被看作是营销沟通组合中的四个基本元素之一。人员推销却具有其他几种营销传播方式不具备的重要特征,那就是它是**双向互动**的。其他营销传播方式都是单向的,人员推销却可以与预期消费者进行直接交流,因此人员推销往往被看作是营销武器库中最为重要的一种武器。虽然人员销售的费用比较高,但是从其高效的传播结果来看,它相对高昂的费用在很多时候是非常值得的。

第一节　人员销售与人际传播

　　人员销售是一种对于消费者或者潜在消费者所进行的口头传播。从传播的形式上来说,它是人际传播的一种形式。与广告、销售促进和公共关系不同,后面几种都是大众传播或者组织传播的形式,需要依靠一定的媒体来传递营销内容。而人员推销则完全依靠人际传播的形式。人员推销的主要方式有：上门推销、电话推销、网络营销等。但不管是何种方式,它都是依靠单个的个人所进行的营销。

　　让我们先来探讨大众传播与人际传播在传播方式与效果上的不同。大众传播的优势在于传播范围广、影响力强,但缺陷就是反馈不及时、与受众的互动不够。而人际传播的优势在于传播互动性强,几乎可以即刻得到反馈,影响力大,也可为消费者提供一定的个性化服务,缺点是传播范围不够广泛。

　　一般来说,大众传播适用于简单的营销。例如洗发水等日常用品,采用大众传播方式的广告来营销比较合适。而复杂的营销往往需要通过人际传播来实现。它需要通过人员推销中的讲解才能获得受众的理解。尤其是在消费者需要个性化服务和定制化服务时,人际传播的作用明显地发挥出来。

随着现代营销的发展,人际传播的方式已经越来越显示出其重要的地位。过去大众传媒一统天下的时局已经改变。消费者越来越倾向于个性化、双向互动的服务,消费者对信息的选择性也越来越强。尤其是在整合营销传播中,人际传播的优势明显地显示出来。2009年,美国学者Alain Thys极端地提出一个"I am the Media"的思想。他认为:大众媒体的影响力已经一去不复返,在当今社会,人际传播的影响力已经远远超过了大众传媒的影响力,没有人再重视电视广告。广告所带来的营销量已经远远比不上人际传播带来的营销量。例如,如果你的邻居告诉你美赞臣奶粉对婴儿非常好,其说明效果要比美赞臣奶粉在电视上播送一千遍广告的效果还要好。

不过,这个思想也不是绝对的。笔者认为:大众传播在营销中的作用仍然不可忽视。比起人际传播来它的不同在于以下方面。

(1) 大众传播在影响消费者的态度方面往往比较有效。传播学者的研究发现,大众传播能很快地唤起消费者对某件产品的注意和兴趣。例如肯德基每次有新产品推出都会利用电视广告来进行推介。电视广告的色彩、夸张度和趣味性都能足够引起年轻人的兴趣,使产品处于热销状态。如果不采用电视广告进行声形并茂的传播,而仅仅靠人际传播,消费者恐怕不能激起足够的食欲。然而,在促成购买行为上则是人际传播比较有效。人际传播往往比大众传播更能使人信服,尤其是消费者身边的家人、好友等的推荐。

(2) 大众传播对于传递高端品牌信息以及时尚信息来说比较有效。因为人通常都有从众心理和追求时尚的心理,而大众媒介恰恰能告诉我们什么是时尚。例如,你的邻居一贯使用大宝化妆品,但你并不会因为她一直使用大宝而自己也去购买大宝的化妆品,你会去购买更为流行和时尚的玉兰油、欧莱雅或者兰蔻产品,即便这些产品与大宝化妆品在本质上并无太大区别。一些研究告诉我们,人们在追随品牌和时尚的过程中,往往会参照大众媒体所传递的信息。

第二节 人员销售的优势和劣势

一、人员销售与营销传播个性化

随着市场的不断细分和目标市场营销的深入,营销和营销传播正在变得越来越富有个性。如果说传统营销传播着力于创造规模效应,那么现代营销则注重于寻找差异化。每一个消费者都可以被看作一个孤独的个体。个性化营销传播的前提是目标市场的不断深入。传统的营销传播也提出了差异化的概念，但是这种差异化还只是建立在大致性区分之上，它只能相应地对顾客进行大类归纳，却不能确切描述个别顾客的个性需求。而在整合营销传播中，数据库改变了这种状况，每一个顾客都是以个人形式存在于数据库中，营销就可以根据这些背景资料设计相应的营销传播方式。因此可以说数据库是营销传播的基础。

要实现真正个性化营销还需要个性化的信息设计，而且要求在信息传播过程中保持与客户之间的互动和交流。显然运用大众传播渠道进行个性化营销并不现实，而采取规模化手法为每一个顾客设计相应的个性化信息也有障碍。正是在这种背景下，人员销售表现出了前所未有的优势。如果说传统的人员推销还处在简单的兜售状态，那么在整合营销传播阶段，人员销售已经由立足于兜售产品时的说服技巧，发展成为营销导向的客户伙伴关系。经过专业培训的销售人员，在与客户接触过程中可以表现得更加灵活，现代推销人员与客户之间的关系正在朝着长期化、共生化的方向发展。

二、人员销售与营销传播互动性

我们把公司运用封闭式的、省却任何中间商中转的与客户之间互动性信息沟通系统统称为直接反应。直接反应模式的一个共同点就是：营销传播中的信息传递在两点之间进行，由于没有中转而变得直接而且迅速。传播中的两端大多数情况下可以实现点对点之间的谈话，有利于具体问题的解决。这种直接反应由于各种不同的操作模式，并不完全是面对面的传播沟通。但是直接反应在实现营销沟通充分个性化的过程中，借助面对面的沟通是一种必然。在所有的营销沟通中，充分表现出面对面营销传播特性的非人员销售莫属。

人员销售是真正的面对面交流式营销。目前人员销售的定义已经超越了以往的兜售产品的认识，而着重于根据客户利益需要进行的双向交流，这种交流在很大意义上不是做产品功能与价值的介绍，而是希望挖掘客户进一步的需求，并且借以增加产品或者服务的附加值。

作为一个商业流程，人员销售不仅仅是推销产品。在整合营销传播时代的人员销售，最重要的是解决客户问题，发展客户关系，为客户创造出进一步价值。这就意味着为了降低客户成本，或使客户产品更加具有竞争力和吸引力，必须与客户保持长期的互动关系。在这个意义上，没有任何营销传播方式比人员销售更具有优势。

三、人员销售的劣势

与其他所有营销传播方式一样,人员销售也有一些局限性。最重要的局限性就是它的高成本。维持一支销售队伍的成本是非常高的,因为需要的不仅仅是人员,还包括销售拜访、销售人员的培训、差旅费和其他内在的支持功能等。人员销售主要是一对一的方式,几乎不能由于规模的扩大而降低成本。事实上,有时候还需要两到三个销售不同产品的销售人员去同一个重要的客户办公室做一个或多个产品演示。在人员销售中,公司甚至不愿意考虑每一千次的销售成本,因为这种成本实在太高。有时候,一次拜访能够花费几百或者几千元。

另外一个局限是:一些销售人员过分强调尽快实现销售,缺乏建立充满希望的长期客户关系的信心。一项研究对美国 4 万个购买者调查后发现:只有 11% 的购买者在与一个公司第一次接触后的前三个月内做出了购买行动。该研究总结说:"将关系营销计划列入培育长期客户关系是非常重要的。"[1]然而,人员销售的这种局限性并不都是销售人员的过错,以佣金为基础的奖励制度导致他们过分强调交易而牺牲了客户关系。销售人员应该因为实现销售而得到回报,但是当他们最关注销售量的时候,就导致为了实现销售而过度承诺的倾向。

被描述为一种优势的人与人之间的关系,同样也会带来进退两难的境地:客户可能会发展成为对某个销售人员的忠诚,而不是对公司或者品牌的忠诚。结果就是,当销售人员被换走的时候,也就带走了公司的客户。一种可能的解决方式就是公司保持那些与公司联系的客户的全面的数据资料。这种数据库能够使一个新销售人员很快与客户建立关系并且与客户一起工作,因为每个客户与公司发生联系的历史都是可以看到的。

另外,虽然人员销售的优势是其灵活性,但它通常也意味着前后不一致。当销售人员针对特定的客户挖空心思的时候,他可能会创造和传递一些与整个品牌策略不相同的品牌信息。如果销售人员不断鼓励零售商追求销售额的话,并不会增强质优价高的品牌定位。

除此之外,人们对销售人员还有些固有偏见。由于相当高的销售压力和不讲道德的销售方法,人员销售在过去一些年中产生了一些形象问题。一项

---

[1] Don. E. Schultz, Philip Kitchen, Integrated Marketing Commonication in U. S. Advertising Agoucies: An Exploring Study, *Journal of Advertising Research*. Sept. 1997.

对美国、英国以及泰国的大学生调查表明,这些来自不同地理区域的学生都不大愿意将销售作为自己的一种职业选择,40%的被调查者认为:销售人员的职业安全感很低①。另外一个关于声誉问题的典型事件就是来自亚利桑那一家名为 Mesa 的电线公司,它在大学报纸上刊登一则招聘"销售(Sales)人员"的广告时,结果是没有得到任何回应。当它在另外一则广告中将销售人员换成营销(Marketing)人员时,简历像雪片般飞来。

尽管人员销售存在着很多形象问题,但是这种营销传播方式仍然构成一个巨大的产业。对于合格的营销人员来说,最重要的是应该拥有丰富的产品知识和可以帮助解决问题的信息来源,并且拥有良好的素质。优秀的销售人员要学会在消费者决策过程中提供帮助,而不是强行推销。

四、人员销售与其他营销传播方式

决定什么时候将人员销售和营销传播组合整合起来的一个主要原则就是每笔交易的利润足以支持人员销售的高额花费。宝洁公司不能平衡派销售代表直接向单个消费者销售其汰渍洗衣粉和洗发水的成本,因为销售成本将会是产品平均购买价格的很多倍。当一种产品很复杂并且消费者需要卖主协助其使用和维护该产品时,往往采用人员销售。例如电脑软件系统、医疗设备、保险产品、高科技产品等。同样,当客户数量非常有限的时候,人员销售也会整合进入营销传播组合,例如在灌装饮料行业,主要的客户只有少数的几十家。以下我们来探讨一下人员销售和几种传统的营销传播方式之间的关系。

1. 人员销售和广告

在 B2C 销售中,零售商会采用广告方式,例如汽车经销商和家具店在店内使用广告获得客户。这些零售商懂得只有广告能够创造最大利益时,它们所销售的产品才能占据购买量的绝大部分。大多数汽车和家具的购买者在决策过程中的信息收集阶段会咨询很多问题。一旦潜在客户出现在商店里,销售人员就是回答这些问题的最好资源,这些问题往往是客户在仔细检查产品时所考虑的。

在 B2B 销售中,广告的品牌知名度和品牌知识能够实现一定数量的产品预售,广告能够用来传播产品背后的企业信息以及关键的产品利益。大众媒体广告能够影响到的潜在客户的范围是很广的,而且其成本远远低于派销售

---

① 转引自汤姆·邓肯:《广告与整合营销传播原理》,机械工业出版社 2007 年版。

人员与相同数量的潜在客户单独接触。然而,大多数的B2B决策制定者会提出很多问题,例如复杂的产品可能需要演示。

整合进入人员销售过程中的广告方式,其另一方面是设计和生产产品手册、销售工具以及其他销售人员在销售拜访中需要用到的物品。这些销售工具可以是从一套简单的价格单到特制的印刷封面,或者各种材料制作的精美盒子。例如,房地产公司的销售人员会拿着印刷非常精美的画册来与客户进行交谈,画册中会有所出售商品房的各种户型图,颜色鲜艳或制作精美,能给人留下美好的印象。

2. 人员销售和公共关系

公共关系对于销售的作用在于:公共关系活动能够帮助创造品牌认知,从而使销售人员的工作更加容易一些。由于公共关系已经奠定了一定基础,顾客对于该品牌有了一定了解,容易接受上门推销的人员。销售人员无须解释公司的基本情况以及所代表的意义,这样就节省了大量的时间。例如,汰渍洗衣粉家喻户晓,在研发出新产品后,采用人员销售的方法对忠诚客户上门详细讲解,由于对汰渍的品牌非常熟悉,这些用户对推销人员普遍持欢迎态度。此时人员销售的好处在于:如果消费者对某一品牌有一个普遍认知,那么对于接下来的人员销售则非常容易接受,也会乐于了解该新产品的详细状况。因此,公共关系对于销售人员销售革新和复杂的产品特别有帮助。

人员销售对于公共关系的作用在于:销售人员不仅能从公共关系中获利,他们也创造公共关系。销售人员是企业遍布市场最广泛的公关面孔。因为销售人员通常是公司唯一和顾客见过面或者面对面交谈的人,因此销售人员代表的是公司的形象。如果销售人员是反应迅速的和对客户有帮助的,那么公司给客户的感觉就是公司反应迅速和有帮助的。例如,中国人寿每推出一款保险产品,都要派训练有素的推销人员上门给忠实客户或者潜在客户详细讲解这一款保险产品的特点、福利以及各个注意事项等。营销人员在上门之前,通常会根据数据库大致了解该客户家庭的情况,会为小孩子或者老人准备合适的小礼品。对每一项保险的功能营销人员都牢记在心、倒背如流,对客户提出的异常情况也能加以解释和处理。经过这样的精心筹备和安排,中国人寿的推销人员给顾客的感觉是精通业务、态度诚恳。

3. 人员销售和直接回应

直接回应与人员销售的关系甚为密切。由于人员销售和直接回应都是单个的个体之间的交流,因此人员销售和直接回应总是相伴进行。直接回应经常被用来为销售代表产生线索,也同样可能被用来跟进联系现有客户,而且由销售人员直接跟进客户成本小、效果好。例如,IBM 着手进行了一些综合的、以数据库驱动的示范性活动。在这些活动中他们经常询问客户在追求什么样的产品和服务,以及喜欢与公司以什么样的方式联系——例如通过信件、电子邮件、电话、传真,还是销售人员拜访,或者是根本不喜欢和公司联系,等等。由于这项活动的实施,使顾客线索的数量增至以前活动的三倍。

4. 人员销售与病毒性营销

病毒性营销(Viral Marketing),也可称为病毒式营销,它是一种常用的网络营销方法,常用于进行网站推广、品牌推广等。病毒性营销利用的是用户口碑传播的原理,在互联网上,这种"口碑传播"更为方便,可以像病毒一样迅速蔓延,因此病毒性营销成为一种高效的信息传播方式,而且,由于这种传播是用户之间自发进行的,因此它几乎是不需要费用的网络营销手段。

病毒性营销的经典范例是 Hotmail.com。Hotmail 是世界上最大的免费电子邮件服务提供商,在创建之后的 1 年半时间里,就吸引了 1 200 万注册用户,而且还在以每天超过 15 万新用户的速度发展。令人不可思议的是,在网站创建的 12 个月内,Hotmail 只花费很少的营销费用,还不到其直接竞争者的 3%。Hotmail 之所以爆炸式的发展,就是由于利用了"病毒性营销"的巨大效力。病毒性营销的成功案例还包括 Amazon、ICQ、eGroups 等国际著名网络公司。病毒性营销既可以被看作是一种网络营销方法,也可以被认为是一种网络营销思想,即通过提供有价值的信息和服务,利用用户之间的主动传播来实现网络营销信息传递的目的。

病毒性营销之所以成功,依靠的就是人际传播的力量。由于人与人之间传播的力量是巨大的,因此这种营销只要运用得当,几乎不花费什么费用就能达到很好的效果。口碑传播产生的渠道和语境是人际传播。人际传播的最大特点就是交流性强,信息反馈直接、快速、及时、集中,同时,易于在较短时间内改变接受者的态度和行为。在具备人际传播基本特征的同时,口碑传播还应该特指传播者和受众都是消费者,他们在非正式的传播渠道下交流与产品和服务相关的信息及观点。口碑作为人际传播中对品牌、产品的议论焦点和交流总和,它的出现总是随机随意的,其形态也往往是散乱琐碎的,它的信息既有正面也有负面,企业不能规定消费者的表达内容,无法经营消费者的口碑,只可以通过经营自身来达到间接经营的目的。同时,企业和商家应该有意识地操纵、生发、发展和深入这种口碑,使之向有利于营销目标的方向靠拢,为企业营销目标服务。

病毒营销与人员销售有很大共同点：它们都是依靠人际传播来进行推销的。根据传播学奠基人之一拉扎斯菲尔德提出的"两级传播论"，人际传播的劝服效果要远比大众传播效果好。一方面，人际传播具有明显示范作用；另一方面，人际传播所建立的信任、喜爱、亲密等关系使传播中的有关信息更容易被接受者接受而发挥作用，接受者也更愿意受到影响。同时，面对面的信息交流，其针对性是显而易见的。营销的最终目的是促进购买，而人际传播能加速消费者的消费决策过程，打消决策前的疑虑，缩短消费决策时间。

不过，病毒性营销与人员销售也有区别：病毒性营销的营销者同时也是消费者，是独立于商家之外的第三方，不会因推荐产品而获得经济效益，因而病毒性营销没有商业气息。在网络上，一些帖子或是重要信息的流传都可被称作病毒性营销，但是它们本身并不具备营销的目的。例如，在网络上一度非常盛行的《一个馒头引发的血案》曾被无数网友点击，网络虽让这个视频名声大噪，但其作者胡戈将它上传至网络的初衷并不是为了营销他的这个视频。

第三节 人员销售过程

不管是吸引新客户还是向当前客户销售别的产品，人员销售过程都包括：形成顾客线索和确认这些线索的合格性；进行销售拜访；确定异议并对异议做出反应；完成销售以及跟进销售以便建立和维护客户关系。

一、形成顾客线索并确认线索的合格性

通过形成顾客线索并确认顾客线索的合格性，人员销售运作能够实现市场细分，并且确定自己的目标市场。销售线索可能来自公司的直接回应式广告或者其他关于公司及其品牌的公共宣传，通常包括打进电话询问信息的个人、通过直邮广告返回的商业回执、从交易或特殊利益的杂志收集来的卡片等。顾客线索也来源于别人的推荐，例如满意的客户、雇员，甚至那些认为潜在客户对他们来说太大或者太小而没有办法处理的竞争对手，他们都有可能将顾客线索介绍或者推荐给公司。

另一种获得顾客线索的方法就是让潜在顾客自己选择。当一个顾客主动对产品表示兴趣或者主动提供自己基本信息的时候，这种行为能充分预示将来的购买。在这种时候公司就要对表示兴趣的潜在消费者采取一些措施，或

提供奖品鼓励潜在的顾客提供基本信息,或通过媒体传递品牌信息激励那些有强烈的自我认同感的人。有研究发现[1]:

60%的询盘者在一年之内会购买一些东西;
20%的询盘者是有急切的需求;
10%的询盘者是很有希望的线索;
60%的询盘者同样也和公司的竞争对手有联系;
50%的新业务是从询盘开始的;
但是很多公司没有利用好这些询盘。
20%的询盘者从来没有收到任何信息;
40%的询盘者收到信息时太迟了,以至信息没有利用价值;
70%的询盘者从来没有销售代表和他们接触过。

可见,对不同的潜在消费者我们应该采取不同战略性措施。

一旦获得了顾客线索,就需要判断该线索是否合格,从而判断客户是否是真正的潜在客户。合格的顾客线索就是那些很有可能购买产品的潜在客户,因为公司已经知道了他们的一些相关信息。合格的顾客线索包括以下几种:(1)有真正需求或者有向其推销产品的机会的人;(2)对产品或者服务有支付能力的人;(3)有权购买产品的人;(4)可以接近的人。很少购买产品或者要求一种不合理的高水准的服务的公司或者个人,这样的顾客线索是不合格的。

证明顾客线索的合格与否是很重要的,这是因为个人销售拜访的成本很高,要超过由公司发起的绝大多数其他品牌接触活动的成本。具体的成本数额由于产品的种类不同而差别很大。有些种类的产品,例如本地媒介销售,一个销售代表一天拜访六个客户就可以使单次销售的平均成本降低。机场雷达系统的销售人员进行一次销售拜访要跨越半个地球,这样的销售费用可达上万元。当一个企业开发新产品时,对该公司的现有消费者进行拜访,由于他们已经了解公司,因此他们最有可能成为新产品的潜在顾客,当然这必须是经过筛选的,这样可以节省费用,也避免浪费时间。

在B2B营销中,合格的顾客线索尤其重要。事实上,在完成一个重要的B2B销售之前,至少需要3到7次的个人销售接触。也就是说,销售人员在完成一笔交易之前需要进行很多次花费很大的销售拜访。顾客线索的质量越

---

[1] 资料来源:Arthur M. Hughes. , *The Complete Database marketer*, Burr Ridge, IL; Mcgraw-Hill/Irwin, 1996, p. 390. ,Reprinted with permission from The McGraw-Hill Companies.

高,在获得预期答复前所需要的拜访次数就越少。反应速度越快,每笔交易的成本费用就越低。

二、进行销售拜访

销售拜访发生在做销售产品展示时。根据产品本身报盘价格以及销售人员与潜在客户的关系,产品展示的规模和形式有很大不同。通常来说,产品价格越高,产品展示越正式,展示的时间也越长。

在某些情况下,人员销售拜访是由公司的室内销售队伍通过电话拜访的方式进行的。室内销售指的是销售人员用电话与那些平均规模不是很大,不足以平衡个人销售拜访费用的订单客户定期联系。对这些客户最初的销售拜访是由销售代表完成的,或者是那些潜在客户主动对广告或者直邮广告作出反应后进行的,随后的电话拜访则由室内销售部门来完成。有些情况下,一些室内销售人员和同一个客户通过电话保持多年的联系,虽然他们从未见过面,却成了好朋友。

为现有客户或者潜在客户提供适当的、准确的销售展示是非常关键的。成功的销售人员往往会事先模拟和练习他们将要举行的销售展示,以确保关键的信息能够脱口而出。公司通常会提供销售文件,以帮助销售代表进行销售展示。这些销售文件通常包括录像节目、含有数据和证明文件的图表、和客户一同实施的计划表格、产品目录和其他的展示材料。室内销售人员通常会引导顾客去浏览公司网站,这些网站会提供产品的图片以及其他的形象化展示品。

在解决方案销售中,销售代表需要向潜在客户解释,他们所销售的产品能够怎样帮助客户解决问题或者帮助客户利用机会优势。这就需要销售代表对潜在客户的情况充分了解,如同了解自己所销售的产品一样。报盘的所有细节、如价格、交货期、信用条款和保证条款都应该包含在展示中。正式展示的结尾部分是"请求订单",请求订单就是请求潜在客户采取购买行动。

三、处理异议

在大多数情况下,在潜在客户同意做出交易前,他们会有很多问题和异议,即不购买的理由。让潜在客户动心并且同意购买需要大量的技巧和百折不挠的精神。一个重要的技巧就是让潜在客户说出他们的反对意见,也就是使自己获得潜在客户目前还没有信服和他们不想购买的真正原因,随后才可以对他们的异议做出反应。了解异议是了解潜在客户的关键。如果销售代表能够知道潜在客户的异议,就可以在展示中有针对性地做出满意的解释,从而能够确定该订单。最坏的情况是销售代表不知道潜在客户的异议所在,也没有针对性地解释这些问题,这样就很可能失去该订单。

例如,在销售展示中经常得到的一种答复是:"你们公司的产品真的很好,我们也确实需要该产品,但是现在我们真的买不起。"优秀的销售人员处理这种类型的异议有很多方式。一种方式是为潜在客户提供几个月内不需要付款的信用条款;另外一种方式就是指出该产品能够怎样减少成本,因此能够在一定月份内收回成本。优秀的销售人员会事先考虑顾客可能有的异议,并提前准备好答案,这些答案通常以填满信息的表的形式体现。

四、完成销售和跟进销售

一旦顾客的异议被成功消除以后,下一步就是完成销售,也就是最后确定交易条款并且获得潜在顾客的同意,随后就是签署购买订单或者签署合同。一旦把产品销售给了顾客,那么和客户保持联系,确保他们所期望的事项都能够得到满足是非常重要的。产品能不能按时发货?产品是否完好无损?确保客户满意需要亲自上门或者通过电话、电子邮件或短信等进行跟进销售。

一些销售人员不愿意去跟单,他们认为跟单就是自找麻烦。因为当客户提出问题时,销售人员要找到问题所在,在公司里面找出合适的人去解决问题,做出安排使问题得到解决,这需要花费很多的时间,显然会增加自己的工作量。虽然销售人员的这一部分工作得不到任何的额外报酬,但是回避跟单是一种短视行为。如果客户有问题得不到及时答复和解决那么不可能留住客户。同样,跟单也是和客户保持联系、向顾客推荐新产品的一种合理的理由,特别是当客户对第一次购买很满意的时候。

第四节 人员销售管理

人员销售管理涉及销售代表的招聘、培训、跟踪、补偿和回报,并且涉及管理预算和客户的分配。怎样将人员销售和整个公司的营销传播计划有效实现整合同样是管理设计的问题。与整合营销传播尤其相关的几个问题是:(1)怎样评估整合营销传播在销售中的效果和作用;(2)怎样对销售人员进行补偿和给予回报;(3)怎样对销售人员进行适当培训。

一、评估人员销售的效果

很多评估方式能够用来评价人员销售。每次拜访的成本是通过把销售人员在一定时期内(一般是一年)的全部费用(薪水、佣金和花费)与在该时期内的总的拜访次数相比较来计算的。**销售拜访成交比例**(Sales-call-to-close-ratio)则由总的销售拜访次数和潜在客户及消费者实际购买的次数之比决定的。

使用这种评估方式有助于确保销售投入在一个正确的方向上。例如,如果整个公司在去年的销售拜访成交比例是 5∶1(也就是每 5 次销售拜访中有一次最终成交),那么在下一年就应该采取有效的措施将销售成交比例减少到 4∶1。该比例同样可以用来评价单个的销售人员。如果整个公司销售人员的平均的销售拜访成交比例为 6∶1,而某一个销售人员的销售拜访成交比例是 11∶1,那么该销售人员就应该被淘汰。

对于整合营销传播而言,其他重要的销售人员业绩评估指标有:(1)销售人员的客户从公司购买产品的平均时间的长短;(2)对这些客户的年均个人销售额和利润;(3)这些客户向其他人推荐产品的次数。因为整合营销传播的主要任务是留住客户,如果销售人员的工作做得好的话,其客户的平均寿命应该不断地增加。同时,现有客户的购买数量应该一年比一年增加。客户和销售人员最后将建立很好的关系,并且客户很可能会向其他人和其他公司推荐该品牌,这样也就意味着应该跟踪这些推荐的顾客。

随着时间的推移,判断一个销售人员的客户保留的数量和流失的数量会相对容易些。如今,高水平的财务软件能够计算出每个销售人员的客户所带来的利润。通过折扣、赠品和其他的报酬可以使销售变得相当容易,但是最优秀的销售人员是那些能够销售产品,同时在交易中不轻易做出让公司获利很少或者没有利润的让步的人员。

二、酬金和奖励

在人员销售中奖金与报酬是一个非常现实的问题。除了基本佣金之外,传统上销售人员的报酬被称为销售提成,其大部分不是通过直接工资支付的。对销售人员的工作激励通常是按照销售业绩不断增加销售提成。习惯上人们认为销售人员会为了赚取更多的佣金和提成而更加努力工作。但是这种把赚取佣金和提成看作是工作动力的认识,现在似乎已经落伍。佣金和销售提成所带来的主要问题是:它是按照单笔交易发放酬金,而不是基于顾客和公司长期关系来发放的。这不利于实现整合营销传播中对建立顾客关系的要求。因此在奖励销售人员时,需要注重整体效益,尤其是要以客户关系为重点,衡量销售人员在销售过程中是否实现了良好的营销沟通,是否注意与客户发展长期关系。当然,这样做比简单地采用销售指标来衡量要困难得多。它不仅仅是计酬方式的改变,也是衡量体系的改变;不仅是评估销售额,也是评估客户的保持率,客户的增长率以及客户的满意度。因此对于销售人员的评价不只是来自公司管理部门,还来自客户对拜访他们的销售人员的反馈。

三、销售人员的雇佣和培训

由于人员销售中对销售人员的极大依赖,在销售管理中如何招募、雇佣销售人员并对其进行培训就成为一个重要的问题。随着营销传播在整个市场营销中的地位日渐重要,这项工作也就成为许多公司人力资源管理的主要内容。招募、雇佣和培训的目的就在于找到合适的销售人员。由于行业、产品以及公司之间的区别,这项工作并没有适用于各种情形的理想标准。而人员销售中的个人因素和创造性价值,也要求销售人员具有自己的独特个性。与此同时,销售管理部门需要根据公司实际情况,并结合以往成功的经验和失败的教训确定人员要求,因此招募和雇佣销售人员变得越来越困难。

有一种看法是认为几乎所有人员都可以被训练成为销售人员,因此其选择程序在某种程度上就很少,甚至是没有。在实践中,有一些公司则要求非常严格,经常要求申请人员参加严格的选拔考试和多层筛选,对于筛选合格者方予以录用。但是不论是经过什么形式雇佣的人员,都必须要有业务培训。这种培训因为产品和市场的不同,其形式和周期也有所不同。表14-1列出了与员工培训相关的因素。

表14-1 与员工培训相关的因素

需要长期培训的因素	需要短期培训的因素
复杂的、需要使用技巧的产品 专业性购买者的工业市场 在消费者看来订购价格较高的产品 招募成本较高 没有经验的应聘者	简单产品 家庭日用品的消费者市场 较低的订购价格 招募成本较低 从同行业招募的有经验应聘者

除此之外销售人员的角色分派也对培训期有所影响。那些以宣传为主的销售人员就要比收取订单的销售人员接受更多培训,负责完成订单的也比仅仅进行电话促销者接受更多的培训。一般来说这种培训主要包括两种形式:课堂培训和实习培训。前者主要学习有关公司和产品的知识,并接受一些销售技巧和专业背景训练;后者则是通过与消费者直接见面来进行实践培训,往往是有经验的销售人员带领需要培训的人员,言传身教并给予总结性的说明。

从推销现实来看,虽然课堂培训有利于引导入门,但最好的学习却是实务训练。因此对一个培训生来说,最好莫过于和一个经验丰富的销售人员一起工作。销售人员在推销实践中会总结出具有自己个性的推销方法。

第五节 案例分析:创造顾客需求,让顾客找上门来

启浩科技(化名)是一家从事商业智能软件开发的企业,创始人罗启浩(化名)早年毕业于中山大学商业电脑系,1998年引进一笔风险投资之后成立了启浩科技有限公司。公司成立开始,就成功地签订了几个签单,前景似乎非常看好。但是,随着公司的逐步发展及竞争的加剧,启浩科技的发展遇到了一个难以突破的瓶颈:虽然公司的技术实力在业界名列前茅,但公司却一直未能得到大客户的青睐;公司的销售人员越来越多,而且个个勤奋努力,但公司总体业绩却没有大的攀升。

经过多方调查了解之后,罗启浩才发现,做市场与做技术是完全不同的概念,自己一向以技术为导向,而低估了市场的复杂性。公司所开发的产品属于高技术类型、需要大投资的科技产品,所面对的客户群也是非常狭小的,主要集中于银行、烟草、石油等大型企业以及部分对企业智能化有较高需求的新型中小企业。由于投资较大,因此这些企业采用哪一家公司的商业智能软件,往往有着复杂的采购及决策过程。而启浩科技只是依凭着公司的实力影响以及一些有销售经验、但缺乏IT背景的销售人员去攻关客户,因此虽然投入大量人力、物力,但效果并不理想。

凭着自己多年在大型企业的从业经验,罗启浩知道这些企业对高技术产品的需求决策过程。他意识到自己过往失误的症结何在,公司要改变目前销售被动的局面,最重要的事情就是要将销售从"销售人员的走出去转变成客户主动走进来"。为此,在营销咨询顾问的帮助下,罗启浩提出了顾问式营销的解决方案:让每一名销售人员不仅懂得销售,更要懂得技术;不仅能够把握客户的需求心理,更能够利用自己的专业知识引导客户认识到应用商业智能软件对企业的重要性。

罗启浩在加强销售人员技术培训的同时,与销售人员一起分析研究市场情况,决定从目前现有客户身上打开突破口。启浩科技的客户群主要是大中型企业,这些企业应用商业智能软件的目的主要是为了优化企业运作流程、提高工作效率、打造企业竞争力,对于国有企业而言,更有提升企业形象的作用。

为此,罗启浩指派技术部协同销售部人员一起,制定了"商业智能时代的企业商机"的营销方案,针对几个重点客户举行专门讲座,并说服客户的领导层去邀请其相关的利益团体如主管政府部门、供应商、合作伙伴、潜在客户等前来参加。启浩科技举办讲座的表面目的既是宣扬客户在应用商业智能系统之后如何提升效率、如何优化内部运作流程及促进与外部合作伙伴之间的合作,间接促使客户赢得"客户"。但实质上,启浩科技也是借此机会宣扬自己开发的商业智能软件系统优越之处,为下一步销售打下基础。由于举办讲座的目的从客户角度出发,帮助为客户赢得"客户"或者树立企业形象,客户对启浩科技提出的讲座方案都非常认可。经过详细的筹备、策划,"商业智能时代的企业商机"讲座举办得非常成功。通过此次讲座,使客户意识到可以借助商业智能系统去挖掘新的市场机会,也协助客户为赢得"潜在客户"打下基础。同时,启浩科技的销售人员借机与参加讲座的企业领导人、主管进行接触,向他们宣传商业智能系统的好处,邀请他们到启浩科技参观。

由于看到了现实成功的企业应用案例,这些企业都对启浩科技所开发的商业智能系统产生了浓郁的兴趣,在销售人员恰当解说下,进一步激发了它们的潜在需求。经过事后的跟踪,有10名客户来到启浩科技进行进一步咨询了解。在这些潜在的客户中,经过又一轮攻关,最后有3名客户决定采用启浩科技的商业智能系统。这样,"从走出去到引进来"的营销方案取得了初步的成果。

经过第一阶段的营销转型,罗启浩深刻认识到,对于像商业智能软件这种系统复杂、投资金额高、客户群相对狭小的产品来说,成功营销不能靠销售员去硬性推销,而应该是对客户需求的一种利导,即如何识别客户需求、引导客户需求,最终满足客户需求的过程。

在确定这种营销思路之后,罗启浩要求市场部人员针对潜在目标客户中企业领导人、IT系统主管制定不同的营销利导方案。对于企业领导人,主要是宣传商业智能系统如何提升企业竞争力、提升运作效率,为实现企业长远目标打下基础;针对企业的IT主管,主要是宣传商业智能软件对优化企业运作流程、发挥IT硬件支持作用的好处。

在针对企业领导人的公关上,启浩科技成立了由副总经理亲自挂帅的项目小组,利用行业年会、主题论坛、大型商会等契机,通过演讲、参会、展览等方式,利用多种渠道去影响这些企业领导人对商业智能软件系统的认识。在初步建立关系之后,再通过后续的高层拜访,进一步拉近了与客户的距离。

在针对IT主管的宣传上,启浩科技鼓励公司的技术人员定期在业内刊物发表技术论文,向这些 IT 主管寄发企业内刊及最新的技术成果,协助他们了解最新行业发展趋势与资讯。由于 IT 人员之间容易有共同话题,启浩科技便定期组织一些研讨会或讲座,邀请企业的 IT 主管与会,创造机会让他们与启浩科技的技术人员进行交流,引发他们对启浩科技商业智能软件的兴趣。

2005 年 3 月,该市政府决定举办一个全市的信息产业博览会,由市信息办牵头,组织市里各个企业集中展示过去一年中企业在信息产业方面的最新科研成果。许多企业都认为此次信息产业博览会只是一次政府行为,对提升企业产品销量作用并不大,而且企业需要投入资金不小,所以热情并不高。而罗启浩敏锐地意识到,此次博览会是他们展示企业实力与形象、激发市场潜在需求的最好机会。

启浩科技成立了专门项目小组负责整个博览会的筹备、展示、组织及策划,力图将此次商业智能化系统的展览设计得既生动有趣,又能展示出未来科技的发展前景。同时,启浩科技还与信息办积极沟通,争取到了此次信息产业博览会的冠名权,以及由 CEO 罗启浩面对各大企业家进行一次主题演讲。

信息产业博览会开幕了。由于启浩科技前期的重视与精心策划,整个商业智能系统的展台成了博览会中的最大亮点,不仅前来参观的领导被吸引住了,许多相关企业与媒体记者也对商业智能系统非常感兴趣。

同时,在启浩科技精心的新闻公关策划下,在后续的宣传中,启浩科技及其商业智能软件系统屡屡出现在媒体的各大版面上。启浩科技趁热打铁,通过专访、案例分析、企业报道等方式,将商业智能软件的优势宣传得淋漓尽致。

对于启浩科技而言,此次商业智能软件系统博览会及后续新闻策划是非常成功的:没有投入一分钱广告,但获得无数的关注与报道机会;无须销售人员四处出门拜访,但激发了不少企业对商业智能软件系统的兴趣与需求。在接下来三个月时间中,销售部签下了近十单合约,成交额是过去的二倍。

这一次营销成功之处在于对市场需求的一种利导。启浩科技巧妙地在产品与企业需求之间架了一座沟通的桥梁,将一种无形、难懂、难以量化的产品用生动化的方式表现出来,同时加上专业化的解说及演讲,既满足业内人士对系统的了解,又引发企业管理者清楚地看到应用商业智能软件系统的好处,而这两种关键人物的需求兴趣正是决定启浩科技产品销售成功与否的关键所在。

点评:在理解成功营销这个话题上,相信没有一家企业能够比麦肯锡更了解其中精髓。麦肯锡从来没有在大众媒体上投放过广告,更没有通过营销人员主动打电话给客户,但麦肯锡却从来不缺乏客户——让客户主动找上门就是麦肯锡营销的成功之处。

　　对于麦肯锡而言,成功的营销不是主动去推销自己,而是能识别客户需求,创造客户需求,然后利用企业的优势与专业技术去满足客户的需求。下图明确展示了从识别客户需求到满足客户需求的三步曲。

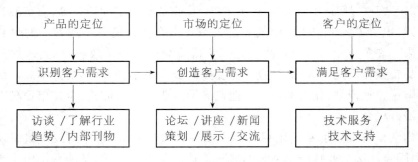

图 14 - 1　成功营销三步曲

　　随着市场的竞争,不同企业都在想尽办法加大广告推广的力度,力求将企业、产品的信息传播出去,吸引更多的用户。正是由于企业之间营销手法的趋于雷同,使得营销的边际效用不断在下降,特别是广告投放的有效率更是直线下降,许多行业的营销遇到了困境,最后他们只能寄托于通过价格战进行突围。

　　在产品同质化、竞争激烈的情况下,企业的品牌影响力以及营销手法的差异化往往成为决定客户购买的最后因素。优秀的企业懂得如何在客户没有明显需求的情况下创造这种需求、在客户有多种选择需求时引导客户的需求,最后再通过专业的技能去满足客户的需求为客户创造价值,达到双赢的效果。

　　让客户主动找上门来,这仅仅是成功营销的第一步。如何在客户上门之后,让客户信服企业产品能够真正为他们带来价值,这是成功营销的第二步。而最后企业能够通过产品及服务,为客户创造"客户"或提升竞争力,使客户的口碑成为企业最好的宣传渠道——这三步法就是成功营销的精髓所在。

思　考　题

1. 人员销售的优势和劣势各自体现在什么方面?
2. 人员销售与广告、公关的区别是什么?

第十五章 销售促进

第一节 销售促进含义探讨

销售促进指的是制造商或者销售商用以诱使中间商和消费者购买一个品牌产品,以及鼓励销售人员积极销售的激励措施。销售促进有时候会被误解成广告。因为销售促进经常需要利用广告来引起人们对促销活动的关注。销售促进有营销传播的作用,为刺激和加强消费者的反应提供更多实质性的价值。然而销售促进与广告不同的是:**广告使消费者认识一种产品并对其产生兴趣,而销售促进影响并促成消费行为的形成**。例如,汽车经销商为只是来参观产品陈列室的潜在顾客提供免费的饮料,出售房屋的公司为愿意倾听其销售广告的顾客提供免费食物。也许顾客本身只是对这一产品有兴趣,但额外的激励性促销活动有时候会打动顾客,使他们产生购买的愿望。

有的营销者认为销售促进是广告和人员销售的一个补充,因为销售促进能使这两者更加有效。事实上,销售促进远远不是简单的补充物。美国《促销》杂志(Promo)对营销传播的一份研究报告表明:企业在销售促销方面的花费要远远大于在广告上的花费[①]。长期以来,营销人员对于促销的基本认识是:"以创造一种即时的销售为主要目的,对销售人员、分销商或最终消费者提供额外的价值或奖励的一种激励。"这一理解中有两个主要因素:(1)促销的关键性因素是"激励";(2)促销一般只是在一个较短的周期内进行。而从整合营销传播的角度看来,这个理解并不全面,它显然没有包含关于品牌关系和品牌形象的定义。因为整合营销传播所立足的并不是简单的一次交易关系,而是力求建立长期的品牌关系。促销作为整合营销传播的一个重要方式,毫无疑问也不应该仅仅局限于单纯的短期激励,还应该上升到品牌形象和品牌关系的价值高度。

---

① Allocation of Advertising and Sales Promotion Spending: PROMO Magazine Supplement, Trends Report 2003, April 2003. Primedia Business Magazines & Media, Inc. All rights reserved. 转引自汤姆·邓肯:《广告与整合营销传播原理》,机械工业出版社 2007 年版,第 269 页。

因此,以下整合营销传播学者们的定义也许更为合理。特伦斯·辛普认为:"这种激励手段是对品牌基本利益的补充,并在短时期内改变了这种产品在消费者心目中的价格或者价值。"虽然他的解释仍然没有摆脱传统促销观念的认识,但是在这个定义中毕竟已经涉及品牌形象和品牌关系等要素。汤姆·邓肯进一步认为:"促销作为营销传播的功能是使品牌信息增值。当客户或者潜在客户处在购买阶段或者使用阶段,促销信息能够强化品牌接触,尤其是在评价品牌和做出最终选择的时候起关键作用。"他认为虽然促销的主要任务是对消费者的购买行为施加影响,但它还有助于建立品牌认知和巩固品牌形象。这些看法是我们全面认识销售促进及其价值所在的基础。

销售促进的主要目标是刺激消费者的行为,使消费者产生一些积极的反应。具体来说,它包括:(1)增加试购买与重复购买。例如,特价销售和产品样品等促进措施能够刺激潜在的顾客尝试购买一些新的产品品牌。这是促销最为主要的目的。有时候,消费者会为了一些精美的样品去尝试购买一些新的产品。例如化妆品专柜经常会推出一些精美小包装的旅行套装,并标明购买500元或800元以上产品可免费获得此套装,这经常会吸引一些女性购买该品牌的产品。(2)增加购买频率和数量。最为常见的做法就是"买一送一",它会刺激顾客一次性购买两件而不是一件产品。(3)还击有力竞争者。航空公司、饮料公司等为了不落后于竞争对手,常常会利用销售促进打击对手。(4)建立顾客数据库和提高顾客保留率。了解自己有哪些短期顾客的公司可以通过促销建立相关顾客信息的数据库,然后设计一些项目保留顾客,特别是那些最有价值的顾客。例如乐友母婴用品专卖店会对第一次来购买的顾客赠送一些小的礼品,以促使这些顾客转变成为长期的忠诚的顾客。(5)交叉销售和扩展品牌用途。交叉销售鼓励短期顾客去尝试同一公司提供的其他产品和服务,因为顾客在已经足够熟悉和信赖某一品牌时会重复购买这一品牌的产品。销售顾客熟悉的产品时附带相同品牌或相同公司生产的其他不为顾客所熟悉的产品,比单独销售这些陌生的产品要容易得多。(6)巩固品牌形象。麦当劳巩固其品牌形象的促销做法是提供最新的迪士尼电影主角的小雕像给顾客,这一做法巩固了它亲切友好的形象。

第二节 销售促进的种类

以下我们介绍几种主要的销售促进措施。虽然这些措施主要是用于消费者促销,但有的也适用于 B2B 营销。

一、价格减免

为商品直接减价是最简单也是最持久不衰的一种销售促进行为。价格减免的特别含义是：在约定时间里，为鼓励消费者购买而对商品采取的一种价格优惠措施。如节日减价、季节性减价、最后产品的甩卖、每日特定产品减价等。折价包括很多种方式，例如直接为商品打折（例如八折销售）；或返折价券，或买一件商品赠送其他商品的一件或部分（买一赠一），等等。

直接减价是最具有杀伤力和短期见效的促销手段。当市场竞争过于激烈、竞争双方僵持不下；或者是产品库存较多、资金周转不畅、由此造成某种负担时，减价就是调节库存的有效手段。例如各大电器市场在逢年过节时都会采取大力度的降价措施，将价格直降×××元等，造成的结果就是这一阶段家电的销售量可达到平时的3—5倍。

折价券是另外一种方式。折价券的基本方式，就是以其代替一部分款项，在约定产品购买时，可以获得一定的折价抵扣，例如商场里常见的"买一百送二十"，"买一赠一"等。折价券在国内是以一种返券的形式当时赠送给顾客，可以鼓励重新购买；在美国等一些国家，折价券在顾客购完商品后，商家以邮寄的方式在几个月内将现金直接返寄给顾客。还有其他一些方式，如媒体发放折价券，英文名叫做"Cupon"等。另外在美国等一些国家，高科技的电子折价券也出现了，在线折价券可以通过单独的公司或者折价券分发网站发放，像Cool Saving 网站(www.coolsavings.com)就可以在线发放折价券。这些折价券不仅满足了顾客要求优惠的心理，也是一种鼓励顾客使用并重复购买的报酬方式。

二、赠品

厂家有时会免费或低价提供赠品，奖励一些消费者行为，如购买、试样或测试。如一支牙膏附带一支免费的牙刷。一瓶洗发水附带一瓶护手霜等。赠品能够改善品牌形象，赢得信誉，扩大顾客基础，增加即时销售额以及回报顾客。赠品有直接放在产品包装里面的（包装内赠品），也有附在包装外面的（包装外赠品）。

赠品发放有两个难题：(1) 确定大部分目标受众会喜欢这些赠品。有时候，顾客会形成一种印象，认为赠品只不过是滞销产品，从而拒绝该赠品。(2) 这些赠品能够增强产品的品牌形象。例如，顾客十次购买星巴克产品后，会免费获得一个咖啡杯，杯子上带有星巴克的商标标识。这种做法能够巩固星巴克的品牌形象,是一种具有激励性的推广方法。

常用的赠品有两种:消耗品和收藏品。消耗品只能使用一次,如电影票、汽油、食品、饮料等。收藏品指的是具有纪念意义的一些小产品,如印有品牌名称的 T 恤、帽子、杯子等,它不仅可以巩固品牌形象,还独一无二,是其他商品不可模仿的,因此很受顾客的欢迎。

和出售的产品价格相比较,附带的赠品成本应该低一些。如果两者一样,商家在每一笔交易中都是亏本的。当使用赠品的时候,"免费"一词是需要着重强调的。但事实上,赠品的使用往往使得消费者购买了相关产品(一般是全价),那么赠品其实就不是免费的了。比起直接打折的促销,附带赠品方式更容易使商家获利。

对于赠品的选择,商家需要考虑的主要是以下几个问题:赠品是否能吸引大多数受众以及是否能引起消费者的购买行为?是否能与季节以及时段相适应?是否能与产品、品牌形象以及活动主题相适应?

三、样品赠送

样品赠送是在潜在顾客作出购买决策之前为其提供尝试新产品的机会。样品赠送是所有销售促进方法中成本最高的一种,但也是最有效的一种。一旦消费者尝试以后觉得某个品牌足够好,他就会产生购买欲望。样品赠送提供了营销传播工具的一流信用,因为它是以产品的品质为基础的,能够很快使一个不使用该产品的人变成顾客,如果试样产品不辜负顾客的期望。一项研究发现,这一销售促进方法对女性(73%的反应率)比对男性(57%的反应率)更加有效[1]。

样品赠送频繁地用于化妆品、香水、食品推销等过程中。由于香味和食物的味道更需要消费者亲自品尝才能够被了解,因此在这些行业人们频繁地使用样品赠送。

样品赠送一般都瞄准潜在顾客,这一方面可以降低样品成本,另一方面又易于引起购买反应。问题是必须要找到既有效果又能保证成本效率的赠送方法。从目前来看,最普遍的方法有四种。

(1) 邮寄样品。其特点是可以严密控制样品在何时何地分发,并且可以通过人口统计、地理特征及经济文化分析,掌握目标顾客的特性。尤其是现代计算机和大型资料库的建立,为样品赠送在目标选择上提供了很好的参考。

---

[1] 汤姆·邓肯:《广告与整合营销传播原理》,机械工业出版社 2007 年版。

(2) 上门发送。把样品直接送到潜在顾客的家门口,不仅适合于任何一种产品,而且目标也很明确。但是发送成本是一个很大的难题。因此有的促销公司往往联络多种产品同时分发,以此减少挨门送达的单位费用和成本。

(3) 店堂赠送。在特定的店堂内,设置赠送专柜,为每一个光顾的顾客提供赠品。例如食品柜台提供免费品尝,消费者在购买之前有机会品尝一下该产品,对即时冲动购买效果十分明显。化妆品推销,常在店内设置美容化妆的免费试用,通过"示范性表演"鼓励消费者选用该产品。

四、包装

由于自我服务观念在零售领域的扩展,包装已经成为消费者选择产品时重要的品牌信息。当顾客穿过堆满商品的商店时,他们以每分钟 300 样商品的速度浏览货架。在所有商品中,包装的作用就是吸引注意力以及传递品牌信息。包装不仅是最后的广告词,也是品牌个性的重要组成部分。包装是个容器,但又不只是个容器。包装传递着有关产品种类、产品卖点以及品牌个性和形象的综合信息。换句话说,包装是传播公司创造的品牌信息的媒介。就像广告推销一样,包装在消费者做出品牌决策时起着重要作用。

除了建立与产品特征之间的联系,包装还有一个目标——吸引消费者特别的注意力。包装设计者们通常要研究顾客会注意什么样的包装,实际上又会把什么样的包装商品放入购物车。在包装方面最成功的一个例子是百事公司 1999 年推出的 32 盎司的螺旋状杯子。这种杯子不但可以防止饮料溅出,还可以多次使用。这样的设计很适合在车上使用。

包装是产品和顾客之间的重要媒介。公司可以利用它来传递自己希望让顾客了解到的信息。没有使产品的包装引起顾客注意的公司就错过了这样的交流机会。花费在改进产品的包装、使其设计更具现代化的成本是营销传播中最好、最有效的花费之一,比起花费巨额资金做电视广告有着更好的效果。现在,新技术的发展也导致了包装的改革。一些高科技的包装常常非常吸引顾客的眼球。

包装也有它的局限性,就是很容易被别的产品模仿。例如美国 Suave 公司的营销策略就是低价销售仿制品。它推出的洗发水包装和潘婷的 Pro-V 的洗发水包装很相似。包装的另外一个不足就是对于一些材料的过度使用。有一些产品被过度包装,其中产品的质量远远不如包装的质量,例如中秋月饼生产厂家在一年一度的月饼生产中总是采用各种各样豪华的包装,既浪费金钱又浪费材料。还有一些名酒的包装也极尽奢华之能事,这些都不利于环境的保护和资源的节省。

五、抽奖活动、竞赛和游戏

抽奖活动是一种销售促进的形式,是指为那些名字被抽取到的参加者提供奖品。抽奖活动会使顾客注意到相关品牌的信息,同时,想要参加活动的顾客必须到商店或者代理处领取入场券,这也增加了商店的客流量。如果要鼓励更多的人参加活动,抽奖活动要尽可能简单。从法律上来说,奖品的结构要申明清楚,活动规则要解释明白。

运用抽奖形式,可以促使消费者牢记商品的品牌,激发使用需求,并且有利于顾客消费稳定化和高回转化。抽奖活动在设计时必须认真考虑的是获奖的密度以及奖品价值的大小。要有力度地刺激消费,设置奖品就必须合理。奖项设置太少,中奖几率很低,就难以激发人的兴趣;奖项虽多,但奖品价值很小,也很难诱发参加者的热情。

顾客竞赛是通过顾客知识、技术或者能力的竞争来获得奖品。通常顾客竞赛与一般直接销出产品的促销有所区别。直接的产品促销,着眼于促销活动能激发顾客即时购买,而顾客竞赛往往是对产品的间接推动,它以对产品的认识和对企业形象的认识为目的,间接地引发购买欲望。

顾客竞赛惯用的形式是比赛往往涉及企业或产品的知识。这种方式既有利于宣传产品特点,又便于树立形象。例如北京闪特捷先广告公司的"妈妈宝典"项目中,就有一项是"新手爸妈千千问"的竞赛。这项竞赛通过参与一些有关育婴知识的答题,将参与选手分为铜牌、银牌、金牌等各种等级,并给予不同等级的奖品,旨在激励新手爸妈成为合格的"育婴专家"。这项竞赛不仅参与性强,也有效地提升了产品形象,使"妈妈宝典"的形象深入人心。此外,还有其他多种多样的竞赛,如商品命名、征求广告语等。这些竞赛对企业形象及产品宣传的意义要远远大于直接的产品促销,因此它更像是广告。

游戏是一种销售促进的方式,具有抽奖活动中随机的因素,持续的时间较长。例如,开心网上的游戏已经成为众多年轻妈妈们消遣时光和获得育婴知识的重要阵地。很多年轻一族在闲聊时都会互相交流在开心网上玩游戏的体验。

抽奖活动、竞赛和游戏的优势是能够获得忠诚的、稳定的客户,而它们的劣势就是所宣传的范围并不太广,且耗资巨大,因此必须获得代理商和零售商的支持。如果缺乏代理商和零售商的支持,这些活动就很难开展下去。

第三节 销售促进的策划与忠诚顾客方案

一、销售促进的策划

由于销售促进有着与普通广告不同的操作模式,因此在策划上也表现出了明显不同的特征。一般企业提出某种销售促进设想,总是基于当前的营销需要所考虑的。通常是因为企业自身或者市场有了变化,或者是要配合整个营销或广告计划。对于一般的销售促进策划,有一些惯用的程序和原则,可以分为以下几个步骤。

第一步:确立销售促进活动的目的。

这个目标表明它是为解决什么问题而设定的。要设定促销活动目标,需要一系列的明确数字合计。其设定可参照以下程序:

(1) 有关销售目标要求;
(2) 活动范围与目标的要求;
(3) 达成目标所采用的促销手段
(4) 促销活动预算的可能额度
(5) 活动日程的具体安排

每一项要求都具体化,能够确切地加以说明。一般而言由于对象和促销目的不同,对促销手段的运用,经费的要求等也有不同。

第二步:销售促进活动的基本构想。

这是对销售促进运用形式的考虑,其中核心问题是应该如何操作。比如,要设计一次赠奖活动,从促销目的来看,这种赠奖是直接促销还是纪念赠品?赠品对象是谁?预算怎样?包括赠品和实施,要求多少费用?赠送时机选在什么时候?把这一系列问题排列在一起,加以综合考虑。简而言之,就是如何能够提高这次赠奖活动的效果。

第三步:销售促进活动实施。

把一个构想付诸实施,有很多具体的事情要做。要考虑到销售促进活动中可能出现的各种问题。同时,任何一个销售促进活动都毫无例外地属于整合营销传播范畴,因此如何将它与其他沟通形式相结合,如何巧妙利用媒介,也在考虑之列。另外,活动要动用一些继发性手段,必须考虑其对中间商、零售商及消费者会产生什么影响。例如,大规模派送可能会影响公共场所秩序,造成某种混乱。很多突发事件都应在注意之列,否则稍有损失就可能丧失信誉,有损企业形象。总之进行销售促进活动一定要详细分析各种疏漏可能,如有疏忽必须立即采取措施。

第四步:促销活动的效果测定。

销售促进活动所针对的问题一般都与销售直接相关,动用销售促进手段目的之一就是为了解决现存的某种销售问题,因此要检测销售促进活动的效果,最简单的方法是比较销售促进活动实施前后销售业绩的变动。除此之外还有一种方法,就是调查销售促进活动之后品牌的变动情况,通过"消费者固定样本连续调查"也能反映销售促进活动的实施效果。

二、忠诚顾客方案

在前文中我们已经提到,销售促进活动不仅仅是一次短暂的销售行为。作为整合营销传播的一部分,它也担负着巩固品牌形象和发展与客户持久关系的功能。出于建立品牌关系的需求,销售促进很重要的一个任务就是保留现有客户,这被称为忠诚度营销或频繁营销。过去一般忠诚计划都是建立在礼品和折扣之上的,但是随着消费者消费观念的转变,很多消费者所看重的已经不再是更多的物质,而是个人体验的满足。因此能够恰当地运用顾客参与,增加其在消费过程中的个人体验和美好回忆,对提高顾客忠诚度有很大帮助。

忠诚顾客方案是指一种能把老顾客转换品牌的可能性降至最小,同时增加顾客对该产品的花费比例的方案。忠诚顾客方案在固定成本高而可变成本低的时候可以很好地发挥作用。例如,普通旅馆每晚入住率只有70%,这就意味着有30%的房间是空的。利用这些空着的房间来奖励现有顾客,既留住了现有顾客,同时又把整合营销传播的预算控制在最小范围,这家宾馆会大大提高其销售促进的能力。

最好的忠诚顾客方案是具有战略意义的。这些方案的设计需要达到一定的目标,还要包含具体的计划。忠诚顾客方案的设计目的是为了保留顾客和增加顾客消费本产品的比例。开始忠诚顾客方案时,公司必须决定怎样使顾客成为该方案的成员。一般而言,通过顾客自己决定是否参加,可以确保结果最好。很多这样的方案需要潜在成员填写申请表格以获得他们的基本信息。这些信息对员工管理顾客忠诚方案以及对员工管理销售、管理顾客的直接反馈和顾客服务等都是很有价值的。

一旦方案实施或者运行,公司必须对有多少品牌信息传递给了该方案的成员高度敏感。在销售和交叉销售的过程中,具有强制性和侵犯性的忠诚顾客方案不利于增加销售量,因为顾客对不断地打扰感到厌烦。要避免这种情况的发生最好的办法是事先做消费者调查，了解顾客对什么样的产品感兴趣，这样可以把负面影响最小化。

实施忠诚顾客方案的关键在于使成本最小化。例如，航空公司会经常利用空余座位来奖励老顾客，但是在客流高峰期不提供这种奖励。电影院经常在工作日白天为老顾客提供免费的奖励，但是在工作日晚上和周末限制使用免费票。另外，在设计忠诚顾客方案时，也要设计好退出这个方案的策略，以便于在无法盈利的时候能够随时退出。同很多其他营销传播方案一样，忠诚顾客方案也能引起顾客对品牌抱有特别的期望。一个公司应该考虑需要结束这个方案的时候，顾客的期望会发生什么变化。

忠诚顾客方案的优点主要是能留住更多顾客。这不仅可以增加销售量，还可以降低销售成本，因为销售产品给当前顾客需要的营销传播费用少。忠诚顾客方案还可以了解消费者的基本情况，有利于消费者区分不同的品牌。在众多产品中，差异性很重要。因为很多时候让消费者在众多价格附近、外形相似的产品中区分出不同之处是很难的。忠诚顾客方案的好处就在于容易让顾客把自己的产品和其他产品区分开来。

奖品让那些忠诚的顾客觉得很舒服，还能让顾客忘记一些不愉快的体验。例如，在乘飞机的过程中，顾客总是会遇到一些不愉快的事情——飞机晚点、丢失行李等，但事情过了之后，顾客往往还是会继续乘坐这家航空公司的航班，因为航空公司会有一些办法挽回这些负面影响——如为乘客提供免费住宿和提供免费餐券等。Mike Capizzi 在他编辑的忠诚顾客方案杂志《对话》(Colloquy)中指出："精心设计的忠诚顾客方案能够保护核心品牌不受不良消费体验的影响。"

忠诚顾客方案的局限性在于：在实施方案的时候，往往很难计算出管理成本与利润哪个增长得更多，即很难判断这个方案是否真的具有成本—效益。例如，当航空公司为乘客提供免费住宿的补偿时，通常需要花费一大笔资金才能挽回给乘客留下的不良印象。到底是留住忠诚顾客更有价值，还是免去花费这一大笔资金更有价值，往往是很多公司需要衡量的问题。

第四节　销售促进的优缺点

销售促进具有以下的优势。

(1) 能有效推动销售开展。例如增加试购和重复购买、增加购买次数和数量、交叉销售、扩展品牌用途等。它能在短期内迅速为公司创造利润。

（2）能加强与顾客的关系，巩固品牌形象。销售促进作为整合营销传播的一部分，其意也在于与顾客建立长久的互动关系，建立品牌形象。

它的局限性在于以下方面。

（1）尽管销售促进能增加销售额，但是否利用销售促进还是由它的成本—效益来决定的。这个过程可以称为支出计划或者盈亏计划，计划者可以评估销售促进的成本和推广所能带来的利润。很多情况下，销售促进都是不具有成本效益的，虽然它可能提高了知名度。美国一项研究表明，只有16%的销售促进是有利可图的，而84%的销售促进都是赔本的。有时候，销售促进因为只能吸引到寻求最划算的交易、不考虑建立长期消费关系的顾客而受到质疑。这些客户一般只是购买促销产品，而不会忠实于任何品牌。

（2）销售促进的另一个不足之处就是一旦某个品牌促销成功，竞争者就会立即跟风而至，采用相同或者相似的促销方法。这样的盲目模仿，使得一个行业的竞争者谁也不具备竞争优势。

（3）滥用促销策略会对消费者的心理期待产生消极影响，经常低价促销会使顾客只愿接受低价商品。例如，在软饮料市场，可口可乐公司和百事可乐公司经常会做促销活动，以99美分或者更低的价格出售2升一瓶的饮料，导致很多顾客只会在价格降到这个水平时购买饮料，然后储藏一些。对于这些顾客，99美分变成了常规价格。

（4）促销手段有时候可能涉及一些道德和伦理问题。销售促进在力图为顾客创造最大价值、同时使成本最小化时，很多时候会处在一种道德的边缘。消费者认为它们触犯了道德的标准，感觉被欺骗了，从而丧失对产品和品牌的信任。例如，我们经常看到的促销手段中就存在以下类似问题。

"半价销售"。实际意思是：顾客以全价购买了一双鞋子后即可以半价购买另外一双价值相等或者稍低的鞋子。但这则宣传给人造成的第一印象就是所有的鞋子都是半价出售。

"全部商品1折起"。在这则宣传中，"1折"两个字标注得很大，而"起"字则非常不起眼。消费者远远看去误以为所有产品都1折出售。

"买二百送八十"。这是商场常见的促销手段。然而，赠送的八十并不是现金券，而是要在指定柜台购买指定产品的折价券。更让消费者恼火的是，指定柜台的产品并无标价80元以下的产品，消费者还要花费另外一笔费用来购买这赠送的80元的产品。

"飞纽约只花2 999元"。这是航空公司的典型销售措施。这则广告要说明的是：购买飞纽约的双程票可以获得这种优惠。实际上，无论你飞单程还是双程都需要花费 5 998 元。

从法律的角度来看,这些促销活动是合法的,但它们是否触犯了道德的边界便是一个值得讨论的问题。无论如何,上述这些促销手段都会破坏顾客对品牌的信任和尊敬。与为品牌形象带来的损害相比,短暂的促销所带来的利润实在是微不足道。

第五节 案例分析:中国移动利用促销实现定位

中国移动旗下有三大子品牌:专注中高端用户的"全球通"、专注年轻用户群体的"动感地带"和专注大众用户的"神州行"。它们各自有着准确的定位。按照中国移动的品牌定位,全球通的客户是尊贵的,全球通追求高服务价值的目标人群;动感地带针对的是时尚的年轻一族;神州行是话费不多的普通老百姓。三大品牌占领高中低客户群。我们来逐一分析它们各自的市场促销策略。

一、针对神州行用户的促销

神州行是主攻非高端通信市场的移动通信品牌,目标客户是群体庞大的普通老百姓,他们消费理性,对价格敏感。针对客户的特点,中国移动有针对性地推出了各种面向神州行新客户的促销活动。

(1) 设计满足不同客户需要的通讯套餐。中国移动推出了一些不同的客户套餐以吸引神州行的理性的用户。例如 10 元本地畅听套餐,10 元长话长聊套餐等,都得到了众多新用户的响应。

(2) 新入网,免 SIM 卡费。为了吸引新客户,中国移动大多数子公司都采取了免收 50 元 SIM 卡费的促销政策,同时赠送入网小礼品等。这些形式一时间吸引了很多新顾客的参与。

(3) 充值赠送高额返充式话费。各分公司根据各自实际情况制定了高额的返充式话费回报计划。新入网客户在办理入网时,始充 100 将被赠送 20、30、50 甚至更高的返充式话费。始充金额越高、赠送幅度越大。

(4) 手机欢乐送。赠送中国移动定制手机。这一策略是针对忠诚用户来制订的。消费者只需要新入网时一次性充与手机等值的话费,并承诺每月一定金额的消费额或加入中国移动定制的通信套餐,即可免费得到中国移动赠送的品牌手机一部。

中国移动在对神州行品牌进行清晰定位之后,又播出葛优主演的"神州行、我看行"的广告活动,吸引了大批用户客户群体。神州行凭借自由、实惠、便捷的服务成为中国移动通信中极其重要的一部分。

二、针对动感地带用户的促销

"动感地带"是中国移动针对年轻一族的生活特点和消费习惯推出的全新品牌。年轻一族在动感地带里通过够酷够炫的手机图片和铃声搭建生活沟通的新方式,营造现代文化理念。面向动感地带的促销策略主要有:

(1) 举办各种符合年轻一族的参与活动。2003年先后举办了首届中国大学生街舞挑战赛、赞助华语音乐榜中榜、联手快餐大王麦当劳共同推出"动感套餐"、冠名赞助周杰伦演唱会等一系列活动。宣扬了动感地带时尚、好玩、探索的品牌特性。

(2) 推出可以自主选择的资费套餐。中国移动针对动感地带消费群体的独特特点,在制定资费套餐上给予其充分的自由和广泛的参与,大大提高了新客户的选择热情。

(3) 选择合适时机展开话费回报和礼品赠送。在情人节、春节、开学时期,中国移动会适时推出新入网充值优惠,并制定 M 值积分奖励计划等。通过兑换活动在年轻群体中扩散和传播,对众多准动感地带用户产生巨大吸引。这一系列活动使动感地带在 15 岁至 25 岁的目标受众中品牌知名度和美誉度分别达到 80% 和 73%。数据显示,每 3 秒钟就会有一个新的动感地带的用户产生。

三、针对全球通用户的促销

作为高端定位的"全球通"品牌,中国移动采取了品牌驱动要素的整合方案。

(1) 策划丰富多彩的活动,提供生动的现实素材。比如南京移动举办了充满创意的"全球通 VIP 俱乐部首届外籍人士商务沙龙"活动,深圳移动举办了"全球通 2004 年深圳中外艺术精品演出季"等。

(2) 为不同的高端用户设计了不同的资费套餐,使得高端客户能享有更加高端的服务。并推出了手机银行、随 E 行、MO 手机上网、移动证券、移动邮件等新应用,加强"全球通 VIP 俱乐部"、"大客户经理"、1860 全球通专席服务等举措,使全球通客户能够得到有别于其他客户群体的尊贵感受。

(3) 在宣传方面,中国移动利用不同渠道、不同媒体全面点燃全球通"我能"的宣传,而且所有广告中都出现了"我能"这样的鲜明符号。并借助著名旅行作家、汽车旅行探险家廖佳穿越全球的追梦之旅,诠释"我能"的完美内涵。这是借助整合营销传播的方式,使众多媒体协同作战,共同宣传一个主题,以"一种形象、一种声音"出现在受众面前,成功地树立了品牌的形象。

中国移动通过这一系列的活动,不仅有效地提升了企业的营销业绩,同时也为上述三大品牌积累了品牌资产,为企业创造持久不衰的品牌形象做出了成功的努力。

思 考 题

1. 销售促进有哪些种类?请将每一个种类分别举例说明。
2. 销售促进的缺陷有哪些?你怎样看待销售促进中的伦理和道德问题?

第十六章 直接营销

第一节 直接营销的概念

一、直接营销的概念

对直接营销有各种的定义。乔治·贝尔齐在其《广告与促销：整合营销传播展望》一书中将直接营销定义为："利用一种或多种媒体对目标群体施加直接影响的所有活动的总称。"1997年，美国直接营销协会（Direct Marketing Association，DMA）所下的定义为："任何促使消费者或企业客户无需光顾某一店或某一经营地点而订购、查询某一商品或服务的直接传播活动。"汤姆·邓肯对直接营销作出以下定义："当一个公司希望与客户及潜在客户进行直接接触而无零售商这一环节时，它可以采用直接反应促销法。因为这是一种封闭式的、互动的、数据库驱动的信息系统。这个系统通过各种媒介引起行为上的反应，它将销售信息与需求的产生和满足加以合并。"[1]

从这些定义中可以看出：（1）直接营销是具有互动特征的一个营销体系，所以也称"互动营销"；（2）它运用"一种或多种媒介"，这本身就是一种整合式的媒介尝试；（3）由于这种形式以数据库为基础，对顾客反应可以记录分析，所以具有明显的可测量性。直接营销操作不仅包括引发交易，还要负责产品或所需信息向顾客的传输。

比起其他营销方式来，直接营销的特点在于：（1）它是互动的。由于中间没有其他媒介，因此商家和顾客之间非常容易进行直接交流。直接营销有时候也称为"直复营销"。由于它的互动性强，因此直接营销的个性化也是别的营销方式不可取代的。它能尽可能地为顾客提供个性化产品，甚至定制产品，不断获得顾客反馈以改进产品。众多公司可以更具战略性地使用直接回应广告。（2）它采用多种人际传播媒介。随着高科技的广泛使用，手机、电话、互联网等可以为公司和顾客进行双向个性化沟通提供更多可能。（3）由于使用了

---

[1] 汤姆·邓肯：《整合营销传播：利用广告和促销建树品牌》，中国财政经济出版社2004年版，第574页。

数据库,它可以尽其所能与顾客进行沟通和联系,这也使得它的互动性进一步加强。

由于上述特点,直接营销在近年已经摆脱了单纯的销售促进模式,成为整合营销传播中最受欢迎的方法之一。直接营销的范畴也在不断扩大,因为它直接反应带来的优势越来越受到关注。根据美国直接营销协会的研究显示:在美国,每17美元的销售额中有1美元来自直接营销[1]。可见直接营销在销售当中的重要作用。

当直接营销作为一种营销传播模式,尤其是上升成为整合营销传播的一个重要组成部分时,直接营销便有了更高的要求。首先,它增加了对渠道的要求。除了简单的人际传播,它还包括直接邮件、目录销售、电话营销、网络营销以及直接广告等多种形式。由于这些宽泛的媒体形态,它与顾客沟通的方式也大大改变。因此,直接营销比其他的营销传播方式更能体现整合营销传播的价值。其次,传统的直接营销比较看中销售结果,但是从顾客关系审视直接营销所带来的收益就远远不止是销售效果。因为直接营销与顾客时时产生互动,因此它更为注重与顾客之间建立起来的直接的联系,而这便带来了我们所说的整合营销传播中的核心价值:与消费者之间的长期的互动的联系。因此在很多时候衡量它的最终效果是在直接营销过程中所实现的整合营销策略追求,即品牌和消费者之间的价值贡献。

二、直接营销的优劣势

除了直接营销的个性化和互动性之外,直接营销明显的优势在于:

(1)可以引发新的销售。由于它是一种比较简便的营销传播方式,因此可以纳入营销传播组合以激发和促进别的销售形式。例如,在通过简单的电话营销之后,如果得知该顾客对产品有兴趣,在营销传播策略中下一步则可以采用人员销售的方式对这个顾客进行重点销售,因为他/她已经是该公司的潜在顾客,而人员销售对潜在顾客进行推销的效果则会比较有效。

(2)其效果的可测量性。由于不经过大众传媒的传播,直接营销的效果直接可以测量。

(3)灵活性也是直接营销的优势所在。比起大众媒体信息,直接营销可以更快地设计出来并投入使用。一封直邮广告脚本在两周内便可以制造设计

---

[1] 汤姆·邓肯:《广告与整合营销传播原理》,廖以臣、张广玲译,机械工业出版社2007年版,第352页。

出来,一个电话营销提纲或者一封电子邮件可以在几天内撰写完成并使用。直接营销灵活性的另一方面体现在其信息的长度完全可以依靠需要而定,只要符合目标受众的承受范围即可。

(4) 直接营销还可以强化品牌联系。直接营销可以用来收集各种顾客资料数据。通过提供给顾客的奖金或其他刺激物,公司可以了解到更多此类产品的顾客需求、生活方式、态度和信念等。这些信息反过来又可以创造个性化的品牌信息。

直接营销的劣势在于:

(1) 由于其干扰性以及有时面向不感兴趣的人群的模糊定位,直接营销备受指责。这也是直邮广告有时候被称为"垃圾邮件"的原因。收到一则未经许可的电子邮件会让消费者感到受到侵犯。因此向消费者发送直邮广告成为具有伦理和道德问题的议题。一些机构设立了删除垃圾邮件的软件并设置了黑名单,能够将不受欢迎的直邮广告信息即刻删除掉。

(2) 数据库的建立有时会侵犯消费者的隐私。消费者会厌恶自己的名字和其他信息在不同类型的商业机构之间被传递。因此在公司要求输入消费者信息的时候消费者总是不太情愿。对于这个问题,公司应该而且也必须尊重保护消费者的信息,这项工作的成功开展也会帮助提高本公司的竞争力。

(3) 直接营销所到达的每位顾客的单位成本相对高昂。直邮广告的千人印象成本可高达 400 美元,而与之比较,大众媒体的千人印象成本通常在 15—50 美元之间。正因为成本如此高昂,直接营销的信息必须成功地创造高于态度层次以上的回应。正确地定位受众也非常重要,可以避免不必要的浪费。另外,一些广泛分销的产品由于这个原因也不适用于直接营销,因为直接营销所售产品的高额单位联系成本必须通过售出产品的高边际利润获得平衡。宝洁公司一向通过电视广告来推广其产品就是基于这个原因。

第二节 直接营销渠道

虽然直接营销不经过大众媒体,但它同样有自己的销售及推广渠道,只不过这些渠道多数为人际传播渠道。

一、直邮广告

直邮广告已经成为今天使用最为普遍的直接营销方式。直邮广告的形式多种多样,通常为各种促销信息或者新产品推介等。最常见的内容有折扣商品销售信息,或者是多种目录营销信息。例如百盛等商场经常会给它的固定客户邮寄一些打折的信息。目录营销信息集中描述生产商或者中间商所销售的各种品牌并加以分类,运用直接邮寄的媒体优势,展示产品或者品牌的造型或者外观,使得销售更加真实可感。在直邮广告中,通常都提供产品或者品牌的价格、购买方式以及联系电话等,方便客户联系。由于直邮广告在操作上简单可行,且使用成本相对较低,因此使用也越来越普遍。

直邮广告的优势在于:(1)它或多或少地会引起一些人的注意(很少人会将信从收件箱中取出后不经过拆阅就扔掉)。(2)不同于报纸和杂志上的广告的是,直邮广告不必为了争夺注意而与其他竞争者争夺版面。(3)品牌信息的类型和结构可以任意决定。一般而言,直邮广告外观越复杂,造价越高,吸引的注意就越多,被开启的可能性也越大。在一份邮件中,包含多种产品或品牌比只有单一产品或者品牌更加花费受众的注意力。没有经过精心选择的邮寄对象比从数据库中有选择地邮寄对象对直邮广告更加漠不关心。因此,直邮广告要引起受众注意并获得受众认同必须精心设计。

直邮广告的局限在于其高昂的成本。不仅邮政包裹要价昂贵,而且相对其他类型的品牌信息而言,大多数邮件会相对昂贵一些。另一局限是提前期过长,创造、生产和发送一则邮件所用的时间可能需要几周或者数月。总的来说,直邮广告内容越复杂,提前期就越长。

二、电话营销

电话营销是通过电话传达品牌信息,以创造销售或是引导销售的实践。在美国,它已经在营销上获得了巨大的成功。在2002年,美国的众多组织在电话营销上花费了803亿美元——高于电视广告支出。2003年,这一数字达到830亿美元。

电话营销日益受到重视在于它的几大优势:(1)结果易于衡量,一次电话营销的投入和产出可以容易地测量出来。(2)其成本低于面对面的个人销售,但可以提供个人销售所具备的许多利益;能与现有顾客频繁保持个性化联系。(3)由于拥有数据库,其容易定位目标群体。(4)能够充分个性化,甚至实现个性化的定制。(5)到达顾客简便、迅速。

电话营销的形式主要有两种:呼出电话与呼入电话。呼入电话是指由营销组织发起的电话。主要目的有:(1)宣传公司的某种产品;(2)要求消费者提出反馈信息,以提高和更新产品的质量。由于它费用较高,许多组织采用事先录制电话。呼入电话又称做外接电话,一般是指专门为客户设立的拨打电话,如一些航空公司的免费电话会 24 小时向客户开放和接通。这是与顾客联系和沟通的非常好的方式之一。

在运用电话营销中,不论是呼出电话还是呼入电话,都要经过合理的设计与精心的安排。电话是客户与公司的重要联系方式。首先,在呼入电话中,接听人员需要经过培训,需要有一定的沟通技巧和产品知识。很多呼入电话采用自动答复系统,给客户造成的感觉不是很好。在呼入电话中,无论顾客何时打进电话,一定要保证有人接听,要有良好的态度。呼出电话中要排除一些不恰当的做法,例如在不恰当的时间打电话给顾客,或者在电话中没有考虑到顾客的心理等。要避免极端的运用电话营销方式误导消费者。

电话营销也有明显的劣势:(1) 容易对顾客进行打扰。电话通常在顾客没有预期的情况下打进来,如果顾客正在忙着别的事情,很容易对电话营销反感。(2) 电话营销中只有销售人员对产品的介绍,顾客不能一睹产品的真实状况,很难下决心产生购买的决定。因此在大多数时候,电话营销只能作为一种营销的辅助。(3) 电话营销中顾客与销售人员无法面对面交流,因此不利于销售人员掌握一些真实情况,也不利于最后交易的形成。

需要一提的是,虽然电话营销在美国获得巨大成功,但是在中国它并不是使用得最为普及的一种营销手段,这是受中国的一些具体情况影响。(1) 社会的信誉状况较差,因此电话营销只能辅助地提供产品信息,并不能够完全促成交易的形成。(2) 呼入电话的情况在中国比较少见,顾客普遍不太容易接受这种形式。对于呼出电话来说,目前越来越多的公司正在完善对呼出电话营销人员的培训,希望呼出电话能反映公司良好形象,也促成营销结果的形成。它们也经常将电话营销和网络营销交互使用,以达到良好的效果。例如丽家宝贝和乐友孕婴童产品公司首先在其网页上为顾客提供了全面的产品和价格信息,顾客可以在网上清楚地看到产品的全貌。如果顾客感觉放心,可以直接在网上登录购买。如果顾客想对某一产品进行详细了解,则可以打入电话询问某一产品的详细情况,也可以要求服务人员帮助购买某一产品。电话营销与网络营销相结合一般能产生良好的销售结果。

三、网络营销

营销和营销传播借助于互联网也得到前所未有的发展。作为一种新的营销传播模式,网络营销具有广阔的前景。几乎所有的营销传播方式都可以在互联网上得到应用。常见的互联网营销方式主要有:网上广告、离线广告、电子商务导航、电子邮件、网络赞助和事件/网络公共关系、网络社区等。所有的网络营销归结为一个特征就是：把网络的无限开放空间与各种营销传播优势相结合，实现全方位的互动传播。与其他的营销传播模式相比较互联网营销有着明显的优势，主要表现在：

（1）目标定位准确。互联网能够以尽可能小的成本来指定非常特定的群体。

（2）个性化与定制化。互联网能够针对特定的用户群体设定特定的信息。

（3）交互能力。互联网能使消费者和营销者达成良好的互动。

（4）成本小。网络营销在有的情况下成本非常低。例如，在网上发送商品折扣信息有时候不需要任何成本。

（5）速度迅捷。在网上无论是发送信息还是获得反馈的时间都很短。与邮寄广告相比，网络传递的速度非常快。

互联网营销的不足之处在于：

（1）效果评估的问题。对于网络媒介的有效受众和效果评价目前尚无完善的标准。

（2）受众的局限。由于技术条件的限制，网络资源拥有者与目标受众并不一致。

（3）流量限制。网络信息流量的激增导致信息冲突和注意力下降。

（4）营销的权威性。由于网上冗余信息的增多，导致正常的营销传播信息并不能够构建受众心目中的权威真实信息。

运用网络营销应与其他营销传播手段结合起来。例如，网络营销可以和电话营销结合起来；网络可以和其他媒体的广告互相呼应支持；网络营销也可以有效地建立公众形象，与公共关系相辅相成；网络营销也可以与面对面营销方式相结合，互相取长补短等。

四、手机短信营销

手机短信营销是近年来出现的一种新型营销方式，它是指通过手机短信针对目标群体受众发送营销传播的信息。例如笔者手机上经常出现的购房信息，婴儿用品信息，家教信息等。这类信息目标群体少，针对性强，而受众毫无疑问地会接受并且仔细收看，因此营销效果好。比起其他营销传播手段，手机短信有如下优点：

（1）受众目标群体范围精准，不易出现浪费。

(2) 费用低。以中国移动短信计费来看，一条短信收费一角钱，群发上万条短信的价格也通常在公司可承受价格之内。而且因为它没有浪费的目标受众，因此其针对性强。

(3) 阅读率高。一般的用户在收到短信之后都会进行阅览，即便删除，也是阅读后认为没有用处才会删除。

手机短信的缺点在于：

(1) 容易使客户感觉到受骚扰。手机短信是到达客户个人的空间领域，无法让客户有选择性地接收或者不接收，因此很容易让客户有受到骚扰的感觉。

(2) 信息量有限。由于手机接收信息有容量限制，因此通过手机发送的营销传播信息通常都非常简短。

(3) 获取客户信息困难。要获得客户的手机号码必须通过电信部门的批准，也有的在数据库中查到客户的号码。但无论如何，想要获得客户的号码都必须委派专门人力物力去努力获得。

第三节　直接营销的效果评估

可衡量性是直接营销的优势之一。虽然要评估直接营销的成果并不容易，但如果能做出合理的评估通常能为公司节省一大笔费用。因此，对直接营销效果的评估成为所有直接营销过程中必不可少的环节。

直接营销的评估方法比较简单，主要包括计算直接营销的回应率和每单位销售成本两项。计算回应率需要用回应数除以所有发出的优惠措施广告数。举例来说，如果在发送的50万封邮件中，做出回应的有5万封，那么回应率就是10%。

回应数/邮寄广告总数＝50 000/500 000＝10%的回应率

回应率有利于我们比较，但更重要的是计算每单位销售成本。计算每单位销售成本的第一步就是加总制作直接营销的成本，然后用所得数字除以回应数。例如，假定所有的邮件成本为50万元，且最终达成销售回应的有2 500个，那么每单位销售成本就是200元。如下表所示。

在整合营销传播中，最重要的就是将众多的媒体和营销传播工具组合起来，以产生最具成本—效益的营销传播组合。因此知道了每单位销售成本后，就容易有效地估算出不同媒体在直接营销中的花费，从而将它们最好地实现组合。

表 16 - 1　每单位销售成本示例

设计和电脑制作	200 000 元
邮寄费	150 000 元
中介费	125 000 元
印刷、打印费	25 000 元
总成本	500 000 元
最终订单数	2 500 个

每单位销售成本＝500 000 元/2 500 个订单数＝200 元/单

第四节　案例分析：雅芳的中国式直接营销

雅芳公司是第一家把直销模式引入中国的外资企业。从 1998 年起，它采用直销方式来拓展自己的业务，将直销与美容专柜、专卖店、零售店和推销员多种渠道同时启动，成为集多种营销方式为一身的全方位销售模式。如今，雅芳在中国已经形成销售网点四通八达的整体格局，从专柜到网络销售，从专卖店到直销人员，多角度多渠道地渗透到市场。总的来说，雅芳的直销模式有以下特点。

一、雅芳小姐的魅力推销

化妆品有着特殊属性，既需要进行体验性尝试，也需要有专业人员进行指导式购买，而这两点结合起来由直销人员来完成最为合适。每一位雅芳直销人员都有一个好听的名字叫"雅芳小姐"，她们推动产品走向各个客户。雅芳公司对于直销小姐的素质要求极为严格，全世界的雅芳小姐都要经过一系列专业培训，包括产品知识、美容知识、销售知识和仪态等专业课程。经历过这些培训的雅芳小姐与众不同，能够获得客户的信赖。雅芳的直销原则是：一是要雅芳与客户建立良好的稳定的关系，使客户有着长久的忠诚度；二是对质量差的产品包换。由于有了这些原则，加上雅芳小姐的良好服务，使得雅芳产品能够深入人心，凭着直销的渠道稳定了自己的市场地位。

二、店铺加直销员的互动营销

除了依靠雅芳小姐进行直销以外，雅芳也增设了很多专卖店铺，1998 年，雅芳适应了中国直销业的转型之需，采用了"专卖店＋直销员"的形式，成功地转变为一家传统的化妆品公司。其各专卖店在中国形成了四通八达的网络，消费者无论走到哪里都能够看到雅芳。这项改革具有创新意义：一是店铺在销售产品的同时也销售服务。收费美容等服务被纳入了雅芳的店铺经营系统，产品销售＋美容服务的模式不仅显著提升了店铺的服务质量，也有助于顾客与营销人员进行深度交流，拓展了顾客的承载量。二是支持直销员点对点物流。雅芳目前已经铺开的近 8 000 个网点及为此配套的快捷物流配送系统能保证直销员快速从终端提货，把货品送到顾客手上，节省了时间，也避免了传统直销模式上下囤货所带来的风险和不稳定因素。在美容护肤品市场，消费者的个性特点越来越明显。店铺和直销员都在与消费者面对面交流的基础上深入推介产品，了解顾客需求，建立一个互动的市场服务系统。

三、通过一系列营销方式树立品牌形象

雅芳之所以能够成功直销，除了好的形式之外，其过硬的产品质量和良好的服务也是必不可少的因素。雅芳的品牌核心价值是"女性的知己"，雅芳力图要成为一家最了解女性需要的公司。它的产品分为青春炫亮、美丽色彩、魅惑女人、风韵女人等系列产品，为不同年龄、不同层次的顾客进行了定位，这使得它的产品具有了清晰的定位。同时，雅芳小姐在向消费者推销雅芳化妆品时，常常通过消费者教育式营销帮助女性学会最好的皮肤护理方法，使顾客感觉到雅芳小姐是在真心让她们变漂亮，而不仅仅是营利。雅芳顾客俱乐部定期给会员派发精美的新产品适用装，维系长期的忠诚客户关系。雅芳还设置了一系列公关活动，如以关爱女性与儿童、帮助妇女进步为主题，创办雅芳乳腺癌认识会及开展"远离乳癌、健康一生"的公益活动。这些活动使其产品进一步深入人心，在公众心中留下了良好的印象。另外，雅芳在产品研究、消费者护肤美容教育、公关活动等各个环节都以女性朋友的心态和角度去考虑问题，并以深度沟通的方式让公众感受到雅芳实实在在的核心承诺。雅芳在中国消费者的心中留下了关爱、体贴、美丽等良好的品牌形象。

四、网络信息化的智能服务

网络信息化是实现消费者点对点沟通、达成直接反应的有效途径。自从雅芳在中国的第一个网上产品专卖店在北京 263 在线开张，雅芳便开始尝试将网络化营销沟通手段嫁接到传统的人员推销模式中，为顾客提供及时的促销沟通与新的购物渠道选择。同时，雅芳运用高科技手段对产品专卖店实施了现代化的电脑管理，使产品专卖店销售渠道实现了电子化与网络化。"雅芳概念店"是雅芳建设终端网点的又一新突破，概念店里独辟了一个电脑试装

区,利用电脑的人工智能为顾客设计出多种不同风格的、适合不同场合的彩妆,并建立个人肌肤健康档案库,从而提供长期的免费跟踪服务。这些都让雅芳获得了更多的与顾客深入交流的机会。另外新研发的 DRM 系统也为雅芳的合作伙伴提供了轻松和便利。通过这些系统,雅芳及时获得合作伙伴的数据,并根据这些数据快速进行市场分析,从而对市场的新需求做出最及时反应。

雅芳的这些行销策略受到了政府的推崇。雅芳将自己的品牌深深扎根在了中国的消费者心中。

思 考 题

1. 直接营销有哪些形式?如何看待具体每一种形式的优劣?
2. 直接营销相比起其他的营销方式有什么优劣?

第十七章 事件营销

事件营销是指企业整合本身资源,通过具有创意性的活动与事件,形成某种大众关心的话题和议论焦点,进而吸引社会和媒体注意,利用媒体报道和消费者参与,以期提升企业形象和产品销售。使用事件营销的目的是为到达其他营销手段难到达的目标受众,它是增加品牌知名度、提供品牌宣传的一个平台。

事件营销的事件是为吸引和介入品牌的目标受众而设计的一种推广性的特殊事件。美国促销协会的主席 Claire Rosenzweig 说:"近年来的全体营销商一致认为:事件营销以亲身实践的、情感化回报品牌的体验来获得消费者。这已使得营销商们把大量预算资金从传统的营销实践活动转移到事件营销上,这是本行业发展最快的营销传播工具。"①

第一节 事件营销的方式

事件营销的方式主要有三种:创造事件、参与事件和赞助事件。以下我们分别来详细叙述。

一、创造事件

创造事件通常也称作策划事件,是指通过策划一些事件来宣传自己的品牌。一位营销学家说:当麦当劳卖一个普通的汉堡时,它不是一个事件,但是当麦当劳卖它的第一万亿个汉堡时,一个事件就能产生。

作为营销传播者,策划事件是一项基本的能力。一般来说,事件主要分为两大类。

1. 营销战略型事件

营销战略型事件是指企业在制定自己的营销战略中,根据市场调查、新产品开发、渠道革新、价格策略、广告运作以及对竞争对手的了解等加以开掘,以

---

① 汤姆·邓肯:《广告与整合营销传播原理》,机械工业出版社 2007 年版。

找到自己的创新性的营销事件。这往往运用在企业进行新产品开发或开辟新市场时。例如为了提升品牌在台湾市场的影响力,南山人寿公司在2005年策划了一场"寻找大提琴"的网络营销活动。它采用偶像剧手法,将广告片"寻找大提琴"拍摄成10集。这一广告活动使南山人寿公司在开发台湾市场方面取得了非常明显的效果。

营销战略型事件有时用在企业巩固自身形象,打造品牌时。例如,2004年中国工商银行冠名协办了第一届"工行金融家杯"全国电子竞技运动会休闲类赛事活动。在赛事结束时,工行还以最能体现电子竞技特点的方式把奖金发放到每一位获奖选手手中——奖金通过中国工商银行网上银行实时转账到各获奖选手的账户中。这一活动加强了工行品牌在消费者心目中的形象。

营销战略型事件有时用在危机公关时。当企业遇到危机的时候,策划一个相应的事件来吸引公众注意力,吸引公众参与,从中对公众澄清事实或道歉,以维护品牌的形象。

在这些情况下,事件的策划都可以使营销达到它们的目的,创造好的销售和品牌价值。

2. 公益活动型事件

公益活动具有非商业性质,往往以艺术、文化、体育、环保以及社会责任的名义举办。由于具有社会奉献的性质,因此它对企业及品牌形象的提升和美誉度的增加很有帮助。而且非商业化的本质又很容易受到大众传媒的关注而使之成为有新闻价值的话题。如果运用巧妙,在增强消费者信心和品牌亲和力的同时自然也就促进了销售。例如,在奥运会临近之时,海尔借鉴火炬传递的理念,在百度1 473个城市贴吧发起"奥运爱心火种传递"活动,活动将根据爱心指数,为参与热情最高的前5位城市的福利院送出海尔冰箱。这次虚拟的爱心传递引发了广大网友的热情参与。活动期间参与人数达到百万之上。这一活动不仅提升了品牌在公众心目中的形象,也有效地推动了销售。

策划事件的核心是要有一个真正可以运用的营销事件。那么,好的营销事件标准是什么呢?笔者认为,它至少有以下几个要素。

第一,事件营销一定要寻找品牌与事件之间的关联性。

事件营销一定要找到品牌与热点事件的关联点,不能脱离品牌的核心价值,这是事件营销成功的关键。应该把品牌的诉求点、事件的核心点、公众的关注点重合在一起,形成三点一线,贯穿一致。品牌内涵与事件关联度越高,就越能让消费者把对事件行销的热情转移给品牌。

2001年初,"喝农夫山泉,为申奥捐一分钱"活动,巧妙地把商业与公益融为一体。"再小的力量也是一种支持",伴随着刘璇、孔令辉亲切的笑脸,在申奥的日子里农夫山泉渗透在消费者的心中。2001年,中国申奥成功,白沙第一时间在全国各地候车厅发布广告:"这一刻,我们的心飞了起来",巧妙地展示了白沙"飞翔"的品牌内涵,给消费者以深刻的印象。2003年"蒙牛:中国航天员专用牛奶"事件营销成功的关键也在于找准了蒙牛品牌内涵与"神五"事件的关联性。航天员过硬的身体素质会令人自然地联想到健康、营养的牛奶,而蒙牛正是中国航天员专用牛奶供应商。蒙牛此次事件营销也被评为当年"中国广告业10大新闻"之一。

第二,事件要有独创性。

"第一"是事件营销的重要因素。因为是第一,所以才有新闻价值,才能吸引眼球产生轰动效应。这就要求我们进行事件营销时巧思创意,做别人没有做过的事情,说别人没有说过的话语。创意指数越高,则公众关注度越高,效果越好。

同样是借势我国载人航天飞船的事件营销,"神六"与"神五"的营销效果迥然不同。2003年蒙牛借势"神五"一飞冲天,全面提升了品牌价值,成为事件营销的经典。两年后的几乎同一时间,中国企业界又掀起了借势"神六"的营销高潮,然而,除了蒙牛乳业延续"神五"事件营销的精髓外,其他众多赞助企业表现平平。效果迥然不同的原因在于:"神五"作为中国载人飞船第一次升空,在我国航天事业的历史上具有里程碑的意义,而"神六"虽然比"神五"在技术上有重大突破,但毕竟是第二次,事件悬念少了,事件的轰动效应也减弱了,自然无法同"神五"等量齐观。

第三,运用整合营销传播手段强化事件形象和品牌价值。

事件营销的最终目的是提升品牌价值,然而一个事件营销产生的轰动效应毕竟是短暂的。想要保持事件对品牌的长期影响,还需在事件后将事件及品牌的相关信息不断灌输给消费者,并把公众的注意力潜移默化地转化为实际购买力及对品牌的忠诚,不至于事件降温后品牌很快被人们淡忘。这就需要企业在事件中和事件后做好品牌整合营销传播工作。

2005年2月24日,湖南卫视与国内乳业巨头——蒙牛乳业集团在长沙联合宣布共同打造"2005快乐中国蒙牛酸酸乳超级女声"年度赛事活动,紧接着,"超级女声"比赛在全国声势浩大地展开,蒙牛酸酸乳的销售也一路畅销。这是蒙牛继2003年的航天事件营销后最为成功的一次事件营销。

在全新的乳品竞争的时代,蒙牛选择了与"超级女声"合作,理由有以下几点:蒙牛酸酸乳的主要消费者为12—24岁,而超级女声的主要参与者属于这一年龄。这就为强强合作的成功奠定了基础。在活动正式开始之前,北京普纳营销传播机构针对电视、报纸、杂志、电台和网络五大类媒体,分别作了电话沟通交流。从中了解媒体对蒙牛、湖南卫视以及超级女声的印象、评价等,这些都为公司后期的媒体传播策略制定、传播内容的确立提供了很好的参考。在公关方案方面,本次活动实施分阶段传播,引导媒体报道方向和节奏,层层铺垫,逐步推进。在使用媒体的策略上制定了20多个不同内容的主题,并通过电视、电台、报纸、杂志、网络等媒体立体传播:(1)平面媒体。不仅五大赛区的平面媒体对活动及产品进行大范围的宣传,而且将传播巧妙地辐射到全国所有卖酸酸乳的城市。同时在各大广告、财经类杂志上进行一定力度的宣传,使其主动关注本次赛事活动,扩大宣传效应。(2)网络媒体。利用中国主流门户网站新浪、搜狐、263、TOM等进行系列报道。(3)电视、电台等媒体。不仅在央视各套、中央人民广播电台全面播放,同时也辅以各地卫星电视进行宣传,同时湖南卫视、安徽卫视等强档媒体也变成了蒙牛宣传的主战场,与央视节目互相辉映。

应该说,一个成功事件的策划,就是一整套整合营销传播战略的策划,其中不乏多种媒体形式的综合运用。因此在事件营销的策划中,一定要注意各种营销传播工具的相互配合和营销信息的统一连续,这样能体现整合营销传播的增效价值。

第四,提高公众参与度。

人们往往对远离自己生活的事件淡然处之,也许事件本身具有很高新闻价值,但因为和自己实际生活关系不大,所以有可能很快就被淡忘了,如伊拉克战争、外国的自然灾害等仅仅是谈资而已。然而如果事件就发生在我们身边,或我们亲身参与时,则会难以忘却,甚至刻骨铭心。

"超级女声"、"梦想中国"之所以能吸引人气,就是因为它给平民提供了一个展示自我的舞台,登台表演不再是专业人员的专利,普通百姓也可以积极参与。直播期间,观众还可以发短信投票,为自己的平民偶像摇旗呐喊。这种互动参与性的节目使它很快成为大众关注的热点。可见,事件营销要想深入人心,影响久远,公众的参与度不可忽视。公众参与度高的事件营销往往能在不经意间悄然入心,巧妙地拉近品牌与大众的距离,树立良好的品牌形象。

二、参与事件

除了创立事件,公司也可以选择参与别人创立的事件,例如商贸展览、博览会、产品推介会和洽谈会等。一个展览的参与者与目标顾客越相似,公司参展的意义就越大。

对于企业来说最重要的参与事件是商贸展览。商贸展览是在 B2B 营销传播中仅次于人员销售的最常见的方式。商贸展览是某一个行业的顾客一起参加培训环节,与供应商和卖主见面,评论他们的产品并为产品的革新提供建议的一种事件。供应商设立展厅以展示产品、提供信息、回答问题和听取建议。例如我国一年一度的东盟国家贸促会就是这样来展示产品以获得现场的订单或代理。商贸展览通常对高科技产品很重要,因为一些电子产品需要现场了解和试用才能够使消费者信服。一些公司每年投资成千上万美元,策划和准备会展。策划一个商贸展览时,一个公司必须决定展出什么产品,派遣哪些员工到展厅工作,怎样审查和证明展厅的参观者的身份,如何获取预期顾客的信息等。这些组织工作准备得越充分,展览的效果就越好。

商贸展览的延伸是网上陈列与展示。一些能引起顾客和潜在顾客兴趣的方式都能在宣传网页上展示。例如,一些公司提供的在线合作交流在开发销售线索方面就取得了很大的成功。

博览会是指参加单位欲展示其在社会、文化、经济、科技等领域取得重大成就的产品的展示会。在上海举办的世界博览会就是全球规模最大、级别最高的国际型大型展会,世博会通常由一个国家的政府主办,有多个国家和国际组织参加,其举办时间长,展出规模大,参展国家多,影响深远。世界博览会不同于一般的贸易促销和经济招商的展览会。

产品推介会指的是一般用于新产品上市之前,为推广该产品顺利上市而举办的招商引资的会议。在会上主要进行对新产品的介绍、展示,争取和投资商进行交流以及签订合约等。

洽谈会也是一种以吸引投资为主的投资促进活动。其重点在于引资方和投资方的互相交流和洽谈。目前规模较大的洽谈会有中国国际投资贸易洽谈会。它是中国唯一的以吸引外商直接投资为主的全国性投资促进活动,也是目前中国最大的以招商引资和外商投资企业产品交易为主题的经贸活动。由于它在招商引资方面所显示出的独特优势,引起了世界各国投资商、贸易商、经济团体和中介组织的极大兴趣和广泛关注。

三、赞助事件

赞助是指为进行品牌宣传和联想而给予组织、个人或活动的资金支持。赞助与事件有区别,但二者也有重叠部分,很多事件常常有赞助商,而公司在参与事件时有时候也会以赞助的形式参与。

赞助事件既能够使品牌差别化，又能够增加品牌价值。品牌的一个重要元素是它的联想，而赞助事件则是品牌发展联想的一个办法。麦当劳的营销副经理认为：赞助事件可以把一个品牌与可识别的伙伴关系，以某种方式联系起来而使品牌在顾客当中高度曝光。他说："我们在选择赞助时非常小心，以使它与我们的品牌身份相称。接下来才是考虑以全球为基础的几个关键的关系。"① 又如，耐克赞助一项体育事件、可口可乐赞助一项娱乐活动等，都是使品牌产生联想的办法。这其中重要的是联想要与品牌的形象信息相符合，否则会导致负面结果。例如，让强生公司去赞助一项母婴类活动可能是一个很好的选择，但是让强生赞助一项体育事件可能适得其反，因为强生所给人们的形象并不适合体育活动领域。

公司可以赞助各种各样的事物：媒体节目、事件、个体、团队、体育项目、文化团体和公益活动等。在选择赞助对象时，公司通常采用以下标准。

（1）目标受众。在品牌服务的地理区域内，被赞助的受众应该与品牌的目标受众情况相似。

（2）品牌形象的增强。赞助应该被用在一个与品牌定位和品牌形象一致的环境里。

（3）延伸性。一个赞助提供的品牌曝光机会越多，好处可能就越多。如果赞助商与被赞助方是多年的合作伙伴关系，公司就可以考虑在商品的包装上推广赞助。营销商要寻找事件宣传之外的品牌宣传机会。

（4）品牌参与。为赞助商提供的优惠越多越好。例如，赞助一个博物馆可能获得的优惠包括：公司为举办社会活动使用博物馆的权利、专门为顾客和员工提供的餐馆和新展览开展的邀请。

（5）成本效率。赞助能产生足够的品牌信息曝光，如果赞助的成本转化成千人印象成本，它应具备相应的竞争力。

（6）其他赞助商。当一个公司与一个事件或者公益活动联系在一起的时候，确实可以增强它的品牌形象和定位。由于一些事件有很多赞助商，因此，公司知道其他赞助商是谁是比较明智的。大多数公司希望品类的唯一性，这意味着没有同行竞争对手能成为同一事件的赞助商。

在所有的赞助活动中，最值得一提的是体育赞助事件。因为体育事件是非常常见的并需要赞助的事件。在所有的赞助事件中，有三分之二的事件是体育事件。一方面，体育运动员，以及相关机构已经认识到赞助对于举办体育

---

① 汤姆·邓肯：《广告与整合营销传播原理》，机械工业出版社2007年版，第379页。

活动的重要性；另一方面，他们也意识到自己可以为品牌增加价值。因此各种各样的体育事件上，我们看到的赞助商非常多。例如，近年来在我国的重大体育赛事上就出现过各种体育品牌的赞助，如奶产品的赞助、食用油的赞助、饮料的赞助等，这些品牌都可以让人产生与体育事件的联想。例如，在2008年北京奥运会上出现的赞助品牌就有：金龙鱼、伊利奶、蓝月亮洗手液等。

在各种各样的体育赛事中，赞助奥运会无疑是首选。奥运会不仅是一个巨大的广告宣传平台，也代表着独一无二的赞助机会。由于全球有37亿人收看奥运会，因此广告所带来的营销利润是巨大的。据权威机构分析，在奥运会期间，每支付379美元的广告费用，就能带来1万美元的利润。赞助奥运会有很多种方式。处在顶级的是成为奥运合作委员会中的一员。奥运合作委员会是四年一届的世界级团体，由11个国际公司和国际奥委会组成。要成为奥运合作伙伴中的一员，每个合作伙伴必须以现金、设备、服务的方式支付5 000万美元，奥运合作伙伴重金支持奥运会的目的是为了换取在每个参加奥运会的国家的同类产品的独家营销权利，而这比起必须支付的5 000万美元来说仍然是值得的。

其他一些赞助有：为团体和体育项目的赞助、为国家的赞助。例如，美国通用汽车公司与美国奥委会签署了一个长达8年的合同来支持美国代表队和盐湖城冬奥会。相应地，通用汽车公司拥有到2008年在美国的同类商品的独家广告权利。

一些较小的赞助也会产生很大的影响。如果这个事件恰好能够赢得公众的认可和欢迎，那么以较小的花费来进行赞助就会事半功倍。

第二节　事件营销效果评估

事件营销效果的评估主要分为两个阶段：第一阶段是对事件本身的评估，第二阶段是对品牌影响的评估。对事件本身的评估可以从事件的知晓率、认知渠道分布和对具体内容的评价等指标来衡量；对品牌形象的评估可以从认知、情感和意愿三个方面来反映，具体指标如品牌认知率、品牌认同感、品牌推荐等，如下图所示。

对于评估的方法，我们可以从静态和动态两个角度来进行评估。静态评估是指经过此次事件后受访者对于相关品牌的评价，侧重的是目前的状态，便于进行长期的品牌监测；动态评估是指事件前后对受访者态度改变的情况的评价，侧重的是变化的程度。

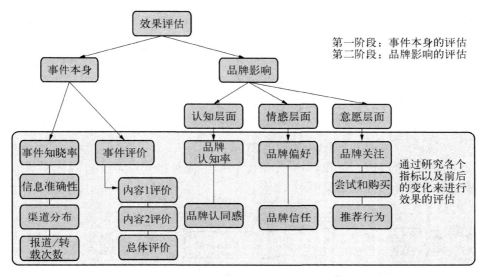

图 17-1　事件营销效果的评估体系①

对于调查对象的选择,可根据调查目的和企业的行业有区别地进行选择,例如有些希望针对目标群体进行调查,有些则希望对于广大社会公众进行调查。因此从研究的角度出发,一般分为对固定群体的调查或者对随机群体的调查。对于评估的时间,应遵循迅速、及时、有效的原则,一般来讲最佳的评估时间通常是在活动结束的一周内进行。

调查可分为两个阶段进行。第一阶段的评估主要侧重于事件本身,从事件的知晓率到具体内容的评价,都是较为具体的指标。第二个阶段主要是对品牌影响的评估。按照对公众影响的深度和流程来看,品牌影响的评估主要包括认知、情感和意愿三个层面的效果。品牌认知是评估品牌影响的第一个环节,这里面的认知包括几层含义,一是认知的广度,二是认知的深度,三是品牌形象的认同。通过这三个指标,一方面可以衡量经过此次事件后相关品牌的知晓率,另一方面可以了相关品牌在认知方面的深刻程度。情感层面是指经过此次事件营销的影响,公众对于相关品牌在感情上的变化情况。这里通过两个指标来测量:(1)品牌偏好,即通过此次事件是不是更加喜欢某个品牌了,喜欢的变化幅度如何;(2)品牌信任,即通过此次事件是不是更加信任某个品牌了,信任的变化幅度如何。通过这两个指标的变化程度,能够较为准确的反映出事件营销对于受访者情感方面的影响。意愿层面也可称为行为层

---

① 本评估体系示意图来自零点调查公司。

面,认知是基础、情感是过程,而意愿才是真正的结果。意愿层面是指受访者经过此次事件营销的影响,对于相关品牌在最终行为上的变化程度。这里通过三个指标来测量:(1)品牌关注,即通过此次事件是不是对某品牌更加关注了,这可以通过官方网站日浏览量的变化来衡量;(2)尝试和购买,即通过此次事件是不是更加愿意尝试和购买某个品牌了,尝试和购买的变化幅度如何;(3)品牌推荐,即通过此次事件今后在其家人或朋友要购买相关产品时是不是会优先推荐某品牌,变化的幅度如何。

公众最终的购买行为,很大程度上决定于他对企业营销行为的认知和情感。对品牌影响的评估见下图。

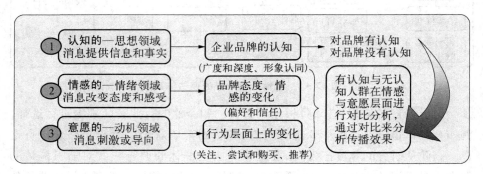

图 17-2 事件营销对品牌的影响

在美国,专门来评估事件营销的有杰克·默顿公司等,它可以专业衡量品牌影响与受众参与的效果。这个公司提供事件前后以网络为基础的调查,并追踪一个事件的业绩和测量品牌知名度以及品牌形象的变化。在中国,较为完善的从事此类调查的机构有零点调查公司(Horizon)等。

第三节 案例分析:华帝事件营销创造品牌价值

作为中国厨卫产品的领导品牌之一,华帝欲开公益品牌事件营销之先河。该公司策划人员从捐助失学儿童这一事件入手成功地巩固了华帝品牌在消费者心目中的地位。虽然"捐资助学"是老掉牙的创意,但这与华帝一直长期资助"春奋班"学生的企业形象相辅相成。

华帝策划了"星光 580 计划工程"。华帝想在 2005 年在全国建立 500 家专卖店、在 2006 年达到 800 家,在 2007 年达到 1 000 家,希望能够每开一家专卖店就资助两名贫困失学儿童。这个想法得到了华帝所有经销商的认同,他们一致认为,华帝完全有实力每开一家专卖店就资助两名贫困失学儿童。

2005年4月8日,华帝"星光580计划工程"在成都正式启动,同时,华帝还和中国青少年发展基金会在启动仪式上签订了协议,共同设立"华帝全国红领巾助学基金"。当年9月12日,在广西大新县桃城镇德立小学"华帝全国红领巾助学工程"正式启动。华帝将受资助学校作为"华帝全国红领巾助学工程示范学校",向受助学生颁发了"华帝全国1+2红领巾助学工程"结对资助卡,华帝还向学校捐赠和建设价值约2.5万元的体育器材、"希望图书室"等教学设施。

在华帝启动的"星光580计划工程"中,华帝计划每开一家专卖店,即资助两名家庭经济困难的学生重返校园,因此叫"红领巾助学工程"——华帝拟计划在三年内使7 000—8 000名家庭经济困难的学生重返校园。在2005年4月新闻发布会上,与会500多名嘉宾全部戴上了鲜艳的红领巾,使"关爱助学工程,奉献你我爱心"的主题更加鲜明。

很快,华帝"红领巾助学工程"的启动引起了国内众多媒体的关注,全国许多媒体围绕着华帝"星光580计划工程"启动仪式的进行,从社会新闻、教育新闻、经济营销新闻等三条新闻路线,抓住独特的切入点,挖掘出"解决贫困问题"、"助学教育活动"、"社会营销,打造企业公益品牌"等新闻亮点,对事件进行深度剖析。据资料显示,《光明日报》、《中国工商时报》、《中国企业报》等中央媒体,《北京娱乐信报》、《北京晚报》等华北区媒体,《新快报》、《民营经济报》等华南区媒体,还有华东区、华中区、西南区、华北区等媒体都及时有效地对此进行了报道。其中,"五一"黄金周前夕华帝在《南方都市报》以"中国企业进入'公益品牌'元年"为题,发布了四个整版的全系列广告,在华南区域引起了较大反响。随后,华帝也广泛联系各大地方媒体来宣传此次事件。

9月12日,"华帝1+2红领巾助学工程"在广西正式启动,《南方都市报》、《南国早报》、《广西电视台》、《杭州日报》等媒体再次聚焦华帝,大力宣传其公益品牌战略。9月中旬,华帝又联合搜狐网、新浪网两大主流网站,隆重推出"华帝助学工程"主题网站,网站特设捐书系统,把创新后的"华帝1+2助学工程"全面推向社会。"华帝1+2助学工程"主题网站分设活动简介、助学新闻、求学故事、助学追踪、网友播报、希望图书室等栏目,整个主题网站以"华帝绿"为主,图文并茂,界面友好,互动性强。为此,华帝总裁形象地比喻:华帝全国红领巾助学工程已成功地一口气将华帝几乎所有的经销商拉进来,形成了一个庞大的公益群体。而主题网站的开通,则将数以万计的社会各界爱心友好人士团结起来,形成一个难以估量的庞大公益群体。主题网站的开通又为传播华帝全国红领巾助学工程开辟了新的传播渠道。华帝发动助学工程,其意义不仅仅在于每年资助了多少名失学儿童,而在华帝的带动下,激发了更多企业对中国教育事业的关心。塑造华帝作为公益大使的领跑者形象,正是其进行此番公益事件营销的意义所在。

思 考 题

1. 事件营销的方式主要有哪几种?
2. 好的策划事件的标准是什么?
3. 事件营销的优势和局限性在哪里?

第十八章 整合营销传播在中国

正如前文已经论述到的,整合营销传播理论被认为是 21 世纪最有影响力的理论之一,该理论已经在中国得到了认可。自 20 世纪末以来,一些西方国家逐渐将 IMC 理论应用到实践中并且取得了一定的成效。1991 年唐·伊·舒尔茨率领的西北大学课题小组在全美广告代理协会(AAAA)的资助下在全美广告代理公司中进行了一项 IMC 被认识和被应用程度的调查。调查部分结果证明,IMC 理论已经在美国得到了广泛的应用并且为企业创造了一定效益[①]。英国、澳大利亚和北欧一些国家相继也展开了相关研究。21 世纪以来,整合营销传播理论在中国逐渐盛行。它是否能够与中国的市场环境相结合和推动中国市场经济的发展成为许多学者关注的问题。对此笔者做了一定的实证调查,也收集了很多相关资料。在下文中我们结合目前所有的文献资料以及调查情况,重点探讨整合营销传播在中国目前被认识和实践的现状、所遇到的障碍、解决方案以及今后的预测等。

第一节 整合营销传播在中国企业和代理公司中被认知和应用的现状分析

在 2005 年北京外交学院的陶丽和英国赫尔大学商学院(University of Hull Business School)的菲利普·肯奇教授曾经在北京的一些广告公司和公关公司中做过一个调查,致力于了解在中国从计划经济到市场经济转型过程中以及从封闭转向开放过程中整合营销传播被认识和被应用的程度。这项调查以问卷形式展开,所调查的 150 个广告公司为北京广告公司联合会的会员,另外有 50 家公关公司也被发送了问卷。该调查的主要领域有:(1) 了解 IMC 在中国的广告公司和公关公司中的实施情况;(2) 了解这些代理公司如何评价 IMC 理论;(3) 了解 IMC 理论在这些代理公司中实施所遇到的障碍;

---

① Integrated Marketing Communications in U. S. Advertising Agencies: An Exploring Study. Don. E Schultz, Philip Kitchen, Journal of Advertising Research, Sept, Oct, 1997.

(4) 了解解决这些障碍的方法以及评价。

2008年,笔者在全国各企业中做过一项"整合营销传播在中国被认识和被实施程度的调查"。该调查由中国广告主协会资助,调查对象为广告主协会下的85个会员,其中包括55个国企、8个外企和22个民营企业。该调查问卷涵盖7个领域的问题:(1)广告主基本状况调查;(2)传统营销传播媒介的使用情况;(3)整合营销传播被认识和了解的情况;(4)整合营销传播被实施的情况;(5)整合营销传播所实施的效果;(6)有关整合营销传播所争议和探讨的问题;(7)在中国市场实施整合营销传播的评价和预测等。

笔者所做的调查结果与菲利普·肯奇等的调查结果有一些共同的结论。将这两次调查进行总结,有以下结论。

一、整合营销传播的理念已经被中国企业广泛认知并且被认为是最具影响力的营销传播理念之一

调查中有83％的广告公司和70％的公关公司声称他们的企业中设有IMC的机构。80％的企业中也设有整合营销传播机构。他们认为可以驳斥一些学者提出的"IMC仅仅是一种修饰"或者"IMC是一种时尚"的说法,认为IMC在市场中是有需求的。就调查和一些深度访谈的情况来看,一些IMC机构在企业中形同虚设原因之一是很多负责人并不太清楚整合营销传播的具体作用,另一个原因是由于机构设置等障碍,使整合营销传播部门无法行使其真正的功能。"整合营销传播部"只是将原来的某一个部门更换了名称而已。

二、对IMC定义的理解多种多样

被调查的企业领导们对于IMC的概念有着各种各样的理解,这些理解大都不全面,存在一些偏差。大部分广告公司认为"IMC是实现品牌目的的一种商业策略";而很多公关公司则将IMC理解成为"各种传播手段的合作运用"。从调查的结果来看,广告公司更多地将IMC理解成为一种战略过程,而公关公司则更多地将IMC理解成为一种战术过程。还有一些企业员工对IMC的理解非常有限。很多公司将营销等同于销售,将销售促进等同于减价,将IMC等同于混媒的概念。这些理解都是非常片面的,有的甚至是错误的。从调查情况来分析,许多企业高管和员工并没有系统学习IMC理论知识,他们只是捕风捉影地从实务界片面了解了一些IMC的概念或者印象,对IMC的完整定义没有认识。

三、广告仍然是被最为广泛运用的一种营销传播手段

在调查中发现很多公司仍然将广告当中最为重要的营销传播手段,其次是公关。新媒体(主要是网络)也被认为是非常重要的营销手段之一。目前对于很多公司来说,网络营销要经营好,并不仅仅是设计一个网站,还需要许多配套措施,因此实施起来有一定难度。是否采用了整合营销手段公司并没有一个清晰的概念。一些公司称自己采用了"混媒"手段但并没意识到这就是整合营销传播手段;一些公司部分地采用了混媒手段,用得最多的还是广告、公关、网络营销等。能够完整、全面、协调地采用多种媒介手段的公司或者项目是非常少的。总的来说,在实践过程中个体差别很大。大部分企业还是根据自己的需求来策划营销传播策略。

四、IMC 的执行效果存在疑问

在调查中,大部分的广告公司和公关公司管理层对 IMC 在市场中所带来的效益并无太大信心。只有极少数外企,如奥美公司坚定地认为整合营销传播发挥了作用。还有一部分公司认为整合营销传播是能够发挥作用的,如果运用得当的话。当问到哪些因素对于实施 IMC 最为重要,大部分的广告代理公司和公关代理公司都认为"客户也就是广告主对于 IMC 的理解相当重要",这个结论与一些学者以往在英国所做的类似调查相同,认为客户对于 IMC 的理解比代理公司对 IMC 的理解更能推动 IMC 的发展。其次重要的是"IMC 战略的持续性",另外"各种媒体的协同作战"也被认为是重要因素之一。

五、IMC 效果测量方法不规范

在 2005 年的调查中,大约 1/3 的广告公司提到他们经常测量 IMC 的效果,1/3 的公司偶尔测量。17%的公关公司经常测量,44%的公关公司偶尔测量。不过,只有 9%的广告公司和 21%的公关公司采用了标准量化的方法,其他一些代理公司有自己的测量方法。一些被调查者认为对于 IMC 效果的测量应该考虑三个因素:投资、销售量和市场份额。这个结果与唐·伊·舒尔茨在 2005 年的著作 *IMC — The Next Generation* 中的结果比较接近,即用短期投资回报率来测量 IMC 在企业中产生的效益。在 2008 年的调查中,70%企业了解了短期投资回报率的测量方法,但他们也认为在执行过程中存在一定难度。总体来说企业缺乏评估整合营销传播价值体系的衡量标准,因而 IMC 究竟带来多少价值也不好判定。

六、IMC 在中国的推广是有必要的

对于 IMC 应不应该在中国推广的问题,有 74%的企业认为 IMC 在中国的推广是有必要的,从以往的实践来看,它确实为企业带来传播的高效率和盈利的效益。中国的企业自改革开放以来一直在寻找有效的打造出色的品牌的道路。一些企业高管认为 IMC 是唯一的道路。另有 10%的被调查者认为,虽然 IMC 理论是好的,但并不适合在中国的现实的国情下进行。因为中国的市场并不像西方市场那样成熟,中国的市场环境并没有为实施 IMC 而准备好。另外一些被调查者则持关注态度,他们认为 IMC 理论是好的,但能否适应市场的操作,则需要准备一段时间。正如一些学者所说,实施 IMC 的第一步是正确地理解 IMC 的障碍。

总的来说,IMC 在中国企业当中的实施和应用尚处在一个初级的阶段。陶丽和肯奇教授的结论认为:中国对于整合营销传播的应用尚处于第一阶段,即对 IMC 的认识和了解以及初步引用阶段[1]。根据上海大学广告系薛敏之教授对 IMC 实施阶段的总结,IMC 的实施可以分为四个阶段:第一阶段是以广告为主,其他沟通元素组合运用。这些沟通元素包括产品要素,例如产品成本的包装、品牌、价格、渠道等要素;渠道要素主要包括广告、销售促进、公关、直销以及事件等。第二阶段是品牌化的整合营销传播,就是同时采用不同的传播方式如广告、直接营销、公关和网络等向目标受众传达一致的信息,追求形象的一致性,造成一种声音,一种形象的效果。第三阶段是关系型整合营销传播。其目的是促使目标市场或潜在的目标市场与品牌建立长期的联系。第四阶段是全方位的整合营销传播[2]。薛敏之教授认为,中国的整合营销传播目前尚处于第一和第二阶段。与美国等国家相比,整合营销传播在中国的发展和实施是相当不够的,整合营销传播的发展还存在很大空间。目前来看,第三种模式十分适宜于服务某一细分的中小企业。为了适应日益改变的经济运行环境和日益国际化的市场,中国现有的企业、尤其是大的集团,为了生存必然进行组织改造,从产品导向的组织架构转向现代营销导向,因此第四种模式的需求也是巨大的。

---

[1] "Here, however, it is currently, and seemingly inexorably, anchored at Stage 1 of the development process." International Journal of Advertising, 2005, 24(1).

[2] 薛敏之:《整合的效果与价值的创造——IMC 在中国的现实及其思考》,《中国广告》2003 年 7 月,第 19 页。

第二节 整合营销传播在实施过程中所遇到的障碍及其原因

与美国等国家相比,整合营销传播在中国的发展和实施非常不充分。我们结合所做的调查和一些学者的研究来分析 IMC 在中国市场所遇到的障碍及其原因。

一、中国市场不够成熟

从外部市场需求和媒介环境上来看,中国的市场发展虽然很快,但与发达国家相比仍然处于相对简单的状态。消费市场的细分性还不够,消费者与品牌之间的互动关系还比较弱。市场环境正处于由渠道竞争向品牌推广的过渡阶段,这就造成对整合营销传播的需求不够。而从媒介环境上来看,各种媒介手段的发展也不平衡,例如网络营销目前还面临许多问题,各种新媒体的发展不够完善,人员推销和直接营销等也面临经费和人员素质等问题。而整合营销传播需要各种媒介之间的高度配合,这是基于成熟的媒介市场来运行的,如果各种媒介发展不均衡就会影响整合营销传播的顺利进行。欧美、日等国家和地区的广告业已经完成了这个调整,咨询、广告、公关、直销行业、市场研究、促销、事件营销等在充分专业化之后,又进行并购和整合,以适应市场的变化。而中国这些行业的发展并不均衡。除广告业之外,很多行业才处于起步阶段。从这个角度看,是否有足够多的成熟的整合营销传播机构来配合执行,是整合营销传播在中国发展的又一难题。中国目前还缺乏有能力实施整合营销传播的广告公司(包括国际 4A 公司)及广告主。

这就是为什么笔者在做调查的时候,很多企业认识到整合营销传播的好处与重要性,但是真正实施起来却并非易事。一些企业主认为:如果他们采用传统的营销传播手段就能够解决问题,为什么要兴师动众地采用整合营销传播?这也是为什么广告在很多企业中仍然是最主要营销传播手段的原因。很多企业主不愿意浪费自己的财力物力,仍然愿意沿袭旧的营销传播手段,而且这些手段在当前行使下就能够解决问题。

二、企业内部环境的障碍

从企业内部环境来看,整合营销传播是以成熟的企业为基础的。经过长期发展,这些企业能够磨合出适应自己特点的互动式的扁平化的组织结构,并逐渐积累形成拥有丰富消费者资料的数据库。在这个基础上整合营销传播才能得以有效进行。而中国的企业基本上以垂直化的组织结构为主,企业内部各部分彼此独立,营销决策部门只是其中并列的同级部门,很难对其他部门产生影响。造成营销传播部门很难统领全局,对外形成"一种声音、一种形象"的格局。在调查中发现,企业内部机制不健全是影响 IMC 实行的重要因素之一。面临 IMC 这样的新生事物,它最终的效果如何还待考证,因此很多企业管理层持保守的态度,并不愿意大刀阔斧地进行改革。加之对 IMC 的片面理解,仅仅只在企业内部设立一个形同虚设的"整合营销部"或类似部门,这不能解决根本问题。

三、对整合营销传播的认识不够

在调查中发现,中国企业的员工非常需要对整合营销传播的知识进行系统的了解。一些公司认为整合营销传播是一种时尚而已,并未真正实施。一些企业领导人知道整合营销传播的概念,但对其认识不深,有的对整合营销传播的涵义理解有误,将之与传统营销传播混为一谈。企业没有组织员工对整合营销传播进行系统学习。在理论界与学术界,整合营销传播也只是一个理论,并未形成相应的学术研究体系,高校也没有相关专业,不能培养对口的人才。而在美国,西北大学早在 20 世纪 90 年代就已经开设了 IMC 的硕士培养方向,现在在美国的 10 多所高校有 IMC 专业。不仅如此,美国许多企业很早就注重市场研究,并注重培养担当 IMC 业务的专业人才,并注重对他们的培训。

四、数据库支持不够

近年来,中国企业开始了注重资料库的建立。一些民营企业和外企纷纷开始注重收集客户信息,建立企业内部数据库,并开始了相关技术的研发活动。但这一项工作在中国进行仍然有一定难度。一是经费上不能够完全保障,二是技术支持未跟上需求,三是中国信用状况相对较差,影响了资料库数据的真实性,四是相关法律法规不健全,很多有信用的消费者在填写自己的信息的时候也往往不敢填写真实信息,因此即便建立了数据库也无法使用其中的信息。这对于以数据库为硬件支撑的整合营销传播来说是一个很大障碍。

第三节 整合营销传播在中国的发展前景以及具体措施

整合营销传播在中国如何进行?它如何从理论层面真正过渡到操作层面

并为企业带来客观的效益？整合营销传播在中国实施所遇到的许多障碍是基于市场转型的原因造成的,而这些原因并不能在短时间内得到有效解决,因此我们只能试图从微观层面上提出一些具体的可操作性的措施。综合问卷调查的结果和一些学者的研究,我们认为有以下一些措施可供企业参考:

一、以其他媒介为辅,充分有效发挥大众媒体的潜在力

根据对媒介市场的分析,大众媒体在中国的影响力仍然很大。2009年美国学者提出了"I am the media"的构想,认为在新的传播模式下人际传播的影响力已经远远大于大众传播。传统的营销传播模式——例如广告等,都将被新型的各种各样的人际传播媒介所取代。但这一情形在中国并没有出现,广告等传统营销传播模式仍然占据大部分的营销花费份额。调查显示,国有企业平均每年在广告上投入的资金占据总体营销花费的40%—60%。央视依然在炮制"标王";企业依然在进行"广告空中威慑、铺货地面跟进"的粗放套路;简单重复超强渗透的"枪弹论"依然被视若神明;广告就像在河里炸鱼,炸死多少算多少、"炸鱼论"照样有市场[①]。因此,中国的IMC战略模型不应该排斥传统大众媒体,而应该从战略角度研究评价其他传播手段(例如促销、直接营销等),把它作为大众媒体的辅助手段,把组合效果发挥到最大。虽然这种组合形态被称为整合营销传播的初级阶段,但是它是目前适合中国市场现状的整合营销传播形态。

二、加强对资料库的重视

资料库是实施整合营销传播的不可缺条件。我国利用资料库方面的工作还没有做到位,这是由于技术条件不成熟、管理层意识不够等情况导致的。目前国内已经有一些好的资料库需要得到普及,例如CRM客户关系管理系统等数据库;另外为了减少成本,企业应该逐步通过现有的客户资源建立自己的独立资料库,在应用时只选择必要的资料,尽量减少支出。只有在数据库日趋完善的情况下,消费者才能真正建立与品牌之间的互动联系,整合营销传播才能在真正意义上实现。

三、成立整合营销传播代理公司

在美国等一些国家整合营销传播代理公司已经比较普遍,这些公司重点

---

① 余明阳,《整合营销传播挑战中国广告业》,《中国广告》,2003年7月。

是做企业的营销传播策划咨询工作,唐·伊·舒尔茨的 Agora 公司就是一个著名的 IMC 国际代理公司。对于以谁为主来树立 IMC 战略,美国企业与代理公司各持己见。经过数十年已经掌握营销概念和技巧的美国企业认为,应该是企业营销传播管理者自身来树立、整合、调整 IMC 的战略。而 IMC 代理公司则认为,在企业内部制定、实施 IMC 的战略耗资巨大,事倍功半,而依靠 IMC 代理公司来进行战略咨询与监督才是可行之道。

中国的企业本身对营销概念淡薄,知识积累不足,因此应以具备营销知识和 IMC 理论的 IMC 代理公司作为 IMC 战略的主体。只有这样的主体才能够全面完善地策划和实施 IMC 计划。这种情况应该一直持续到企业有营销传播管理人才并已积蓄丰富的 IMC 知识为止。

四、培养有能力的营销传播管理者

培养有能力的营销传播管理者是中国 IMC 战略模型中的关键因素。从上述调查中可以看出营销传播管理者对于 IMC 知识的缺乏是导致 IMC 不能够推广的重要原因。虽然 IMC 代理公司可以起到作用,但企业培养了解 IMC 的内部人才也是不可少的,独立实施 IMC 的战略是企业未来的重要发展趋势。培养这种营销传播管理者的具体措施有:

(1) 为企业高管和员工定期开展整合营销传播培训;

(2) 引进具有传播学、社会学、统计学背景的跨学科人才,培养员工将各种跨学科知识整合为 IMC 手段的能力;

(3) 引进在广告、公关、媒体行业有工作经验的员工,培养员工熟悉和能够独立操作企业内外部各领域 IMC 业务的能力[①]。

为培养以上这种有能力的营销传播管理者,最高领导层对 IMC 战略的认可态度尤其重要。有了最高管理层的认可,公司才有可能花费财力、物力来培养人才。

五、设立独立的高组织层级的整合营销传播部门

这有利于专业地领导、协调和实施整个公司的品牌管理和整合营销传播工作,而不是非权威地、非专业地、分散、浪费资源地进行传播工作,尤其是品牌管理工作。独立的整合营销传播无疑是非常有用的,但它一定是能够协调和统领各部门并能够熟练地操作整合营销传播的业务部门,而不是一个空空

---

① 〔韩国〕申光龙:《整合营销传播战略管理》,中国物资出版社 2001 年版,第 274 页。

的摆设。在整合营销传播部下面应有一个扁平化的各部门结构,这有助于整合营销传播部来进行统一管理。

六、建立成熟的评估体系

营销传播是一种投资活动,因此要得到实际效果。为了实现这一目的,IMC 必须开发不仅能测定观念性态度变化,而且还能测定利益关系者行为变化的指标。值得欣慰的是现在已经有了一套完善的测量体系,在整合营销传播中我们把它叫做 ROCI 投资回报率测量。这一测量方式建立在会计学的基础上,不是以往的以定性标准来衡量的态度测量,而是建立在量化基础上的行为测量。目前这一测量方法在国内很多企业中没有普及,建立这一套成熟体系尚需要一段时间。但是企业可以逐步采用这种评估体系,从而建立一套量化的评估系统。

IMC 在中国的发展道路还很长。从目前学者们的预测来看,IMC 在中国长远发展是可行的。笔者认为,虽然 IMC 的实施存在着障碍,但反过来也为它的发展留下了很大的空间。中国的市场环境与国际环境不同,这必然要求整合营销传播理论在中国能适应中国市场现状,创造出一套具有中国特色的整合营销传播理论。这也能够促进整合营销传播理论的发展和建构。从长远来看,在中国市场逐渐与国际接轨进程中,整合营销传播理论必定能为中国的市场创造可观的经济价值。虽然整合营销传播理论与中国市场状况有一个较长的磨合过程,但最终的结果一定是令人鼓舞的。

思 考 题

1. 请谈谈你认为在中国实施整合营销传播所面临的障碍和局限是什么?
2. 你如何看待整合营销传播在中国未来的发展前景?请谈谈你自己的看法。

图书在版编目(CIP)数据

整合营销传播：原理与实务/黄鹂,何西军著. —上海：复旦大学出版社,
2012.3(2024.9重印)
(复旦博学·广告学系列)
ISBN 978-7-309-08630-0

Ⅰ. 整⋯　Ⅱ. ①黄⋯②何⋯　Ⅲ. 市场营销学：传播学-高等学校-教材　Ⅳ. F713.50

中国版本图书馆 CIP 数据核字(2011)第 250520 号

整合营销传播：原理与实务
黄　鹂　何西军　著
责任编辑/张　炼

复旦大学出版社有限公司出版发行
上海市国权路 579 号　邮编：200433
网址：fupnet@fudanpress.com　http://www.fudanpress.com
门市零售：86-21-65102580　团体订购：86-21-65104505
出版部电话：86-21-65642845
江苏凤凰数码印务有限公司

开本 787 毫米×960 毫米　1/16　印张 17.75　字数 294 千字
2024 年 9 月第 1 版第 7 次印刷
印数 15 601—16 400

ISBN 978-7-309-08630-0/F·1789
定价：35.00 元

如有印装质量问题，请向复旦大学出版社有限公司出版部调换。
版权所有　侵权必究